Jan Hartwig / Sabine Steinbeck
Sterne leben

JAN HARTWIG / SABINE STEINBECK

Sterne leben

14 persönliche Erfolgsformeln
aus der Sterneküche, die auch Sie an
die Spitze bringen

Externe Links wurden bis zum Zeitpunkt der Drucklegung des Buches geprüft. Auf etwaige Änderungen zu einem späteren Zeitpunkt hat der Verlag keinen Einfluss. Eine Haftung des Verlags ist daher ausgeschlossen.

Bibliografische Information der Deutschen Nationalbibliothek
Die Deutsche Nationalbibliothek verzeichnet diese Publikation in der Deutschen Nationalbibliografie; detaillierte bibliografische Daten sind im Internet über http://dnb.d-nb.de abrufbar.

ISBN 978-3-96739-064-3

Lektorat: Christiane Martin, Köln | www.wortfuchs.de
Umschlaggestaltung: Martin Zech Design, Bremen | www.martinzech.de
Titelfoto: Konstantin Volkmar, photography | www.konstantinvolkmar.com
Autorenfotos: Konstantin Volkmar, photography | www.konstantinvolkmar.com; Verena Hahnelt, Die Fotografin | www.verenahahnelt.de
Satz und Layout: Das Herstellungsbüro, Hamburg | www.buch-herstellungsbuero.de
Druck und Bindung: Salzland Druck, Staßfurt

2. Auflage 2021

Copyright © 2021 GABAL Verlag GmbH, Offenbach
Alle Rechte vorbehalten. Vervielfältigung, auch auszugsweise, nur mit schriftlicher Genehmigung des Verlags.

Wir drucken in Deutschland.

www.gabal-verlag.de
www.gabal-magazin.de
www.facebook.com/Gabalbuecher
www.twitter.com/gabalbuecher
www.instagram.com/gabalbuecher

Für meine Familie
Jan Hartwig

Für Maxi und Katharina
Sabine Steinbeck

Inhalt

Bevor es losgeht ...	9
Vorwort von Martin Wehrle	9
Einleitung von Jan Hartwig	11
Zutatenliste und Kochanleitung	13
1 Der Schlüssel zum Erfolg – das Handwerk erlernen	15
Expertengespräch mit Jürgen Dollase	30
2. Der Blick hinter die Kulissen – heute besser sein als gestern und morgen besser sein als heute	37
Expertengespräch mit Bodo Janssen	56
3. Nach dem Stern ist vor dem Stern – Zielstrebigkeit leben	64
Expertengespräch mit Theresa Geisel	73
4. Das Schweineschnäuzchen – Fokussierung erreichen	81
Expertengespräch mit Franz und Leonhard Riederer von Paar	83
5. Kulinarik vor Ertrag – Leidenschaft finden	93
Expertengespräch mit Johannes Schwarz	95
6. Die Spielverderber – für Ordnung und Struktur sorgen	102
Expertengespräch mit Sven Elverfeld	106
7. Eigene Werte – Selbstreflexion anwenden	114
Expertengespräch mit Sébastien Ogier	119

8. Entwurf eines Selbstbilds – Disziplin üben	128
Expertengespräch mit Eckart Witzigmann	136
9. Lernen von den Besten – ungemütlich sein und dranbleiben	143
Expertengespräch mit Thomas Mack	144
10. Weit über den Tellerrand gedacht – frei sein im Denken und Tun	155
Expertengespräch mit Christian Stahl	156
11. Mehr als ein Blick in die Glaskugel – eine klare Sprache sprechen	167
Expertengespräch mit Kai Gondlach	170
12. Stärken und Talente – immer 100 Prozent geben	182
Expertengespräch mit Frank Rebmann	183
13. Ich bin es wert, an die Spitze zu kommen – an sich selbst glauben	194
Expertengespräch mit Hermes Gehnen	194
14. Der Weg ist das Ziel – Spaß haben	203
Expertengespräch mit Michél Günther	204
Zu guter Letzt ...	**215**
Postscriptum	215
Jans 14 persönliche Erfolgsformeln aus der Sterneküche	224
Quellenverzeichnis	228
Danksagungen	230
Die Autoren	232

Bevor es losgeht …

Vorwort von Martin Wehrle

Der Griff nach den Sternen

Vielleicht waren es die Bücher des Meisterkochs, die den Schüler vor einer Dummheit bewahrten. Denn im Sommer 1997 hätte er seinen großen Traum fast aufgegeben. Seine Kumpels sonnten sich im Freibad, doch er schwitzte als Praktikant in einer Hotelküche. Und vor ihm lag eine Aufgabe, die ihm nicht nur wie ein Berg schien, sondern tatsächlich einer war: ein Berg aus Fleisch für 2000 Mettklößchen. Und der Berg wurde einfach nicht kleiner, so viele Klößchen er auch formte. Dafür wuchs seine Verzweiflung.

Doch der junge Jan Hartwig schaffte es rasch, seine Zweifel wieder abzuschütteln. Dabei half ihm seine Vision: Er wollte Koch werden, ein großer Koch wie Eckart Witzigmann, von dessen Büchern er heute sagt, sie seien für ihn so wichtig gewesen »wie für andere heute die sieben Bände der Harry-Potter-Reihe«.

»Sterne leben« von Sabine Steinbeck und Jan Hartwig lässt Sie durchs Schlüsselloch der Sterneküche linsen. Denn aus Jan, dem Küchenpraktikanten von einst, ist mittlerweile einer der bekanntesten deutschen Köche geworden, von der Presse bejubelt, von den Gourmets gefeiert. Noch dazu hat er dem Meisterkoch aus seinem Bücherregal alle Ehre gemacht: Er holte die drei Sterne wieder zurück nach München – nach 23 Jahren, in direkter Nachfolge Eckart Witzigmanns.

Dieses Buch handelt nicht nur vom Kochen: Es ist ein Buch über Leidenschaft, über Perfektion, über Hingabe, über Spitzenleistung. Denn ganz egal, in welcher Branche Sie arbeiten, die Ansätze Jan Hartwigs werden Sie inspirieren. Sein Anspruch ist bemerkenswert: Jeden Tag arbeitet er daran, noch besser zu werden. Dabei orientiert er sich nicht an anderen Spitzenköchen, sondern ist auf sich selbst konzentriert. Haben Sie das schon mal probiert: eben nicht so gut wie andere sein zu wollen – sondern nur besser, als Sie es gestern noch waren? Es lohnt sich!

»Sterne leben« ist unterhaltsam, weil es ein lebendiges Porträt Jan Hartwigs zeichnet – er öffnet die Küchentür zu seinem Kopf und seinem Herzen. Das Buch ist lehrreich, weil sich die Erfolgsrezepte aus der Spitzengastronomie, von Kundenfreundlichkeit bis Kreativität, auf alle Bereiche des Lebens übertragen lassen – eine Fundgrube für jeden, der mehr aus sich machen will, beruflich und persönlich. Und das Buch ist anregend, denn Mitautorin Sabine Steinbeck lässt ihr Coaching-Wissen einfließen und lädt immer wieder zu Übungen und zur Reflexion ein. Auf diese Weise können Sie prüfen, ob Ihnen in Ihrer persönlichen Erfolgsküche noch die eine oder andere Zutat fehlt. Oder ob Sie die Flamme Ihres Anspruchs höher oder niedriger stellen sollten. Jedenfalls: Wer dieses Buch liest, lässt nichts mehr im Leben anbrennen.

Sabine Steinbeck habe ich an meiner Karriereberater-Akademie im Ausbildungsgang zum Karrierecoach kennengelernt und mich schon damals daran erfreut, wie präzise sie mit Sprache umgeht und welch ausgezeichnetes Händchen sie für die Potenziale von Menschen hat. Davon profitiert dieses Buch sehr, ebenso von spannenden Interviewpartnern, unter anderem dem Geschäftsführer des Europa-Parks, Thomas Mack.

Ein Buch wie ein gelungenes Menü: hübsch angerichtet und nahrhaft für Geist und Motivation. Ideal für alle, die nach den Sternen greifen wollen. Es müssen ja nicht immer Michelin-Sterne sein …

Martin Wehrle, Autor von »Die Coaching-Schatzkiste« und Inhaber der Karriereberater-Akademie

Einleitung von Jan Hartwig

»In welcher geistigen Umnachtung ist Ihnen diese Scheißidee gekommen?!« Klingt hart? Das war es auch!

Wenn ich nach dem Abendgeschäft meine Restaurantrunde drehe und mich bei den Gästen erkundige, wie sie den Abend empfunden haben, werde ich im Austausch über zahlreiche kleine und große Gänge oft gefragt, welches denn mein persönliches Lieblingsgericht aus dem Menü sei. Jetzt frage ich Sie, liebe Leserinnen und Leser, können Sie sagen, welches Ihr Lieblingskind ist? Nein? Genauso geht es mir mit meinen Gerichten. Ich mag alle gleichermaßen, sonst hätte ich sie nicht eines Tages kreiert und auf die Karte gesetzt.

Wenn also jemand, noch dazu, wie in diesem einen speziellen Fall, ein angetrunkener Restaurantkritiker, den Satz zu mir sagt, der mein Vorwort einleitet, dann tut das weh und fühlt sich etwas nach Kindesbeleidigung an, wenngleich ich noch gar keine Kinder habe.

In meinem Beruf ist es elementar wichtig, sich Kritik zu stellen, diese konstruktiv zu reflektieren und gegebenenfalls auch umzusetzen. Kritiken sind mir enorm wichtig, denn ohne Kritiken auch keine Auszeichnungen. Es ist aber genauso wichtig, auf sich selbst zu vertrauen und an seiner Linie festzuhalten. Vorausgesetzt, man hält diese auch nach gründlicher Selbstdurchleuchtung für die richtige. Nur so schärft sich ein eigenes Profil, welches essenziell ist, um eine eigene kulinarische Handschrift zu entwickeln.

Sie werden beim Lesen dieses Buches auf die Stelle stoßen, die das Szenario der oben genannten Kritik beschreibt, und Sie werden erfahren, wie ich reagiert habe, als mein Kind – pardon, mein Gericht – derart unsachlich beleidigt wurde. So viel vorweg: Das betreffende Gericht ist hin und wieder immer noch auf der Menükarte. Ich stand und stehe hinter der Idee, die ich damals hatte, und bin von deren Daseinsberechtigung nach wie vor überzeugt. Man ist nur dann man selbst, wenn man nicht alle Einfälle und Visionen bei dem kleinsten Gegenargument umwirft.

In diesem Buch erhalten Sie Einblick in die Köpfe faszinierender Menschen, die alle unterschiedlich, aber in ihrem Streben nach Perfektion gleich sind. Wir haben sie ausgesucht, weil sie alle ihren eigenen Weg gehen und sich nicht verbiegen. Ihre Geschichten sind verschieden und doch ähneln sie sich.

Seien Sie gespannt und freuen Sie sich auf die folgenden Seiten!

Ich hoffe, ich konnte Ihren Appetit anregen und Ihre Neugier wecken auf das, was Sie erwartet, und wünsche Ihnen beim Lesen von »Sterne leben« so viel Spaß, wie ihn meine Mitautorin Sabine Steinbeck und ich beim Schreiben hatten.

Herzliche Grüße
Ihr Jan Hartwig

Zutatenliste und Kochanleitung

Kochshows im Fernsehen und auf Streaming-Portalen werden immer beliebter. Besonders beliebt sind die, bei denen prominente Köche zu sehen sind. Den Drei-Sterne-Koch Jan Hartwig erleben wir nur ab und zu in ausgewählten Formaten. Das liegt nicht daran, dass ihn niemand sehen will, sondern daran, dass er sich genau anschaut, was zu ihm und seinen hohen Ansprüchen an sich selbst am besten passt. Zudem hat er eine Verantwortung gegenüber seinen Gästen und seinem Team – er sieht seinen Platz nicht im Fernsehstudio, sondern in der Küche. Getreu dem Motto »Wo Jan Hartwig draufsteht, muss auch Jan Hartwig drin sein«.

Umso glücklicher hat es mich gemacht, dass Jan sich auf dieses Buchprojekt mit mir eingelassen hat. Immerhin ist es für uns beide das erste Buch und wir konnten nur erahnen, was am Ende dabei herauskommen wird. Wir haben stundenlange sehr persönliche Gespräche geführt und so ist dieses Buch entstanden.

Ein Buch mit 14 Erfolgsformeln, die Sie sofort für sich anwenden können. Gespickt mit Übungen und Reflexionsaufgaben, die Sie schnell ins Handeln bringen. Sie erhalten Einblicke in die Spitzengastronomie, genauso wie in die Welt eines Biogärtners. Ein siebenfacher Rallyeweltmeister lässt sich ins Cockpit schauen und ein Zukunftsforscher in die Glaskugel. Und weil es kurzweilig geschrieben ist, werden Sie nicht müde, immer weiterzulesen.

Wir haben uns, wie bei einem echten Menü in einem Sternerestaurant, ausschließlich der allerbesten Zutaten bedient. 14 Experten haben sich für uns viel Zeit genommen. Und so können wir alle von ihren ganz persönlichen Erfolgsformeln profitieren. Zur besseren Übersicht finden Sie die Erfolgsformeln wie in einem Menü am Ende des Buches zusammengefasst.

Freuen Sie sich darauf, neue Menschen kennenzulernen, und profitieren Sie von deren Erfahrung! Wenn Sie jetzt noch einen Stift und einen Notizblock parat legen, kann dieses Buch sofort zu einem wertvollen Arbeitsbuch werden. Worauf warten Sie? Auf zu den Sternen!

Sabine Steinbeck

1. Der Schlüssel zum Erfolg – das Handwerk erlernen

Es ist ein typischer Februartag. Kalt, nass und grau. Ich steige am Münchner Hauptbahnhof aus dem ICE, fahre mit der U-Bahn zum Marienplatz und gehe die letzten Meter zu Fuß. Mein Ziel: das traditionsreiche Hotel Bayerischer Hof. Ich bin ein bisschen aufgeregt und vor allem bin ich extrem neugierig, was sich hinter dem Leitsatz des mit drei Michelin-Sternen ausgezeichneten Kochs Jan Hartwig »Heute besser sein als gestern und morgen besser sein als heute« verbirgt.

Wir beide sitzen uns im Gourmet-Restaurant ATELIER gegenüber, das zum Hotel gehört. Hier ist Jan Hartwig zu dieser Zeit Küchenchef. Ich kenne Jan und werde ihn daher durchgängig duzen. Auch das Restaurant ist mir nicht unbekannt, weil ich hier bereits schon einige Male zum Essen oder, besser gesagt, zum Schlemmen war. Das Design wurde vom renommierten belgischen Kunsthändler und Interior-Designer Axel Vervoordt geschaffen. Auf der Website des Hotels ist zu lesen, dass es das Flair eines Künstlerateliers mit intimer Atmosphäre hat. Die Tische sind mit frisch gebügelten und gestärkten Tischdecken sowie großen runden Platztellern aus Stein eingedeckt und das Restaurant hält damit, was es verspricht: luxuriös und schlicht.

Gäste sind keine hier, dafür ist es noch viel zu früh. Es ist später Vormittag und das Restaurant öffnet erst um 19 Uhr seine Türen. Dennoch geht es schon turbulent zu. Nicht nur die Mitglieder der Küchenmannschaft sind bereits auf ihren Posten und kümmern sich darum, dass jeder Gast am Abend ein unvergessliches Menü bekommen wird, sondern auch das Serviceteam ist schon aktiv. Wobei der Service normalerweise

»erst« um 14 Uhr startet. Heute steht noch ein Fotoshooting an, deshalb ist auch der Service bereits im Einsatz. Alle bereiten sich mit großer Professionalität und Vorfreude auf die heutigen Gäste vor. Nie zuvor war ich so früh hier, und ich bin zutiefst beeindruckt, welche Arbeiten verrichtet und welche Vorbereitungen getroffen werden, damit am Abend für den Gast auch wirklich alles perfekt ist. Ein Abend im ATELIER ist vergleichbar mit einem großartigen Konzert.

Egal ob es ein Klassik-, ein Rock- oder ein Popkonzert ist: Auch hier werden schon lange vor dem Einlass der Fans große Vorarbeiten geleistet, damit es ein unvergesslicher Abend wird. Die Instrumente werden gestimmt, der Soundcheck wird durchgeführt, das Bühnenbild wird arrangiert … Von alldem bekommt der Konzertbesucher nichts mit, und so geht es auch dem Gast im ATELIER. Vermutlich will auch ein Musiker morgen besser sein als heute, aber was genau versteht Jan Hartwig für sich und sein Team unter diesem Anspruch?

»*Für mich ist genau das der Schlüssel zum Erfolg!*«, sagt Jan. Er sagt das mit viel Leidenschaft und großer Überzeugung. »*Dieses Credo beeinflusst und begleitet mich mit gewaltiger Kraft. Es hat für mich sehr viel damit zu tun, dass man nicht zu weit nach links und rechts schaut, sondern dass man sich auf sich selbst fokussiert. Das ist ein wichtiger Erfolgsfaktor, der meine Karriere so schnell steil nach oben gehen ließ. Ich habe keine Adaptionen gemacht, sondern mich ausschließlich auf mich selbst fokussiert. Immer wieder reflektiere und frage ich mich, was habe ich gestern gut gemacht, was habe ich gestern schlecht gemacht und was kann ich daraus lernen? Dabei schaue ich nicht, was ein anderer besser oder schlechter macht, sondern ich konzentriere mich ausschließlich auf mich. Deshalb ist mir dieser Leitsatz so wichtig für mein Handeln und Denken.*«

Im Restaurant EL BULLI bei Ferran Adrià – er gilt als einer der einflussreichsten Köche der Gegenwart und ist Mitbegründer der Molekularküche – hat Jan den Satz zum ersten Mal gehört: »Heute besser sein als gestern und morgen besser sein als heute.«

Er wusste sofort, dass dieser Anspruch das beschreibt, was ihn persönlich als ehrgeizigen und zielorientierten Menschen täglich antreibt. Bei den Eigenschaften ehrgeizig und zielorientiert hat vermutlich jeder sofort ein Bild im Kopf, wie so ein Mensch aussehen mag, der das von sich behauptet. Ich erlebe einen Jan Hartwig, der supersympathisch ist, nicht lange überlegen muss, was er sagt, und mir vermittelt, dass er genau weiß, was er will, und vor allem auch, was er nicht will.

So führt er weiter aus: »*In dem Moment, in dem ich mich selbst reflektiere, vermeide ich es auch, neidisch zu sein. Und das macht mich sehr frei. Wenn ich immer nur schaue, was meine Kollegen bekommen haben und was ich bekommen habe oder eben auch nicht, dann ist das nicht zielführend und es bringt mich keinen Schritt weiter.*«

Kleiner Exkurs zum Thema Neid

Lieber Leser, lassen Sie uns einen kleinen Exkurs zum Thema Neid machen. Wir alle kennen das Gefühl, neidisch zu sein, und doch geben wir es nicht gerne zu, denn Neid ist nicht gerade eine Tugend und dieses Gefühl bringt uns nicht weiter. Psychologen unterscheiden zwischen drei Arten von Neidgefühlen: Es gibt den destruktiven, den depressiven und den positiven Neid. Betrachten wir an dieser Stelle nur mal den positiven Neid, der am Ende dann doch gar nicht positiv ist: »Diese Art des Neids kann Ehrgeiz wecken und als Ansporn dazu dienen, selbst besser zu werden. Im Prinzip will man sein Gegenüber nicht zerstören, sondern sich selbst neu erschaffen. Allerdings birgt dieser Wunsch die Gefahr, zum Double der Person zu werden, die Sie bewundern.«[1]

In einem späteren Kapitel dieses Buches begegnet uns noch der Satz: »Wir werden alle als Original geboren, aber viele von uns sterben als Kopie.«

Jan ist sich dieser Gefahr absolut bewusst. Genau aus diesem Grund hat er sich entschieden, nicht neidisch zu sein, sondern die Ärmel hochzukrempeln und jeden Tag sein Bestes zu geben. Nicht nach rechts und links zu schauen, sondern immer noch ein bisschen besser als gestern zu sein. Dadurch genießt er die Unabhängigkeit, er selbst sein zu können.

Eigene Handschrift entwickeln

Diese Freiheit im Denken und Tun haben Jan Hartwig auch die Gastronomiekritiker von Anfang an bestätigt. So etwa der renommierte Gastronomiekritiker und -journalist Jürgen Dollase, der seit 1999 auch regelmäßig gastrosophische Kolumnen und Artikel veröffentlicht. Er attestierte ihm bereits zu Beginn seiner Zeit als Küchenchef im Bayerischen Hof, »*dass das, was der Gast dort von ihm bekomme, von hoher Qualität sei*«, erinnert sich Jan. Sicher auch hier und da noch ausbaufähig, muss er sich eingestehen. Aber Dollase erkannte zu diesem Zeitpunkt schon an, dass die Menükompositionen des neuen Küchenchefs, kein »Ritz-Carlton-Aqua-Museum«* sind, sondern die ganz eigene Handschrift von Jan widerspiegeln.

Jan stand zu dieser Zeit vor der Herausforderung, dass er seine eigenen Rezepturen, die er als Sous-Chef im Aqua entwickelt hatte, vorerst nicht dem Gast im ATELIER anbieten konnte. Denn sonst hätte es passieren können, dass ein Gast dasselbe Gericht eine Woche später bei Sven Elverfeld im Aqua serviert bekommt. Er hat das Problem ganz pragmatisch gelöst, indem er bewusst Produkte wählte, die es während seiner Zeit im »Ritz-Carlton« nicht oder nur sehr selten gab. Er setzte Kaninchen, Wachtel und Steinköhler auf die Karte, während es bei Elverfeld eher Taube, Seezunge, Lamm und Makrele gab. Alles Produkte, die Jan auch liebt und heute längst wieder in seine Menüs integriert. Doch in seiner Anfangszeit im Bayerischen Hof konnte er mit der Entscheidung, andere Produkte zu verarbeiten als Elverfeld, sicherstellen, dass seine eigene Handschrift vom ersten Tag an deutlich zu erkennen war.

»*Eine eigene Handschrift zu entwickeln ist schon schwer genug, sie auch noch jeden Tag auf gleich hohem Niveau umzusetzen, ist noch schwerer. Deshalb ist es für mich extrem wichtig, jeden Tag aufs Neue zu reflektieren und zu schauen, was ich noch verbessern kann. Das muss nicht zwangsläufig die Zubereitung meiner Menüs sein, das kann auch*

---

* Jan Hartwig war vor seiner Zeit im ATELIER als Sous-Chef im Restaurant Aqua im »Ritz-Carlton« in Wolfsburg.

mein Führungsstil innerhalb meines Teams, die Auswahl der Produkte oder der Umgang mit mir selbst sein«, so Jan.

An dieser Stelle habe ich mich gefragt, wann er wohl gemerkt hat, dass er beruflich nicht nur adaptiert, sondern dass er die Marke »Jan Hartwig« ist und dass sein Handwerk einzigartig ist. Ich frage ihn genau das und bekomme zur Antwort:

»Zunächst mal muss ich sagen, dass ich noch lange keine Marke bin. Dazu gehört noch viel mehr, das ist ein langer Prozess. Aber ich weiß, was du meinst. Es ging schon sehr früh los, als ich noch in Wolfsburg war. Es war auch maßgeblich der Grund, warum ich dann gesagt habe, ich möchte nicht mehr nur in der zweiten Reihe stehen, sondern ich möchte das gerne in Eigenregie machen. Um an der Spitze kochen zu können, ist es erst mal wichtig, den Beruf des Kochs ordentlich zu erlernen. Alles, was ich mache, baut auf dieser soliden Ausbildung auf – das ist zunächst mal die Basis und das würde ich auch heute noch jedem Jungkoch dringend raten. Und danach geht jeder seinen eigenen Weg. Es gibt Köche, die kochen in der Autobahnraststätte und machen einen guten Job. Und wenn sie Backfisch mit Kartoffelsalat machen sollen, dann machen sie Backfisch mit Kartoffelsalat. Und wenn sie kreativ sein sollen, garnieren sie noch mit Zitronenspalte und Tomatenschnitz. Und das meine ich gar nicht despektierlich, aber das ist nicht das, was ich mache oder jemals machen wollte. Ich hatte schon früh das Ziel, ein besonders guter Koch zu werden.«

Aber wie wird man ein besonders guter Koch? Jan hat eine solide Ausbildung als Grundlage genannt, und der Managementexperte Jim Collins fügt noch zwei weitere Voraussetzungen hinzu, um zu den Besten zu gehören. Im Wirtschaftsmagazin »brand eins«[2] sagt Collins: »Kreativität ist nichts Besonderes. Jeder Mensch hat Fantasie. Wer atmet, ist kreativ. Kreativität ist die unerschöpfliche Quelle, mit der jeder Mensch geboren wird. Kreativität kann es also nicht sein, was die mittelmäßigen von den großartigen Unternehmen unterscheidet. Wertvoll wird Kreativität erst, wenn ich sie mit Disziplin kombiniere.« Er führt das Beispiel von Ernest Hemingway an, der die letzte Seite seines Buches »In einem anderen Land« 39-mal umgeschrieben hat, um sicher zu sein, dass er die treffenden Worte gefunden hat. »Diese wahnsinnige

Intensität, mit der jemand seine Kreativität überprüft und in kraftvolle Bahnen lenkt, die macht den Unterschied«, so Collins.

Diese leidenschaftliche Intensität wird uns in diesem Buch noch häufiger begegnen, nicht nur bei Jan. So lesen wir in Kapitel 13 von einem jungen Mann, der mit genau dieser Intensität Kaviar produziert und in die besten Küchen der Welt verkauft. In die besten Küchen Münchens verkauft wiederum der bodenständige Biogärtner Johannes Schwarz seine Produkte. Auch er verfügt über diese wahnsinnige Intensität, wenn er auf der Suche nach den kulinarisch besten Tomaten ist. Doch dazu später mehr in Kapitel 5. Zurück zu Jan:

»Ich habe die Kochlehre nicht absolviert, um meinen Arbeitstag irgendwie hinter mich zu bringen, sondern ich wollte von Anfang an mehr machen. Als dann mein Betrieb während meiner Ausbildung mit einem Michelin-Stern ausgezeichnet wurde, wollte ich unbedingt in einem Drei-Sterne-Restaurant arbeiten. Als Jugendlicher hatte ich keine Poster von irgendwelchen Popstars oder Fußballprofis an den Wänden hängen. Dafür las ich alles über den Jahrhundertkoch Eckart Witzigmann und den Küchenchef des Tantris, Hans Haas. Jeden Zeitungsartikel über die Lichtgestalten in der Gastronomie habe ich gelesen und gesammelt. Die Kochbücher von Eckart Witzigmann waren für mich so wichtig und interessant wie heute für andere die sieben Bände der Harry-Potter-Reihe.«

Schon an dieser Stelle sei vorweggenommen, dass die beiden Kochlegenden heute nicht mehr aktiv am Herd stehen. Über Eckart Witzigmann werden wir in einem ausführlichen Interview später in Kapitel 8 noch mehr erfahren. Über den ebenfalls außergewöhnlichen Koch Hans Haas ist am Silvestertag 2020 in der tz[3] zu lesen, dass er »leise und unaufgeregt« von der Bühne gegangen ist. Der Grund dafür ist, dass der Abschied des Österreichers aus dem aktiven Berufsleben ausgerechnet in den zweiten Lockdown 2020 fiel. Haas war fast 30 Jahre Küchenchef im Tantris, das von Anfang an zwei Sterne hatte.

Jan hat, vier Jahre nach seiner Ausbildung und einigen Zwischenstationen in renommierten und ausgezeichneten Restaurants, 2007 schließlich in Wolfsburg im Restaurant Aqua im Hotel »The Ritz-Carlton« angefangen zu arbeiten. Dieses Restaurant war schon zu jener Zeit mit zwei Michelin-Sternen ausgezeichnet. 2009 kam der dritte Stern dazu.

Schon nach etwa einem Jahr bemerkte Jan, dass er eigene Ideen hatte und die gerne umsetzen wollte. Sven Elverfeld, seit 2000 dort Küchenchef, bezieht sein Team stets in die Entwicklung neuer Gerichte mit ein und so konnte auch Jan schon früh seine eigenen Vorstellungen einbringen.

»Küchenchef Sven Elverfeld hat mich gefördert und gefordert und dafür bin ich ihm bis heute sehr dankbar. Doch irgendwann habe ich gemerkt, dass es mir nicht mehr reicht, wenn mein Chef zu den Gästen oder Kritikern sagte: ›Das hat mein Sous-Chef gemacht.‹ Ich wollte, dass es auch irgendwo geschrieben steht: ›Dieses Gericht hat Jan Hartwig entwickelt und zubereitet.‹ Ich wusste schon sehr früh, dass ich einen eigenen Stern haben möchte, ein eigenes Feinschmecker-F und eigene Gault&Millau-Punkte – das war seitdem mein Anspruch und Antrieb. Und dazu musste ich mich jeden Tag verbessern und einfach immer ein bisschen besser sein als gestern.«

Bis heute hat Jan nicht in allen Restaurantführern die Höchstbewertung erreicht – auch das spornt ihn täglich an. So fehlt ihm zum Beispiel immer noch ein halber Gault&Millau-Punkt zu den erreichbaren 19,5 Punkten. Aber er hat es sich zum Ziel gesetzt, alle relevanten Gastronomieauszeichnungen mit der höchsten Bewertung zu erfüllen.

Ich frage ihn, ob jeder Sous-Chef in einer Sterneküche das Ziel hat, ein Drei-Sterne-Koch zu werden. »*Nein, das glaube ich nicht, sonst gäbe es mehr als die 125 Drei-Sterne-Köche, die es zurzeit* weltweit gibt*«, ist Jan sich sicher. Ich will es genauer wissen und frage ihn, ob er glaubt, dass es die »anderen« nicht wollen oder nicht können. Für Jan ist es eine Mischung aus beidem. Er sagt, dass bereits sein Chef während seiner Ausbildung, Jens Dannenfeld, propagiert hat: »Du musst dich bald entscheiden, ob du Häuptling werden willst oder Indianer bleibst. Es gibt Menschen, die sind völlig fein damit, Indianer zu sein. Zum einen, weil sie gar nicht in der Lage sind, Verantwortung zu übernehmen, Kri-

---

* Stand April 2021

tik anzunehmen, Druck auszuhalten, vor Menschen zu sprechen oder Konflikte zu durchlaufen. Nicht jeder Sous-Chef ist ein guter Häuptling. Für viele ist es der einfachere Weg, zu sagen: ›Ich koche, ich habe Spaß an meinem Beruf, ich kann mich da voll entfalten, aber den Kopf muss jemand anders hinhalten.‹«

Bei Jan war es genau umgekehrt. Wir haben bereits von ihm gehört, dass er schon während seiner Zeit bei Sven Elverfeld festgestellt hat, dass er es nicht akzeptieren wollte, für immer in der zweiten Reihe zu stehen. Für ihn war klar, dass er ganz nach vorne will.

Ein Drei-Sterne-Koch braucht erst mal einen Herd

Jan führt aber noch weitere Gründe an, warum nicht jeder das Ziel hat, ein »Häuptling« zu werden. *»Indianer zu bleiben hat manchmal auch damit zu tun, dass sich Situationen und Lebensumstände ändern. Ein Grund könnte zum Beispiel sein, dass eine Familie gegründet wird und die dann im Mittelpunkt steht.«*

Und nicht jeder, der das Ziel hat, Drei-Sterne-Koch zu werden, erhält auch die Möglichkeit dazu. *»Er kann noch so brillant kochen, wenn er nicht selbst viel Geld in die Hand nimmt und sich selbstständig macht, dann braucht er jemanden, der ihm diese Bühne zur Verfügung stellt.«*

Für Jan bot sich die Chance, nachdem er sieben Jahre im Team von Sven Elverfeld gekocht hatte. *»Im Mai 2014 war es dann so weit: Mir wurde eine Chance geboten und ich ergriff sie. Ich wurde Küchenchef im ATELIER und nun konnte und musste ich zeigen, was ich kann. Meine Chefin, Innegrit Volkhardt, seit 1994 die Geschäftsführende Gesellschafterin des Bayerischen Hofs, schenkte mir ihr Vertrauen und ließ mich gewähren. Auch hier begegnete mir wieder eine Atmosphäre des Förderns und Forderns, wenn auch anders als bei Sven Elverfeld. Klar, denn jetzt war ich ja bereits eine Stufe höher. Nun konnte ich endlich meine eigene Handschrift entwickeln und es stand auch noch Jan Hartwig darunter. Als ich die Führung übernahm, hatte das ATELIER bereits einen Stern, den ich nun verteidigen musste. Diesen zu verlieren, wäre mir richtig unangenehm gewesen – vor dem Haus und vor mir selbst. Das war für mich Druck und Ansporn zugleich.«*

Man muss hierbei wissen, dass ein Michelin-Stern nie dem Küchenchef gehört, sondern immer dem Restaurant, dem er verliehen wurde, und er bleibt auch dann, wenn der Küchenchef das Restaurant verlässt. Aber natürlich immer nur bis zur nächsten Bewertung, die jährlich vorgenommen wird.

Jan hatte das große Glück, dass er seinen Wechsel vom Aqua in Wolfsburg in den Bayerischen Hof in München sehr offen mit seinem damaligen Chef, Sven Elverfeld, besprechen konnte. *»Sven ist ein ganz großer Gönner. Ich habe noch nie gehört, dass er über einen Kollegen schlecht gesprochen hat oder einem seiner Zöglinge Steine in den Weg gelegt hätte. Er hat ganz großartig reagiert und mich darin bestärkt, meinen eigenen Weg zu gehen. Da wurde auch nicht auf die Einhaltung einer Kündigungsfrist gepocht, und deshalb ging es dann auch recht schnell.«*

Im Mai 2014 begann also seine Karriere im Bayerischen Hof. Das war eine ganz spezielle Situation, die ihn dort erwartete. Er war zu diesem Zeitpunkt nicht nur Küchenchef des damals Ein-Sterne-Restaurants ATELIER, sondern auch verantwortlich für die Küche des zweiten Hotelrestaurants »Garden«. Und somit auch zuständig für die Speisen, die in der Lobby bestellt wurden, für den Room-Service und die Snacks, die in »falk's Bar« angeboten wurden. Das bedeutete, dass es keine räumliche Trennung gab. Alles kam aus einer Küche und es wurde täglich in drei Schichten gearbeitet.

Jan erzählt mir, dass es eine absolute Herausforderung für das Team und auch für das Material ist, wenn eine Küche nie zum Stillstand kommt. *»Die Herausforderung besteht insbesondere in der Übergabe. Zum Beispiel, wenn Kollege A freihat und Kollege B gerade aus zwei Ruhetagen zurückkommt. Dann sind ein Übergabeprotokoll und eine kleine Inventur extrem wichtig, damit Kollege B einen schnellen Überblick hat. Er weiß dann genau, was er machen muss, was er bestellen muss, was noch reicht, was zur Neige geht oder ganz fehlt. Wenn Kollege A das gut macht, dann findet Kollege B im Idealfall einen tollen Posten vor. Aber so verschieden, wie die Menschen nun mal sind, macht es nicht jeder so, und genau darin liegt das Problem«*, schildert Jan.

Wir können uns ausmalen, wie das dann weitergeht. Kollege A hat die Übergabe nicht so gewissenhaft vorbereitet. Kollege B kommt dadurch in Schwierigkeiten, das löst Frust bei ihm aus und beim nächsten Mal macht er sich auch nicht mehr die Mühe, eine ordentliche Übergabe zu gewährleisten. Letztendlich geht es immer zulasten des Gastes.

Jan betont noch mal, dass es weder für ihn noch für sonst jemanden aus seinem Team ein Problem ist, ein Club-Sandwich oder einen Wurstsalat zuzubereiten, aber die Zusammenarbeit im Team leidet darunter, wenn eine Küche nicht zur Ruhe kommt.

Obwohl Jan sehr gut vernetzt war, fiel es ihm unter diesen Voraussetzungen schwer, geeignete Mitarbeiter zu finden, um sich ein eigenes exzellentes Team aufbauen zu können. Für einen Koch im ATELIER bedeutete es ja, nicht nur auf Sterne-Niveau zu kochen, sondern auch noch das bereits erwähnte klassische Club-Sandwich für den Gast in der Lobby zuzubereiten. Das war nicht für jedermann erstrebenswert. Jede Serviceeinheit musste gut organisiert und bestmöglich bedient werden, zeitgleich musste im ATELIER der Stern des Restaurants verteidigt werden.

Heute wissen wir, dass Jan den Stern sehr souverän verteidigt hat. Und ein Jahr später hatte er bereits den zweiten Michelin-Stern erkocht unter den oben beschriebenen Bedingungen.

Der gelungenen Kombination aus der Zielorientiertheit von Jan Hartwig und dem Visionärsgeist von Innegrit Volkhardt ist es zu verdanken, dass im Sommer 2015 die Küchen getrennt wurden. Von nun an konnte Jan sich einzig und allein auf das Sternerestaurant ATELIER konzentrieren. Das führte dazu, dass seine Arbeit auch im Folgejahr wieder mit zwei Sternen belohnt und er seit 2018 jedes Jahr mit drei Michelin-Sternen ausgezeichnet wurde.

Für alle Nicht-Insider der Szene: Es gibt zurzeit in Deutschland 259 Küchenchefs, die mit einem Michelin-Stern ausgezeichnet sind. 41 Restaurants dürfen sich mit zwei Michelin-Sternen präsentieren, und nur zehn Restaurants und Küchenchefs tragen hierzulande drei Michelin-Sterne. Weltweit sind es gerade mal 125 Restaurants – davon aber allein zehn Drei-Sterne-Restaurants in der französischen Hauptstadt. Das bedeutet, in Deutschland müssten wir von Hamburg zum Tegernsee reisen, wenn wir zehn Drei-Sterne-Restaurants besuchen wollten. Wohingegen es in Frankreich reicht, einmal durch Paris zu fahren, um die gleiche Anzahl an Drei-Sterne-Restaurants erleben zu können.*

Die Presse feierte Jan wie einen Star, als bekannt wurde, dass er nach 23 Jahren die drei Sterne wieder in die Bayerische Landeshauptstadt geholt hatte. Denn die gab es seit Eckart Witzigmann, der sein Restaurant Aubergine am Münchner Maximiliansplatz bis 1994 betrieb, nicht mehr in München. Aus diesem Grund haben nicht nur die Journalisten der Fachmedien wie Feinschmecker, Rolling Pin und falstaff den neuen Drei-Sterne-Koch bejubelt, sondern auch zahlreiche renommierte Tageszeitungen wie der Münchner Merkur, die FAZ oder die Süddeutsche Zeitung, um nur einige zu nennen. Sie alle titelten am 15. November 2017 euphorisch über den dritten Stern in München. Das war auch der Internetausgabe der Bayerischen Staatszeitung eine Berichterstattung wert, denn seitdem beheimatet Bayern wieder zwei Drei-Sterne-Restaurants (das Restaurant Überfahrt von Christian Jürgens in Rottach-Egern ist das andere Drei-Sterne-Restaurant in Bayern).

Der Direktor des Guide Michelin Deutschland/Schweiz, Ralf Flinkenflügel, bezeichnete den neuen Drei-Sterne-Koch Hartwig damals als »Shooting-Star der Szene«. »Hartwig hat erst vor zwei Jahren den zweiten Stern bekommen. Er ist nun an einem Punkt angekommen, dass er nicht nur in Deutschland, sondern auch in der internationalen Küche zur absoluten Spitze gehört«, sagte Flinkenflügel in der Augsburger Allgemeinen im November 2017. Weiter heißt es: »Seine Küche hat Tiefgang und Charakter.«[4]

In der FAZ stand im November 2017[5] unter der Headline »Auf zu den Sternen – Schnell hoch drei« über den frischgebackenen Drei-Sterne-Koch Jan Hartwig: »[...] Sein Berufswunsch stand schon früh fest, etwa im Alter von 6 Jahren. [...] Und er findet eine Balance aus Selbstbewusstsein und Demut, Individualität und Kollegialität, Ehrgeiz und Gelassenheit, die der Garant ist für eine brillante Küche. [...] Die Jan-Hartwig-Küche ist inspiriert – wird aber nicht dominiert – von der Stilistik seiner

---

* Alle Angaben beziehen sich auf den Zeitpunkt April 2021, als dieses Buch geschrieben wurde.

Lehrer, respektiert den Katechismus der französischen Haute Cuisine, ohne ihn wie einen Rosenkranz herunterzubeten, bedient sich der Aromenschatztruhe der weiten Welt und kreiert trotzdem kein austauschbares Geschmacks-Multikulti auf dem Teller [...].« Dieser nur kleine Ausschnitt aus der FAZ untermauert die bereits beschriebene Freiheit, die Jan in seinem Denken und Tun zum Ausdruck bringt.

Fast auf den Tag genau ein Jahr später erschien wiederum in der FAZ[6] ein ausführlicher Artikel über Jan mit der Headline »Baumeister Jan spielt nicht mehr mit Lego«. Diese Überschrift bezieht sich darauf, dass unser Drei-Sterne-Koch, als er noch ein Kind war, sich im Spielen mit Legosteinen verlieren konnte. Er wird zitiert, dass er »heute die Welt der Kulinarik als unerschöpfliche Spielkiste voller Bausteine, die er nach Lust und Laune zusammensetzt«, betrachtet. In einer ausführlichen Berichterstattung wird der Werdegang von Jan beschrieben und sein Weg als »Karriere voller Zwangsläufigkeiten« dargestellt. »Der Jubel ist groß, die Freude noch größer, und für Jan Hartwig schließt sich auf schicksalhafte Weise der Kreis seiner Lebens- und Familiengeschichte.«[7]

Was genau ist denn hier mit der Lebens- und Familiengeschichte gemeint? Jan erzählt immer wieder, dass er bereits als kleiner Junge wusste, dass er Koch werden wollte. Er wuchs gemeinsam mit seinem jüngeren Bruder Lars im Landkreis Peine auf. Sein Vater, ebenfalls gelernter Koch, betreibt heute noch mit Jans Mutter ein Waldgasthaus im niedersächsischen Adenstedt, dem Ort, in dem Jan eingeschult und groß geworden ist. Seine Eltern lebten den beiden Söhnen bereits früh vor, was Kulinarik bedeutet.

Die FAZ greift auf die Geschichte zurück, die ein schönes Beispiel dafür liefert, was Jan bereits als Kind erfahren und erlebt hat. »Bis heute erzählt Hartwig mit leuchtenden Augen, wie sein Vater eines Tages alles Ersparte zusammenkratzte, mit seinem Kleinwagen nach München fuhr, im legendären Drei-Sterne-Restaurant Tantris aß, sich den ganzen Abend lang nur eine Flasche Wasser leisten konnte und noch in derselben Nacht zurückkehrte.«[8]

Sein Vater, so sagt Jan, hat ihm immer schon vorgelebt, dass der Beruf des Kochs etwas ganz Besonderes ist und deshalb auch erstrebenswert. Im Gegensatz zu anderen Eltern, die ihren Kindern raten, »mach etwas Anständiges, geh auf keinen Fall in die Gastronomie«, vermittelte ihm sein Vater, dass die Arbeit eines Kochs kreativ, spannend und erschaffend ist. So fand er es schon im Alter von vier, fünf Jahren großartig, seinem Vater zu helfen.

Jan verheimlicht an anderer Stelle aber auch nicht, dass er während eines Schulpraktikums in den Sommerferien 1997 den Traum, Koch zu werden, fast aufgegeben hätte. Aber glücklicherweise nur kurzzeitig. Seine Social-Media-Follower kennen die Geschichte unter der Überschrift »Der Mettklößchen-Vorfall«.

Auslöser war ein heißer Sommertag und alle seine Kumpels waren im Freibad oder im Urlaub, während er im Keller einer Restaurantküche in Peine stand und eine Arbeit verrichten musste, die ihm nicht zusagte. Er musste an diesem Nachmittag, während der Geselle »Zimmerstunde hatte«*, 2000 Mettklößchen formen. Die Masse schien kein Ende zu nehmen und die Klößchen wurden am Ende immer größer. Diese Arbeit war für ihn monoton und langweilig. An diesem Tag stellte er seinen Plan, eine Kochausbildung anzustreben, kurzzeitig infrage. Doch wie gesagt, es war nur eine kurze Momentaufnahme, und er hat schnell gelernt, dass auch in seinem Beruf nicht alles gleichermaßen Spaß macht.

Kommen wir noch mal zu dem schon genannten Artikel in der FAZ zurück. Da ist zu lesen, dass Jan sich noch lange nicht am Ziel sieht und dass er »nichts mehr verabscheut als den Stillstand und nichts mehr mag als den Wandel«.

Jan verrät mir in diesem Zusammenhang, dass ihm schnell langweilig wird. Wenn er ein Gericht entwickelt hat, dauert es noch eine Weile, bis es so im Detail perfektioniert ist, dass es auf die Karte gesetzt werden kann. Wenn dieser Gang dann zum ersten Mal einem Gast serviert wird, ist es für ihn, den Küchenchef, fast schon wieder langweilig. Um im Bild der Legosteine zu bleiben: Er würde am liebsten die Steine wieder abbauen und in einer neuen Konstellation etwas anderes erschaffen.

---

* Zimmerstunde ist ein eher altmodischer Begriff. Heute würde man von Teildienst sprechen und der entsprechenden Pause am Nachmittag.

In dem Artikel der FAZ heißt es weiter: »Er sei ein Handwerker, sagt Hartwig, und mache nichts anderes, als die Dinge ständig auf die Spitze zu treiben. Deswegen lässt sich seine Küche kaum kategorisieren. Sie unterwirft sich keiner Mode, pfeift auf alle Dogmen und verliert sich trotzdem nicht in Beliebigkeit, weil Hartwigs Virtuosität sämtliche Fragen nach Etiketten sofort verstummen lässt.« Es geht auch hier wieder um die Freiheit im Denken und Tun, die Jan für sich deklariert hat und von der wir jetzt bereits zum wiederholten Mal lesen.

Der Autor dieses Artikels, Jakob Strobel y Serra, beschreibt Jan und seine Arbeit, als wenn er einen Maler und ein großes Kunstwerk beschreiben würde. Der Drei-Sterne-Koch wird in dem Artikel zum »feinmotorischen Aromenarchitekt von Gottes oder wessen auch immer Gnaden«. Begründet wird dies mit der Art und Weise, wie Jan eine australische Gelbschwanzmakrele anrichtet. Aber lesen Sie selbst: »Auf eine australische Gelbschwanzmakrele drapiert er eine pergamentfeine Kohlrabischeibe, die sich zärtlich wie eine Liebende an den Fisch schmiegt, dekoriert dieses Tête-à-Tête mit Fliegenfischkaviar und Fenchelgrün, Kresse und Chrysanthemenblüten, Zitronenzesten und dem notorischen Geschmackstotschläger Dill, der bei Hartwig sensationell erfolgreich resozialisiert wird. [...] ein Gericht wie eine Hommage an die klassische Haute Cuisine, das aber trotz seines Traditionalismus nichts Altväterliches hat, weil Hartwigs Handschrift auch hier unverkennbar ist: die Versöhnung von Kraft und Finesse, der Verzicht auf jede Effekthascherei, die Verneigung vor der Qualität des Produktes, die Perfektionierung jedes einzelnen Details.«[9]

Die Zitate aus den beiden FAZ-Artikel wollte ich Ihnen nicht vorenthalten, zeigen sie doch, wie das Handwerk des Sternekochs dem der Künste – sei es Musik oder Malerei – ähnelt.

Jetzt möchte ich aber noch einmal näher beleuchten, was es bedeutet, eine eigene Handschrift zu haben. Bei Jan ist die eigene Handschrift zunächst einmal das Visuelle.

Branding – der Hartwig-Kreis

Viele sprechen im Zusammenhang mit der »eigenen Handschrift« bei Jan vom sogenannten Hartwig-Kreis. Ich frage bei ihm nach, was darunter zu verstehen ist.

»*Ich richte die Speisen häufig im Kreis auf den Tellern an, und ich bin mittlerweile bekannt dafür. Es wird häufig kopiert, aber wer meine Kochkunst kennt, erkennt auch, welcher Teller von mir ist.*«

Wie kommt man darauf, war es ein Zufallsprodukt oder hat er es geplant, will ich von ihm wissen.

»*Ich kann nicht mehr sagen, wie das mit dem Kreis entstanden ist. Das ist, wie wenn du ein Blatt Papier vor dir hast und losmalst. Aber der Kreis hat auch einen praktischen Effekt, weil die Soße, die ich da immer reingieße, durch den Kreis im Zaum gehalten wird. Jürgen Dollase hat meine Kreise damit erklärt, dass meine Soßen zumeist sehr kräftig gewürzt sind. Durch den Kreis erhält der Gast die Chance, selbst zu dosieren. Anders, als wenn ich die Soße zum Beispiel auf den Fisch gießen würde, denn dann hat der Gast keine Chance mehr, der Soße auszuweichen. Das war nicht die allererste Intention, aber es macht Sinn.*«

Er macht eine kurze Pause und fügt hinzu: »*Und ganz wichtig: Geschmack geht bei mir immer über Präsentation. Kochen und Anrichten hat bei mir vor allem etwas mit Proportionen und Verhältnissen, insbesondere den Größenverhältnissen zueinander, zu tun. Aber auch hier wieder: Selbst wenn es anders schöner aussähe, hat immer der Geschmack Vorrang. Vieles kann im Kreis angerichtet werden, aber nicht alles. Oft entwickelt es sich aber dazu.*«

Zurück zu seinem Credo »Heute besser sein als gestern und morgen besser sein als heute«. Ich möchte von ihm wissen, was das für seine Teller bedeutet.

»*Ich versuche heute noch viel mehr wegzulassen. Sowohl von den Zutaten als auch vom Visuellen her. Es sieht teilweise schon simpler aus, als es früher ausgesehen hat. Was natürlich nicht simpler ist, denn die Vorbereitung und Zubereitung ist enorm. Aber ich mache weniger Tupfer, weniger Kleckse. Ich bin nicht mehr so verspielt, sondern fokussierter und reduzierter*«, so Jan.

Sein Anspruch ist es, einen neuen Teller zu kreieren, den es nach seinem Wissen so vorher noch nicht gegeben hat. *»Klar kann auch ich das Rad nicht neu erfinden. Ich mache gerade Steinbutt mit Rindermark und Rotweinsoße. Das ist relativ klassisch. Das hat es sicher auch schon gegeben, aber so in der Form vielleicht noch nicht.«*

Expertengespräch mit Jürgen Dollase

Ist das Kunst oder kann das weg? Diese etwas provokative Frage haben Sie sicher auch schon häufiger mal gehört und in einigen Situationen vielleicht auch darüber geschmunzelt. Genau wie bei den klassischen Künsten, wie zum Beispiel der Malerei, stellt sich in der Kochkunst doch die Frage, wer beurteilen kann, dass genau dieses Gericht oder Menü nicht nur einfach ausgezeichnet schmeckt, sondern einer großen Kochkunst entspricht. Dazu habe ich mich mit dem renommierten Gastronomiekritiker und -journalisten Jürgen Dollase in der schönen Barockstadt Fulda getroffen. Und damit ich gleich auch gustatorisch etwas von ihm lernen kann, haben wir uns zum Lunch im »Christians & Friends« in der Nonnengasse in Fulda verabredet. Ein kleines Restaurant mit einem talentierten und ambitionierten Küchenchef, Christian Steska. Dieses Restaurant mit Wohnzimmercharakter war zu diesem Zeitpunkt eher noch ein Geheimtipp. Im März 2021 wurde dann das »Christians & Friends« erstmalig mit einem Michelin-Stern ausgezeichnet.

Wir haben das Sechs-Gang-Menü mit den korrespondierenden Weinen bestellt und ich habe mir bereits bei den »Grüßen aus der Küche« erklären lassen, worauf ich achten muss, um den Geschmack richtig wahrnehmen und beurteilen zu können. Da habe ich zum Beispiel gelernt, dass erst einmal *»wieder Frieden im Mund eingekehrt sein muss«*, bevor ich einen Schluck Wein nehme, denn sonst kann ich die Elemente des Weines nicht schmecken. *»Es geht hier um Millisekunden.«* Im Zusammenhang mit Geschmack und Kochkunst irritieren mich die Millisekunden ein bisschen, aber ich habe sie auch bereits bei Jan gehört, also muss wohl etwas dran sein.

Bei meinem Hauptgang »Dorade mit Kartoffel, Senfgurke, Dill und Grüne-Soße-Eis« lerne ich, dass das Grüne-Soße-Eis eine sensorische Variante ist und erst durch den Mischpunkt »kaltes Eis mit Fisch« sein Gesamtgeschmack entsteht. »[...] Erst schmeckt man das kühle, schmelzende Eis, dann blendet das Aroma von Fisch, Gurken und Co. durch«[10], so kann ich es später noch mal in der Sonntagszeitung der FAZ nachlesen, in der Dollase über den Lunch in Fulda berichtet hat.

Weiter lerne ich, dass Sensorik auch heißt, »*den Menschen das Essen so zu servieren, dass sie es nicht falsch essen können. Man muss es ihnen in den Mund legen – sie sollen einfach nur genießen.*« Dabei soll der Gast keine wissenschaftliche Arbeit anfertigen müssen, aber laut Dollase braucht es wissenschaftliche Arbeit, um es so hinzubekommen, dass es nicht falsch gegessen werden kann. »*Bis alle sagen: ›Oh, wie wunderbar‹, muss man vorher gut nachgedacht haben*«, erklärt mir der erfahrene Restaurantkritiker.

Dollase erinnert sich an seinen ersten Besuch 2014 im Bayerischen Hof bei Jan Hartwig und resümiert: »*Da gab es noch die eine oder andere Irritation. Ich wusste, dass hier etwas Gutes entsteht, dass er aber auch erst mal ein paar Schritte gehen muss, um Struktur zu bekommen. Das Handwerk war noch nicht in den Diensten der Idee und umgekehrt. Hartwig konnte seine Ideen noch nicht so richtig auf den Teller bringen.*«

Apropos Teller – der Gastronomiekritiker weiß noch genau, dass es an dem Abend einen Gang gab, der auf einem tiefen Teller angerichtet war. Dollase schimpft: »*Das ist kontraproduktiv – nach 30 Sekunden ist alles Matsch.*« Spätestens hier zeigt sich, dass ein Spitzenkoch viel mehr können muss als »nur« außerordentlich gut kochen.

Jan spricht immer wieder davon, wie wichtig für ihn das Handwerk ist. Dollase zieht den Vergleich zur Architektur. Ein herausragender Architekt hat neben seinem Handwerk das besondere Gefühl für die Steine. Er erkennt die richtigen Proportionen und wählt das passende Material. »*Seine Leistung aber bekommt durch das gigantische Handwerk erst Flügel.*«

Ich frage Dollase, ob es denn möglich ist, »nur« durch gutes Handwerk ein Koch auf Drei-Sterne-Niveau zu werden, und seine Antwort beschäftigt sich mit der Sensorik und der Aromatik. Über die Sensorik haben wir eben schon etwas gehört, als es um das »Grüne-Soße-Eis« ging. Sensorik, erklärt er mir, »*ist extrem komplex, aber sie ist physikalisch und mathematisch erklärbar. Die aromatische Ebene hingegen ist kochkunstspezifisch und verweist uns auf die großen Talente, wie Mozart, die das irgendwoher kennen. Das ist weder mathematisch noch physikalisch erklärbar. Da kommt die Frage auf: Wie ist unser Koch darauf gekommen, dieses Geschmacksbild zu komponieren? So, wie ich mich hier bei diesem Lunch frage: Warum kann der Koch Christian Steska so gute Desserts herstellen? Die fallen echt auf.*«

Vor dem Interview mit dem Gastrokritiker hatte ich mich selbstverständlich auf ihn vorbereitet, indem ich viel von ihm und über ihn gelesen habe. Dabei bin ich auf den »assoziativen Kontext« gestoßen, der für die kreative Spitzenküche augenscheinlich spezifisch ist und dafür sorgt, dass bei dem Gast Erinnerungen hervorgerufen werden. Das soll uns bei der Orientierung helfen, lerne ich im Gespräch mit Jürgen Dollase. Der assoziative Kontext erzeugt Analogien: »*Es schmeckt wie Roulade, auch wenn überhaupt keine Roulade sichtbar ist.*« Dann ist es vielleicht nur ein Soßentupfer, der genau diese Erinnerung spontan hervorruft. »*Wir Menschen fangen an zu essen und sofort geht eine Lampe an, weil eine Verbindung zum kulinarischen Gedächtnis stattfindet. Es wird auf die Lieblingsstellen gedrückt, und da hat Hartwig als einer der wenigen bei wirklich jedem Teller etwas, von dem man sagt: Da ist wieder was*«, so Dollase.

Sicher haben Sie schon mal etwas von dem US-amerikanischen Kommunikationstrainer und Erfolgsautor Dale Carnegie gehört. Das vermutlich bekannteste Buch von ihm ist »Sorge dich nicht, lebe!«. Ich höre Sie gerade schon sagen: »Ach der ... ja, den kenne ich. Aber was hat er mit Kochen zu tun?« Nichts! Aber er ist mir direkt in den Sinn gekommen, als ich mit Jürgen Dollase im Gespräch war.

Vor vielen Jahren habe ich eine Dale-Carnegie-Trainerausbildung durchlaufen. Dabei konnte ich lernen, dass man »sich das Recht erwerben muss, um über etwas sprechen zu können«. Gemeint ist damit, dass ich, wenn ich etwas erzähle, was ich selbst erlebt habe, keine Spickzettel benötige. Denn ich kann ganz einfach aus meiner Erinnerung heraus lebhaft und emotional sprechen. In dem Buch von Carnegie

»Besser miteinander reden« heißt es sinngemäß: »Sprechen Sie über Dinge, über die Sie mit gutem Recht sprechen können, die Sie durch langes Studium oder eigene Erfahrung kennengelernt haben. Bereiten Sie sich nicht nur 10 Minuten oder 10 Stunden vor, sondern lieber 10 Wochen oder Monate, am besten Jahre!«[11] Carnegie hat das zwar auf eine wirkungsvolle Rede bezogen, doch finde ich, dass sich auch ein Gastrokritiker die Frage stellen lassen muss, was ihn dazu befähigt, Küche öffentlich zu »beurteilen«.

Jürgen Dollase, als ganz »alter Hase« dieser Zunft, beantwortet meine Frage entsprechend souverän und gelassen. Er gesteht, dass er alle Fehler schon selbst einmal gemacht hat. Der erfahrene Gastrokritiker kocht auch zu Hause. Begonnen hat er damit, dass er Rezepte einfach nachgekocht hat. Anschließend hat er die Rezeptur verändert und angepasst. Dabei musste er insbesondere feststellen, wie wichtig die Qualität eines Produktes ist. *»Es reicht nicht nur, Lammkoteletts einzukaufen. Sie müssen von einem Tier stammen, welches in bester Umgebung, stressfrei und mit dem besten Futter aufgewachsen ist. Produktqualität ist das A und O für ein gutes Resultat«*, so das Credo von Dollase.

Dollase hat sich also das »Recht erworben«, Küche zu beurteilen, indem er selbst kocht und dadurch, dass er viele Jahre lang jährlich mehr als 200 Restaurants besucht hat. Mittagessen, Abendessen, Mittagessen, Abendessen, Mittagessen …

Aus dieser Erfahrung ist in seinem Kopf ein virtuelles Menü entstanden. *»Das sind die besten Gerichte von jeder Art, die ich kennengelernt habe. Die besten Versionen, die man kennt. In meinem Kopf ist das jeweils beste Produkt abgespeichert. Das beste Lamm, die beste Jakobsmuschel, die beste Wachtel und so weiter.«* Das ist sein Maßstab, wenn er ein Gericht beurteilt. Ihm ist absolut bewusst, dass kein einzelner Koch auf dieser Welt der Summe aller Qualitäten entsprechen kann. Zudem relativiert er auch – je nachdem in welchem Restaurant er sich befindet. Dollase räumt ein: *»Ich kann nicht die Lammkeule bei einem Koch, der keinen oder einen Stern hat, mit der besten Version einer Lammkeule vergleichen, die in meinem virtuellen Menü abgespeichert ist. Das wäre nicht fair. Aber ich ermittle für mich, wie weit sie davon entfernt ist.«* Entsprechend fällt dann seine Beurteilung aus.

Das virtuelle Menü wird von ihm auch schon einmal nachjustiert. *»Ich dachte mal, zu wissen, was eine sehr gute Wachtel ist. Bis ich dann in Stockholm bei Björn Frantzén eine Wachtel bekommen habe, die alles Bisherige übertroffen hat. Die war so was von gut! Ich konnte aber auch sehen, warum diese Wachtel so außergewöhnlich gut war. Die haben sich eine halbe Stunde Zeit genommen, um die Wachtel über dem offenen Feuer per Hand zu garen. Seitdem ist mein Bild von einer guten Wachtel überschrieben.«*

Ein Restaurantkritiker braucht, genau wie ein Spitzenkoch, einen offenen Geist für Qualitäten und für Dinge, die er noch nicht kennt. Er muss sich immer auf dem Laufenden halten, insbesondere auch was die Kochtechnik anbelangt. *»Es gibt Kritiker, die sind auf dem Stand von Fleur de Sel und Tonkabohne stehen geblieben. Diese Lücken werden sie nie mehr schließen können«*, spöttelt mein Gesprächspartner.

Aber auch eine Revision der eigenen Gedanken, der eigenen Meinung ist immanent wichtig für eine glaubhafte Kritik. *»Ich muss mich immer wieder reflektieren, ob ich wirklich die Kochkunst meine oder mich selbst. Je älter ich werde, desto sicherer bin ich, dass ich die Kochkunst meine«*, so Dollase.

Ich frage ihn, welchen Appell er an die Spitzenköche richten würde, wenn er es könnte. Er zögert nicht lang und formuliert die Forderung, die er offensichtlich schon häufiger verlautbaren ließ: *»Befasst euch mit dem Zeug, das hier verfügbar ist! Vertraut in eure eigene Leistung und auf die Produkte der Region!«* Er fügt hinzu: *»Wir haben in Deutschland zum Beispiel keine echte Gemüsetradition, und das könnte eine Erfolg versprechende Perspektive für die Zukunft sein.«*

Bevor wir uns, nach einem opulenten und köstlichen Menü, verabschieden, möchte ich von ihm noch einen abschließenden Satz zu Jan Hartwig hören. Er sagt: *»Ich kenne keinen Koch, der so hart an seiner Optimierung arbeitet wie Jan Hartwig. Wenn ich denke, es geht nicht mehr besser, und dann komme ich zu ihm und sehe und erfahre, es geht doch noch besser, dann ist das sensationell. Er ist detailliert und präzise.«*

Frau Dollase, die ihren Mann nach Fulda begleitet hat, ergänzt: *»Wir gehen zu Jan Hartwig wie zu einem Künstler und schauen, was er Neues hat. Es ist faszinierend!«*

> **Ein einziger Hauptgang von Jürgen Dollase**
>
> Ein Erfolgsmenü wollte Jürgen Dollase mir nicht geben, weil er, wie er sagt, »*zu wenig einseitig ist und sich nicht festlegen kann*«. Aber ich konnte ihm immerhin noch entlocken, was für ihn das absolute »Must-have«, also ein Hauptgang im (Arbeits-)Leben eines Gastronomiekritikers ist: die Sachlichkeit.

Erfolgsformel und Übung

Jans persönliche Erfolgsformel: Das Handwerk erlernen

Egal, was Sie tun, wenn Sie darin erfolgreich sein wollen, sollten Sie über ein solides Fundament aus Fachwissen verfügen. Das kann wie bei mir auf einer klassischen Ausbildung aufbauen. Sie können aber auch noch viel später als Quereinsteiger Ihr Genre wechseln. Entscheidend ist, dass Sie alles über Ihr Business wissen.

Übung

Die meisten von uns werden eine klassische Ausbildung oder ein Studium absolviert haben. Allein um den Anschluss nicht zu verlieren, sollten wir uns aber darauf nicht ausruhen. Wenn wir gar zu den »Sternen« wollen, ist es immanent wichtig, dass wir uns regelmäßig weiterbilden und dadurch weiterentwickeln. Häufig beschert uns Weiterbildung nicht nur einen Wissensvorsprung, sondern formt auch unsere Persönlichkeit. In manchen Berufen kann es sogar massiven Einfluss auf das Leben anderer Menschen haben. Ich erinnere mich an eine Situation, die meine älteste Tochter Maxi erlebt hat und die sie nicht mehr losgelassen hat. Maxi arbeitet als Assistenzärztin in einem Krankenhaus. Sicher kann sich jeder vorstellen, dass Ärzte immer wieder vor herausfordernden Situationen stehen und vor allem auch emotional gefordert und manchmal auch überfordert sind. Folgende Situation hat die damals 28-jährige Ärztin lange Zeit beschäftigt: Sie wurde zu einem

Patienten gerufen, dem sie letztendlich nicht mehr helfen konnte. »Ich habe Angst!«, sagte er zu ihr, kurz bevor er verstarb. Und obwohl sich sehr schnell herausstellte, dass diesem Patienten auch niemand anderes hätte helfen können, hat sie sich nicht damit zufriedengegeben. Ihre Konsequenz daraus war, dass sie jede Möglichkeit nutzt, um sich medizinisch weiterzuentwickeln. Die von ihr gewählte Fachrichtung Chirurgie würde ihr nicht unbedingt helfen, wenn sie morgen zufällig auf einen Autounfall trifft. Aus diesem Grund hat sie beispielsweise zusätzlich in eine Ausbildung zur Notärztin investiert – um morgen wieder besser zu sein als heute.

Welche Möglichkeiten haben Sie, um sich weiterzuentwickeln? Das können firmeninterne Schulungen sein, ein berufsbegleitendes (Aufbau-) Studium, ein VHS-Kurs, ein Online-Training oder regelmäßiges Lesen von Fachliteratur.

Planen Sie dafür jeden Monat ein festes Zeit- und Geldbudget ein. Es lohnt sich, weil es eine Investition in Sie selbst ist. Ein guter Freund hat neulich mal beiläufig gesagt: »Kompetenz fällt irgendwann auf.« Recht hat er!

Machen Sie jetzt einen Moment halt und überlegen Sie sich, was Sie bereit sind, an Zeit und Geld in Ihre Weiterentwicklung zu investieren. Notieren Sie es und kommen Sie jetzt direkt ins Handeln! Bestellen Sie sich ein Probeabonnement einer Fachzeitschrift, ein passendes Buch oder finden Sie heraus, welche Fortbildung Sie im Moment am meisten weiterbringen würde! Notieren Sie, was es kostet, und überlegen Sie sich schon konkret, wie und wann Sie sich das gönnen können.

2. Der Blick hinter die Kulissen – heute besser sein als gestern und morgen besser sein als heute

Im ATELIER gibt es zu dieser Zeit zwei Menüs, das eine heißt »5« und das andere »7«. *»Sie heißen so wie die Anzahl der jeweiligen Gänge. Alle acht bis zehn Wochen ändern wir die Menüs, aber auch nie alles gleichzeitig, denn ein Menü lebt auch von der Kontinuität. Ich muss das Produkt bekommen, ich muss die Mitarbeiter schulen und ich muss jeden Abend dafür sorgen, dass die Gäste es in der gleichen Qualität auf den Teller bekommen wie an den Tagen zuvor und danach. Ich wechsle meine einzelnen Gänge mehr als jeder andere Kollege in Deutschland. Ich habe also ein Sieben-Gang- und ein Fünf-Gang-Menü, zuzüglich zwei Amuse-Bouche, einem Vordessert, zwei Petit-Four-Präsentationen und drei Horsd'œuvre, die in einer Präsentation serviert werden. Das sind insgesamt 18 Teller – den Käse-Gang lassen wir mal außen vor. Um es leichter zu rechnen, gehen wir nur mal von 15 Gerichten am Abend aus. Die wechsle ich Minimum fünfmal im Jahr, so entwickle und koche ich jedes Jahr mindestens 75 Gerichte. Ich mache das, weil ich sehr viele Ideen habe, mir schnell langweilig wird und ich Neues kreieren und präsentieren möchte. Außerdem hilft es mir dabei, mich ständig zu verbessern. Eigentlich würde ich gerne noch häufiger wechseln, aber ich habe ja auch eine Verantwortung gegenüber meinen Gästen. Die sehen vielleicht etwas auf Instagram und bis sie dann zu uns kommen, gibt es das nicht mehr. Das wäre eher kontraproduktiv. Stell dir vor, du gehst auf ein Konzert von Grönemeyer, dann willst du doch auch auf jeden Fall ›Bochum‹ hören.«*

So wie es Jan geht, empfinden es viele Menschen – insbesondere im Berufsleben. Sie stehen vor Wertekonflikten. Zum Beispiel so wie in diesem Fall: zwischen Experimentierfreude und Beständigkeit. Kennen Sie das? Jan und Grönemeyer haben es gut, denn sie können ganz offiziell den goldenen Mittelweg gehen: Neues ausprobieren und dennoch die »alten Hits« spielen. So einfach ist es nicht immer, wenn es um die eigenen Werte geht. Manchmal müssen wir uns auch zwischen Verantwortung und Mut entscheiden, also ob wir bleiben oder gehen. Mit dem Thema Werte werden wir uns später noch intensiver beschäftigen.

Ich greife noch einmal den Vergleich mit der Arbeit eines Musikers auf. Jeder Musiker hat seine eigene Art, wie er seine Texte und Melodien komponiert und verfeinert. Über den deutschen Popmusiker und Songwriter Adel Tawil habe ich in einem Radiointerview mal gehört, dass er früh morgens durch die Stadt geht und ihm da seine Songtexte einfallen. Aus meiner Erinnerung hat die Songwriterin Anna Depenbusch bei einem ihrer sehr privaten Konzerte verraten, dass sie sich an ihr Klavier setzt und so lange darauf rumklimpert, bis ihr eine gute Idee für einen Song kommt.

Ich frage Jan, wie seine Gerichte entstehen und in welcher Umgebung er am kreativsten ist. *»Zum einen habe ich immer mein Notizbuch dabei, und wenn mich etwas inspiriert, dann schreibe oder zeichne ich es sofort auf. Außerdem vergeht kein Tag, an dem ich nicht in der Küche etwas Neues ausprobiere.«*

Er schaut mich verschmitzt und fröhlich an und erzählt: *»Mein Serviceteam lacht schon, denn das Prozedere ist in etwa so: Bei uns haben alle Teller Namen. Alle wissen, was ich meine, wenn ich sage: Gib mir mal den Jakobsmuschelteller. Das ist der Teller, auf dem aktuell der Gang mit der Jakobsmuschel serviert wird. Gib mir mal den Jakobsmuschelteller, den Steinbutt-Teller, den Wachtelteller und so weiter. Dann wissen alle, dass ich anfange, neu anzurichten. Sie fragen, welches Besteck ich brauche und so weiter. Dann fange ich an anzurichten und stelle die Probeteller aufeinander: Kann weg, kann weg, kann weg – weil es mir noch nicht gefällt. ›So, und jetzt mal was ganz Verrücktes!‹ Dann lachen die Ersten schon und sagen: Ja, der Carlo. Der Carlo-Teller ist von Fürstenberg, dort hat man ihn Carlo getauft. Ich höre dann: Ja, Chef, das* *wussten wir vorher – es ist halt immer der Carlo. Das ist zwar nicht immer so, aber schon sehr häufig. Es ist der Teller, auf dem ich den Kreis ziehe. Gerade wenn ich nicht weiterweiß, nehme ich den Carlo-Teller, ziehe den Kreis und dann passt es.«*

Vielfach hilft es uns, wenn wir zu vertrauten Mitteln greifen, um daraus dann etwas Neues entstehen zu lassen. Wenn Sie zum Beispiel gerne fotografieren, freuen Sie sich ganz sicher über das neueste Modell einer Spiegelreflexkamera. Dennoch braucht es Zeit, bis Sie sich mit allen Features vertraut gemacht haben. So kann es sein, dass Sie doch noch das ein oder andere Mal die vertraute Kamera in die Hand nehmen, weil Sie genau wissen, wie Sie damit die schönsten Fotos zaubern.

Vieles entsteht bei Jan aber auch tatsächlich erst mal als Skizze auf dem Papier. Diese Fähigkeit hat ihm sehr geholfen, als er während des ersten Corona-Lockdowns im Frühjahr 2020 nichts in seiner ATELIER-Küche ausprobieren und anrichten konnte. Während dieser Zeit sind die meisten Teller allein auf dem »Reißbrett« entstanden.

Kalbstatar * Périgord-Trüffel * Haselnuss * Topinambur

Signature-Menü

Damit wir eine Vorstellung davon bekommen, welche Gänge in einem Menü im ATELIER serviert werden, hat Jan uns ein Signature-Menü erstellt. Das ist eine Auflistung seiner persönlichen Highlights – also seine Visitenkarte. Wundern Sie sich also nicht, dass Sie in diesem Menü Mangold und Erbsen entdecken, obwohl diese beiden Gemüsesorten jahreszeitlich so gar nicht zusammenpassen. Die einzelnen Gänge werden in dieser Kombination niemals auf seiner Karte stehen. Dennoch vermittelt es uns einen schönen Einblick in seine Arbeit.

HORSD'ŒUVRE

Spitzpaprikabaiser
sauer mariniertes Wammerl & Dijonsenf

Kalbskopfsandwich
Estragon & Essiggurke

Saiblingsrillette im knusprigen Frühlingsrollenteig

Die Horsd'œuvre sind kleine Appetitanreger ganz am Anfang, die zumeist begleitend zum Aperitif gereicht werden. Diese kleinen Köstlichkeiten sind sehr aufwendig und sollen dem Gast sofort Lust auf das Folgende machen und ihn auf die kommenden Stunden einstimmen. Es ist sozusagen eine Ouvertüre. Ich spiele sehr gern mit bekannten und eher rustikalen Geschmacksbildern.

AMUSE-BOUCHE

»Perlmutt«
Austernmousse, Sauerampfer & Rosé Champagner

Das Amuse-Bouche ist der sprichwörtliche »Gruß aus der Küche«. Wenngleich ich diese Bezeichnung überhaupt nicht mag. Ein Gruß aus der Küche klingt für mich gruselig gestrig. Einstimmung ist viel schöner. Bei diesem kleinen Gericht wollte ich eine Auster für »Nicht-Austern-Esser« kreieren. Meist ist es das Mundgefühl, was viele Menschen an Austern nicht mögen. Ich habe also die Auster gemixt und mit etwas Rahm, Champagner und dem Austernwasser und etwas Gelatine zu einer luftigen Mousse aufgeschlagen, mit Champagnergelee überzogen und in einer Austernschale arrangiert. Das Ergebnis sieht aus wie eine Perle und verzückt jeden Gast. Beim Verzehr attestieren mir danach viele Gäste, die normalerweise keine Austern essen, dass sie es eigentlich zunächst nur der schönen Optik wegen probiert und jetzt auch geschmacklich überzeugt sind.

MENÜ

Tellersülze
Räucheraal, Forelle und Wurzelgemüse

Tellersülze bzw. Sauerfleisch ist ein traditionelles Essen in meiner Heimat Niedersachsen. Das beste Sauerfleisch macht mein Vater. Meine Idee bestand darin, ein Sauerfleisch auf Drei-Sterne-Niveau zu kreieren. Ich liebe dieses Gericht schon allein wegen der Erinnerung an mein Zuhause und an meine Familie.

Bretonische Sardine
Parmesan, Apfel, Piment d'Espelette &
Sud aus gegrillten Sardinengräten

Die Sardine ist ein relativ einfacher und günstiger Fisch. Man muss lange suchen, um einen Fischer zu finden, der Sardinen mit der gleichen Hingabe begegnet wie zum Beispiel einem sehr teuren Steinbutt. Sardinen in exzellenter Qualität sind ein Hochgenuss und zeigen, dass es keine minderwertigen Produkte gibt. Höchstens Produkte, die minderwertig behandelt wurden. Diese Philosophie soll in diesem Gericht sichtbar werden.

Bayerische Forelle aus der Birnbaum-Zucht in Rapsöl gegart
bunte Linsen, Champignons, Kräuter & Molke

Die Fischzucht »Birnbaum« zählt für mich zu den besten im Bereich Süßwasserfische. Kombiniert mit der frischen Molke, den umamireichen Pilzen und den erdigen Linsen, ergibt sich ein spannender Teller, der vor Aromatik nur so strotzt.

Gillardeau-Auster No. 2 & Merguez
Mangold, Austernkraut vom Johannes & Spätburgunder

Von Otto Geisel, dem Vater meiner Lebensgefährtin, hörte ich das erste Mal von der Kombination aus Austern und Merguez – eine Spezialität aus dem Burgund. Ich war sofort beeindruckt und inspiriert. Dieses Gericht ist eine Hommage an eine fast vergessene, aber köstliche Kombination, die schon viele Gäste beeindruckt hat.

Hausgemachte Briesmilzwurst
N25 Kaviar »Selektion JH«, Kartoffel & Crème fraîche

Die Briesmilzwurst gehört zu München wie die Theresienwiese. Ich liebe es, morgens bei Wallner zu sitzen und diese regionale Köstlichkeit zu genießen. Mein Sous-Chef Stefan Glantschnig und ich stellten ein eigenes Wurstrezept her und adelten diesen Leckerbissen mit dem großartigen N25 Kaviar von meinem Freund Hermes. Dekadent und bodenständig gleichzeitig.

Schweinebauch von der BESH à la chinoise
geräucherte Hollandaise, Eiskraut, Sesam, schwarzer Radi &
Umamibouillon

Das Gericht ist aus meinem ersten Jahr im ATELIER. Das einzige Gericht, was nie verändert wurde. Ein echter Klassiker, für den die Gäste teilweise eigens anreisen. Auch dieser Teller zeigt wieder, dass ich der festen Überzeugung bin, dass ein minderwertiger »Fleisch Cut« nicht existiert.

Taubenbrust aus dem Elsass
Radicchio-Risotto, Anchovis, Daikon & Rote Bete

Ich liebe Geflügel. Tauben ganz besonders. In der Kombination mit den salzig-nussigen Anchovis und den bitteren Noten von Radicchio ist dieses Gericht einfach nur spektakulär und hinreißend köstlich.

»Radler«
Yuzu, Melasse, Zitrone & Münchner Helles

Eine Anekdote zu diesem Gang finden Sie in diesem Buch in Kapitel 8. Ich habe nie daran gezweifelt, dass das »Radler« ein hervorragendes Gericht ist. Auch wenn es Menschen gibt, die das anders sehen. Ich stehe dazu und liebe diese kleine Erfrischung.

Lammrücken vom Gutshof Polting
gefüllte Morchel, Erbsen, Ziegenvacherin & Sake

Das Lamm vom Gutshof Polting ist für mich das beste der Welt. Bei diesem Teller wird man von meiner Lieblingsjahreszeit, dem Frühling, förmlich angesprungen.

Hartkäsedegustation »jamei Laibspeis'«

Die Käse von meinen Freunden von »jamei Laibspeis'« gehören zu den besten Hartkäsen, die es gibt. Ich liebe Käse. Er ist für mich ein absoluter Genuss und hat immer Berechtigung in meinen Menüs.

Rhabarber
Zitronen & Pistazien aus Bronte

Dieses Gericht ist ein kleines Vordessert, das den Weg von der salzigen in die süße Welt ebnen soll. Sehr frisch und nicht zu süß. Ganz wie ich es mag.

»Unsere Schwarzwälder Kirschtorte«
Kirschen, Knuspernougat & Tahiti-Vanilleeis

Die Aromen einer Schwarzwälder Kirschtorte auf unsere Art interpretiert, gepaart mit einem schmelzigen Vanilleeis – ein himmlisches Vergnügen.

PETIT FOURS

Die Petit Fours, Pralinen, Macarons und sonstigen kleinen Petitessen bilden den Abschluss des Menüs. Sie sind der letzte Eindruck. Wir geben noch mal alles. Ein Schlaraffenland in vielen kleinen Bissen.

Felchlin-Schokolade
Kakao-Biskuit & Baiser

Abgeflämmte Zitrus-Tarte

»Bienenstich«

Pralinen

Macarons

Eiskonfekt

Haben wir es geschafft, dass Sie jetzt unbändigen Appetit bekommen haben?

Spargel oder Rosenkohl?

Im zweiten Lockdown war es dann schon anders. Jan sagt mir: »*Ich habe aufgehört, für die Zeit nach dem zweiten Lockdown zu planen. Ich weiß doch gar nicht, womit ich planen soll – mit Spargel oder Rosenkohl?*«

Als das öffentliche Leben zum zweiten Mal heruntergefahren wurde, konnte niemand abschätzen, wann die Gastronomie wieder öffnen würde. Es machte für Jan wenig Sinn, neue Gerichte am Reißbrett zu entwerfen, da er nicht einmal wusste, ob er zur Spargelsaison oder erst wieder im Hochsommer öffnen würde, wenn deutscher Spargel und Erdbeeren schon wieder von der Bildfläche verschwunden sind. Seine Strategie im zweiten Lockdown sah so aus, dass er sich zunächst seine vielen Ideen notierte. Etwa zehn Tage bevor das ATELIER wieder öffnen würde, sollten dann die Gerichte ausprobiert und verfeinert werden. Wer nun denkt, dass er nach der Zeit des langen Lockdowns völlig neue Gänge serviert bekommt, der irrt.

»*Viele erwarten, dass nach so einer langen Zeit ein ›neuer‹ Jan Hartwig zu erleben ist. Aber das Gegenteil ist der Fall. Ich mache erst mal ›sichere Dinge‹, denn wir müssen uns im Team zunächst wieder zusammenfinden. Nach diesem zweiten Lockdown werde ich gleich mit drei neuen Mitarbeitern starten. Die haben noch nicht einmal bei mir zur Probe gearbeitet*«, erzählt Jan. Im Umkehrschluss bedeutet das auch, dass die neuen Mitarbeiter gar nicht wissen, wie es ist, im ATELIER zu arbeiten, und so müssen sich alle erst einmal kennenlernen und ihre Rolle im Team einnehmen. Wenn wieder eine gewisse Routine eingekehrt ist, werden neue Gerichte kreiert und serviert.

Schauen wir mal ein bisschen hinter die Kulissen.

Aufgaben in der Restaurantküche

Alle Tische im ATELIER sind meist schon Monate im Voraus reserviert. Jan und sein Team geben sich alle Mühe, die Erwartungen der Gäste möglichst zu übertreffen. Nathalie Leblond, langjährige Sous-Chefin von Jan, hat für sich täglich das Ziel, dass die Gäste das Restaurant am

Abend glücklich verlassen. Klingt zunächst einmal ganz einfach. Die Türen des Sternerestaurants öffnen sich von Dienstag bis Samstag ab 19 Uhr. Wie wir schon gelesen haben, beginnt das Team bereits viele Stunden zuvor mit der Vorbereitung. Ich frage Jan, was denn hinter den Kulissen passiert, lange bevor der erste Gast eintrifft.

Er gibt mir einen Einblick in das, was alles erledigt werden muss: Die angelieferte Ware wird entgegengenommen, deren Qualität geprüft, und anschließend wird sie fachgerecht verräumt. Das Team beginnt mit den Vorbereitungen, dem sogenannten »Mise en place«.

Das Gemüse wird akkurat geputzt und geschnitten, die Kräuter und Gewürze werden bereitgestellt. Ein Mitarbeiter vom Posten des Sauciers bzw. Poissonniers bereitet die Fische vor. Sie werden geschuppt und von den Flossen befreit. Filetieren wird Jan sie dann selbst.

Das Fleisch wird zugeschnitten, die Soßenansätze werden vorbereitet, dazu werden jeweils Knochen oder Gräten geröstet – die Soße an sich wird dann wieder vom Küchenchef persönlich gekocht.

Die unterschiedlichen Brotsorten, die es bereits als Einstimmung auf das Menü geben wird, werden täglich frisch gebacken. Außerdem werden die zahlreichen einzelnen Komponenten der köstlichen Zwischengerichte und der krönenden Desserts sorgsam vorbereitet.

Jeder im Team hat seinen Posten. Im ATELIER setzt sich das Team folgendermaßen zusammen:

- ★ Zwei Mitarbeiter sind Gardemanger, zuständig für Vorspeisen, Horsd'œuvre, die Käse-Gänge, Amuse-Bouches.
- ★ Zwei Mitarbeiter arbeiten als Saucier bzw. Poissonnier – sie bereiten die Soßen, Fonds, das Fleisch und den Fisch vor.
- ★ Ein Mitarbeiter ist Entremetier – er kümmert sich um die Beilagen.
- ★ Ein weiterer Mitarbeiter ist der Tournant. Er ist der Springer und muss sich auf jedem Posten bestens auskennen.
- ★ Drei Mitarbeiter im Team kümmern sich um die Patisserie, aus der die Desserts, das Brot, die Petit Fours und Pralinen kommen.
- ★ Und, allen voran, Jan Hartwig als Chef de cuisine.

Als Jan damals nach München kam, hat er sich bewusst für eine Wohnung mitten in der Stadt entschieden, denn so kann er vor Dienstbeginn noch mal ein paar Schritte an der frischen Luft gehen, sich von den Obst- und Gemüseständen auf dem Viktualienmarkt inspirieren lassen, hin und wieder noch einen schnellen Espresso in Schumann's Tagesbar genießen, um dann spätestens gegen 12 Uhr mit der Arbeit loszulegen.

Dienstags – am Tag nach den zwei Ruhetagen – geht es auch für ihn bereits zwei Stunden früher los. Wir haben oben bereits gehört, dass Jan jeden Fisch selbst filetiert und jede Soße selbst kocht, aber was gehört noch zu seinen täglichen Aufgaben? Ich schreibe einfach mal mit, was er mir so zuruft.

Ein typischer Tagesablauf bei Jan Hartwig

- ★ Den Tag mit den oben genannten Postenchefs durchsprechen. Das Team beginnt mit den Vorbereitungen.
- ★ Menüs schreiben. Für Gäste, deren Geschmack ihm bekannt ist, schreibt Jan spezielle Menüs. Es gibt Gäste, die erwarten, dass sie ein Menü bekommen, was so nicht auf der Karte zu finden ist.
- ★ Journalistentermine wahrnehmen. Es hat mich sehr überrascht, dass solche Termine ein fester Bestandteil seines Tagesablaufs sind. Noch einmal nachgefragt, hat er bestätigt, dass es nicht täglich, aber mehrfach in der Woche so ist. Dazu gehören auch Foto- und Podcast-Termine.
- ★ Mails beantworten und Anfragen ab- oder zusagen.
- ★ Außer-Haus-Veranstaltungen planen und die entsprechende Reiseplanung veranlassen.
- ★ Dazwischen überprüft Jan immer wieder den Stand der Vorbereitungen in der Küche. Zudem kümmert er sich um seine speziellen Aufgaben, die er sich nicht nehmen lässt. Wie schon erwähnt: Soßen kochen, Fisch filetieren, abschmecken aller Einzelkomponenten, Dialog mit den Zulieferern …
- ★ 30 bis 60 Minuten gehören täglich der Entwicklung von neuen Gerichten.
- ★ Gegen 14 Uhr kommt das Serviceteam und Jan bespricht sich

zunächst mit der Restaurantleiterin, Barbara Englbrecht, und dem Sommelier, Jochen Benz. Die aktuelle Reservierungsliste wird durchgegangen.

- ⋆ Um 17.30 Uhr isst das gesamte Team gemeinsam zu Abend.
- ⋆ Kurz vor 18 Uhr wird von Jan alles noch einmal abgeschmeckt, was den Gast irgendwie erreichen wird. Da liegen dann mehr als 40 Löffel bereit, um von ihm probiert zu werden. Jeder Löffel ist mit einem kleinen Sticker versehen. Jan, der Chef de Cuisine, probiert jede Pralinenfüllung, jedes Käsechutney, Püree, jede Creme, Soße – einfach alles!
- ⋆ Pünktlich um 18.40 Uhr beginnt das Meeting mit dem gesamten Serviceteam. Jetzt wird noch einmal besprochen, welche Gäste für heute reserviert haben und welche Alternativgerichte es gibt, falls Gäste mit Allergien erwartet werden. Unverträglichkeiten werden bei den Gästen bereits im Vorfeld erfragt. Bei Stammgästen kennt das Team bereits die Vorlieben oder auch Abneigungen. Das wird selbstverständlich berücksichtigt. Jetzt werden auch die Fehler des Vorabends besprochen. Das geschieht bewusst im ganzen Team, damit jeder daraus lernen kann und für einzelne Themen sensibilisiert wird.
- ⋆ Ab 19 Uhr kommen die Gäste und werden vom ersten Moment an rundum verwöhnt. Aus der Küche gehen am Abend um die 400 Teller, angefangen mit den Horsd'œuvres bis hin zu den Petitessen, die den Abschluss des Menüs bilden. So wie wir es in dem Signature-Menü kennengelernt haben.
- ⋆ Die Abläufe in der Küche sind perfekt eingespielt und jeder ist auf seinem Posten. Der Chef de Cuisine hat alles im Blick, und an manchen Abenden geht er ins Restaurant und begrüßt jeden einzelnen Gast. Aber nur dann, wenn er weiß, dass die Zeit wirklich für jeden Gast reicht. Ansonsten lässt er es lieber ganz, um niemanden zu übergehen. Doch jeder Gast hat die Möglichkeit, in die Küche zu kommen. Hier freut sich das Team über ein persönliches Feedback. Verglichen mit einem Konzert ist das der persönliche Applaus.
- ⋆ Wenn die Hauptgänge raus sind, plant Jan bereits den nächsten Tag und schreibt Rezepturen.

- ★ Bevor alle nach Hause gehen, wird noch ein kurzes Resümee gezogen – was lief gut, was geht besser?
- ★ Gibt es einen Grund, sich zu entschuldigen? Dann ist jetzt der richtige Augenblick! Denn niemand soll mit einem komischen Gefühl ins Bett gehen, und vor allem soll jeder am nächsten Morgen wieder mit einem guten Gefühl zur Arbeit kommen.
- ★ Gegen Mitternacht leert sich das Restaurant und jetzt geht auch die Küchenmannschaft nach Hause inklusive Jan.

Küche – ein absolut ehrlicher Ort

Ein anstrengender, langer Arbeitstag geht zu Ende. Jeder hat wieder etwas dazugelernt, auch unser Drei-Sterne-Koch Jan. Doch was kann es zu entschuldigen geben? Jan gibt mir als Antwort einen weiteren Einblick in seinen Küchenalltag. *»Sobald der Service beginnt, ist mein Anspruch, dass jeder einzelne Gang so perfekt wie möglich beim Gast ankommt. Das bedarf nicht nur einer exzellenten Vorbereitung, sondern verlangt auch jedem Einzelnen eine überaus hohe Konzentration ab. Damit das Essen absolut erstklassig rausgeht, geht es manchmal um Millisekunden und da ist dann keine Zeit mehr für ›Tom, reich mir doch bitte mal die Soße‹. Dann gibt es Kommandos: ›Tom, Soße, jetzt!‹«*

Das hört sich für mich hart an und ich hatte sofort das Bild von fliegenden Pfannen und laut rumschreienden Küchenchefs im Kopf. Dieses Klischee hält sich hartnäckig.

Jan widerspricht dem aber vehement: *»Nein, so ist es nicht und es ist auch gar nicht schlimm, wenn wir Küchenchefs Instruktionen geben. Jürgen Klopp sagt doch auch nicht während eines Champions-League-Spiels: ›Thiago, könntest du bitte mal den Ball ins Tor spielen.‹ Nein, er schreit: ›Schieß doch endlich!‹ Das Feedback und die Reflexion erfolgen anschließend in der Mannschaftskabine. Und so ist es auch bei uns. Die Küche ist ein absolut ehrlicher Ort. Da prasseln so viele Emotionen aufeinander. Wir sprechen eine klare Sprache und wir respektieren uns. Bevor wir abends nach Hause gehen, besprechen wir die Fehler, die passiert sind. Wir erforschen die Ursachen, um es morgen besser machen zu können. Wenn sich dann herausstellt, dass ich jemanden ungerecht* behandelt habe, ist es für mich selbstverständlich, mich auch bei ihm zu entschuldigen.«

Jan gibt aber auch zu, dass das nicht immer so war. »Früher war ich ein Schreihals, auch noch in meiner Zeit als Sous-Chef bei Elverfeld. Aber das war Unsicherheit. Heute brauche ich das nicht mehr, um mich durchzusetzen.«

Auch hier wird wieder deutlich, dass ein Drei-Sterne-Koch nicht nur herausragend gut kochen und anrichten können muss, sondern dass er eine Führungsaufgabe hat. Jan muss sein Team führen, damit jeder Einzelne großartige Leistungen vollbringen kann. Genau das lernen dann wiederum seine Sous-Chefs von ihm, damit sie selbst ihr Team führen können. Er gibt ihnen eine klare Sprache mit auf den Weg: »*Du musst ungemütlich sein, du musst penetrant sein und dranbleiben, nur so lernen deine Kollegen etwas von dir.*«

Das wird den Autor Peter Holzer[12] freuen, der in seinem Buch »Mut braucht eine Stimme« vom »Gemocht-werden-wollen-Virus« schreibt. »*Da werden sachliche Ansagen vermieden und stattdessen Wattebäuschchen verteilt: angenehm auf der Haut, aber inhalts- und gewichtslos. Sie tun garantiert nicht weh. Allerdings bewirken sie auch garantiert nichts.*«

Bleiben wir noch mal bei der Aufgabe des Teamleaders. Ich möchte von Jan wissen, was er noch braucht, um sein Team gut führen zu können.

Ich muss mein Handwerk beherrschen

»*Zunächst muss ich mein Handwerk beherrschen, damit ich ernst genommen werde. In meiner Mannschaft weiß jeder, dass er ganz viel von mir lernen kann, wenn er sich darauf einlässt.*«

Seine eigene langjährige Erfahrung bringt Jan einen enormen Vorsprung. Er ist zum Teil 10 bis 15 Jahre älter als die Mitarbeiter in seinem Team und so hat er entsprechend mehr Praxiserfahrung. Jan zieht den Vergleich mit einem Chirurgen, der auch mit jedem Tag, an dem er im OP steht, besser wird. Einfach durch die praktische Anwendung und die Umsetzung des Gelernten.

Jan ist sich sicher, dass auch ein Drei-Sterne-Koch 2022 besser sein wird, als er es noch 2019 war. Obwohl er auch da bereits auf Drei-Sterne-Niveau gekocht hat. Und so gibt es Aufgaben, die er nicht an sein Team abgibt. Er lenkt jedoch ein: *»Vielleicht mache ich es auch gar nicht besser, aber ich möchte es mir auch nicht nehmen lassen. Möglicherweise ist es die Befriedigung des eigenen Gefühls. Ich mache es sicher nicht, weil ich der Chef bin oder weil mein Stolz es nicht anders zulässt. Aber ich habe einfach ein besseres Gefühl, wenn ich es selbst gemacht habe. Die Seeforelle wird zusammengesetzt zu einer bestimmten Form und dafür muss sie speziell getrimmt werden. Vielleicht könnte mein Sous-Chef Stefan das auch, aber ich habe, wie schon gesagt, einfach ein besseres Gefühl, wenn ich es selbst mache. Auch ich kann natürlich mal was falsch machen. Doch für mich ist es vielleicht Fisch Nummer 2039 und für meinen Poissonnier erst Fisch Nummer 616.«*

Dieses Mehr an Erfahrung macht für Jan ganz klar den Unterschied.

Ich frage ihn völlig naiv, was man denn als gestandener Koch beim Fischfiletieren noch falsch machen kann. Jan schaut mich verdutzt an und antwortet: *»Was kann man denn beim Haareschneiden falsch machen?«* Okay, ich verstehe, was er meint.

Er führt weiter aus: *»Ich habe selbst schon unterschiedliche Chefs gehabt und von jedem habe ich etwas gelernt, nicht nur Kochkunst, sondern auch unterschiedliche Führungsstile. Das hilft mir heute dabei, mein Team anzuleiten. Und auch hier lerne ich noch jeden Tag dazu.«*

Das bestätigt mir Nathalie Leblond, seine langjährige Sous-Chefin, wobei Jan mit zwei Sous-Chefs arbeitet. Nathalie versichert mir: *»Jan ist in den letzten Jahren ein viel besserer Chef geworden. Heute ist er feinfühliger und nicht mehr so ›laut‹.«* Sie erzählt mir von ihrem Vorstellungsgespräch im Bayerischen Hof und warum sie die Stelle im ATELIER angenommen hat, obwohl der erste Impuls ein ganz anderer war. Nathalie, gebürtige Fränkin, hatte in den Jahren zuvor in Flensburg bei Dirk Luther, einem Zwei-Sterne-Koch, gearbeitet. 2017 wollte sie in die bayerische Landeshauptstadt wechseln, weil ihr Mann dort bereits eine Anstellung hatte. Sie wusste genau, was sie von ihrem neuen Arbeitsplatz erwartete, nämlich eine gute Atmosphäre und die Möglichkeit, sich fachlich weiterzuentwickeln. Sie wollte dorthin, wo sie am allermeisten lernen würde. So bewarb sie sich in verschiedenen Spitzenrestaurants in München und arbeitete dort jeweils einen Tag zur Probe. In den meisten Küchen wurde sie sehr offen und freundlich aufgenommen und sie durfte dort alles ausprobieren, um zu »erschmecken«, in welche Richtung dort jeweils gekocht wird. Am besten gefiel es ihr bei Bobby Bräuer im EssZimmer in der BMW-Welt. Dieses Restaurant war zu dieser Zeit, genau wie damals das ATELIER, mit zwei Michelin-Sternen ausgezeichnet und die Atmosphäre war so, wie sie es sich immer gewünscht hatte.

Dennoch entschied sie sich für die Arbeit mit Jan Hartwig an der Spitze. Und das, obwohl es ihr an ihrem Probetag nicht besonders gut gefallen hatte und sie auch nicht das Gefühl hatte, dass Jan sie unbedingt in seinem Team haben wollte. Sie setzte für ihre Entscheidung, wie oben bereits beschrieben, den einfachen, aber klaren Filter: Wo werde ich in Zukunft am meisten lernen? *»Die Küche von Jan war schon zu dieser Zeit experimentierfreudiger und visionärer als die anderen Küchen, in denen ich gearbeitet hatte. Alles ist geschmacklich tiefer als anderswo. Säure, Salz, Schärfe – Jan geht ans Limit. Nichts ist bei ihm brav«*, schwärmt Nathalie von ihrem Chef.

Zudem wollte sie es sich selbst beweisen, dass sie das »aushält« und sich in diesem Team behaupten kann. Vielleicht ist das ihrer fränkischen Herkunft zu verdanken, denn den Franken sagt man schließlich nach, dass sie die Frechen, Mutigen und Kühnen sind. Und Nathalie hat recht behalten, sie wurde schon bald zur Junior-Sous-Chefin befördert und war dadurch lange Zeit die rechte Hand von Jan. Sie war flexibel genug, um sich auf neue Situationen einzustellen, und so machte es ihr bald schon richtig Spaß, mit ihm beruflich Zeit zu verbringen. Und wie wir gesehen haben, ist so ein Arbeitstag in der Küche extrem lang – sie konnte viel von ihm lernen.

Ziele und Motive

Das Soziologenehepaar Maximiliane und Uwe Wilkesmann haben die Organisation der Spitzengastronomie untersucht und darüber ein Buch geschrieben. Hier stellen sie unter anderem auch die Frage, was

Köchinnen und Köche überhaupt antreibt, sich auf dieses Kochniveau zu begeben und all diese Strapazen auf sich zu nehmen. Die beiden Wissenschaftler sind zu folgendem Ergebnis gekommen: »Darüber hinaus konnten wir zeigen, warum sich Menschen in der Küche und im Service dieser Sache mit solch einer Leidenschaft verschreiben. Hierzu gehört ein hohes Maß an intrinsischer Motivation, der Spaß an der Kreation neuer Gerichte, die höchsten Ansprüchen genügen, ebenso wie die Liebe für den perfekten Teller und den perfekten Service, die ihnen meistens von einem Vorbild beigebracht wurde. Schließlich führen auch das Prestige und die soziale Anerkennung, die mit einer Sterne-Auszeichnung weltweit einhergehen, ebenfalls dazu, dass Menschen ihr Leben der Spitzenküche widmen.«[13]

Ich stelle mir die Frage, ob sich das auch auf andere Berufe übertragen lässt, und bemerke schon bei der Formulierung, dass ich die falsche Frage stelle. Denn das, was die beiden Soziologen da herausgefunden haben, ist ganz sicher auf alle Berufe und Branchen übertragbar. Es kommt einzig und allein darauf an, ob die Menschen, die für das Ergebnis verantwortlich sind, ausreichend intrinsisch motiviert sind. Denn nur dann werden sie die Bereitschaft haben, die sogenannte »Extrameile« zu gehen. Aber woran erkenne ich, für welche Tätigkeit ich intrinsisch motiviert bin?

In einem Exkurs der Neurowissenschaft[14] zum Thema »Ziele erreichen« lese ich, dass Motive so unterschiedlich sind, wie Menschen sich in ihrer Persönlichkeit unterscheiden. Die Motivationsforschung macht einen Unterschied zwischen Motiven und Zielen.

★ Motive sind demnach unbewusste Handlungsantriebe.
★ Ziele sind hingegen bewusste Handlungsantriebe.

Folgt man dieser Unterscheidung, so sind Motive durch unsere genetischen, vor- und nachgeburtlichen sowie durch unsere frühkindlich erworbenen Handlungsantriebe entstanden (also unbewusst). Ziele hingegen entstehen in der späteren Kindheit, der Jugend und im Erwachsenenalter (also bewusst).

Warum aber ist es so wichtig, dass unsere Motive und unsere Ziele übereinstimmen, um so wie oben beschrieben die sogenannte Extrameile zu gehen?

Ich übernehme mal eine Erklärung, die ich gefunden habe, weil sie uns verstehen lässt, warum es Menschen gibt, die die oben beschriebenen Strapazen und Mühen in der Sterne-Gastronomie gerne auf sich nehmen, während andere wiederum diesen Weg niemals gehen würden.

Person A
- Person A ist überdurchschnittlich intelligent und sehr begabt. Genetisch bedingt ist sie aber eher ruhig und in sich gekehrt. Also eher verschlossen und kontaktscheu. Trotz der hohen Intelligenz und ihrer Begabungen hat sie nur ein geringes Zutrauen in sich selbst und in ihre Fähigkeiten.
- Das ist ihre Kernpersönlichkeit, die auf der limbischen Ebene in ihrem Gehirn verankert ist. Als Schulkind und Jugendliche werden Lehrer und andere Personen auf ihre Intelligenz und ihre Begabungen aufmerksam und fördern sie nach Kräften. Person A nimmt diese Förderung an, obwohl es eigentlich nicht ihrer Kernpersönlichkeit entspricht.
- Sie macht erfolgreich Abitur, absolviert ein ebenso erfolgreiches Studium und erlernt auch einen attraktiven Beruf.
- Trotz dieser Erfolge hat sie aber Angst vor Vorträgen und öffentlichen Auftritten und geht jeden weiteren Karriereschritt nur unwillig an.
- Das Ergebnis ist: Sie ist irgendwie unzufrieden mit ihrem Leben und geht mit wenig Freude ihrem Beruf nach.

Person B
- Nehmen wir an, Person B ist wie Person A recht intelligent und auch äußerst begabt. Von ihrem Temperament her ist sie aber neugierig und risikofreudig und sie hat eine positive Bindungserfahrung und frühkindliche Sozialisation erfahren.
- Ihre Kernpersönlichkeit, die auf der limbischen Ebene in ihrem Gehirn verankert ist, ist kontaktfreudig, neugierig und selbstbewusst.

- ★ Jetzt gerät sie aber in die vielfach üblichen Ausbildungs- und Berufszwänge, die von ihr verlangen, zurückhaltend, vorsichtig und risikomeidend zu sein.
- ★ Die Folge ist, dass ihr ihr Beruf zur Qual wird, weil ihr alles zu langsam geht, sie ihre Kreativität nicht ausleben kann und überhaupt alles viel zu unflexibel ist. Person B ist zwar grundsätzlich intrinsisch motiviert, wird aber vom Umfeld gnadenlos ausgebremst.
- ★ Auch hier ist das Ergebnis: Sie ist unzufrieden mit ihrem Leben.

Was aber ist jetzt bei Köchen wie Jan und seinem Team anders? Warum gehen sie freiwillig und mit Leidenschaft und Engagement jeden Tag aufs Neue an ihren Arbeitsplatz? Bei Jan und seinem Team, stellvertretend für alle Menschen, die gerne und hoch motiviert zur Arbeit gehen, stimmen die Motive (unbewusste Handlungsantriebe) und die Ziele (bewusste Handlungsantriebe) überein. Diese Übereinstimmung mündet in ein hohes Maß an Ausdauer, Beharrlichkeit und Disziplin.

Fazit: Wenn unsere Motive und Ziele übereinstimmen, dann sind wir zufrieden, leistungsfähig und erreichen unsere Ziele fast von selbst. Wenn wir uns hingegen montags schon nach dem Wochenende sehnen, sollten wir mal genauer hinschauen, ob das, was wir tun, unseren Motiven und Zielen entspricht.

Bei dem Soziologenehepaar Wilkesmann stimmen Motiv und Ziel überein, wenn sie ein Buch über die Spitzengastronomie schreiben. Schon in ihrem Vorwort ist zu lesen: »Seit gut zwei Jahren forschen wir – aus reiner Freude an feinem Essen – zur Organisation der Spitzengastronomie im deutschsprachigen Raum.« Und darin sind die beiden mittlerweile auch sehr erfahren.

★ ★

Expertengespräch mit Bodo Janssen

Völlig unerfahren in Bezug auf Sternegastronomie hingegen ist der Unternehmer Bodo Janssen. Ich hatte das große Glück, ihn für dieses Buch interviewen zu dürfen. Janssen, der sich als eine Art unternehmerischer Aussteiger bezeichnet, obwohl ich glatt das Gegenteil behaupten würde, hat seinen Führungsstil komplett umgekrempelt. Er richtet heute sein gesamtes Handeln und Tun, persönlich und geschäftlich, nach der »Regel des heiligen Benedikt« aus. Bodo Janssen wurde als Student entführt, sein Vater kam bei einem Flugzeugabsturz ums Leben, und als der studierte BWLer daraufhin in das elterliche Unternehmen einstieg, ergab eine von ihm beauftragte Mitarbeiterbefragung das niederschmetternde Ergebnis: Ein anderer Chef muss her. Gemeint war er selbst.

Daraufhin ging er nach Münsterschwarzach ins Kloster und lernte dort die »Regel des heiligen Benedikt« kennen. Das ist ein von Benedikt von Nursia verfasstes Klosterregularium, das dieser für das von ihm gegründete Gemeinschaftskloster Montecassino in Mittelitalien aufstellte. Während mehrerer Aufenthalte im Kloster stellte er fest, dass diese Regel auch in der Unternehmenswelt mehr denn je gelten kann.

Ich erlebte Janssen im Februar 2020 bei einem »Buch-Besuch« in der Buchhandlung des Klosters Münsterschwarzach, bei dem er aus seinem damals neu erschienenen Buch »Kraftquelle Tradition« las und erzählte. Zwei Tage später führte ich das allererste Interview mit Jan. Und plötzlich hatte ich das Gefühl, dass es Parallelen im Denken und Handeln gibt zwischen diesen beiden scheinbar völlig unterschiedlich sozialisierten Persönlichkeiten. Dem Drei-Sterne-Koch Jan Hartwig und dem Ausnahmeunternehmer Bodo Janssen. Dem wollte ich gerne nachgehen und daher freue ich mich sehr, dass Bodo Janssen sich auf das Gespräch mit mir eingelassen hat. Coronabedingt war es ein Zoom-Meeting, mitten im ersten Lockdown 2020.

Janssen kannte zwar den Namen des Drei-Sterne-Kochs – mehr aber auch nicht, und dennoch kann er die Sternegastronomie würdigen, weil dort *»Schönes entsteht – es ist Kunst«.* Er schätzt es, wenn Menschen sich im positiven Sinn in einer Aufgabe verlieren, *»wenn sie für sich in diesen Zustand geraten und wenn dann aus Wertschöpfung Wertschätzung entsteht«.* Und genau da passt Jan in das Bild: ein Mensch, der absolut in seiner Arbeit aufgeht und um sich herum alles ausblendet, wenn er ein neues Gericht erschafft. Das ist Wertschöpfung pur und erzeugt Wertschätzung für den Gast und das Produkt.

Die Haltung ist entscheidend

Ein wesentlicher Leitgedanke bei Jan ist die Frage: Was kann ich morgen besser machen als heute? Das ist ein durchaus reflektierter und zukunftsorientierter Ansatz, und doch geht Bodo Janssen noch ein Stück weiter. Er stellt diese Frage zusätzlich auf den Prüfstand, indem er fragt: *»Wofür möchte ich jeden Tag besser werden?«* Ist es rein egozentriert oder entwickle ich mich jeden Tag weiter, um für meine Mitmenschen einen guten Beitrag zu leisten? Das heißt: *»Welche Absicht steht hinter dem Verhalten oder der Handlung?«* Die Haltung ist dabei für Janssen immer entscheidend.

Er hat diesen Paradigmenwechsel in seinem Unternehmen, der Hotelkette Upstalsboom, vollzogen, indem er die Regel Benedikts als Kompass für sein Handeln nutzt. Der Harvard Business Manager[15] beschreibt es *»als eine der beeindruckendsten Wandlungen der deutschen Managementgeschichte: eine grundlegende Veränderung der Unternehmenskultur hin zu glücklichen, selbstverantwortlich handelnden Mitarbeitern«.*

»Ich bin kein Freund von Vorbildern, ich bin ein Freund von Leuchttürmen«

Heute entwickelt Janssen sich, um sich für andere einsetzen zu können. Das war früher anders: Da waren für ihn die Mitarbeiter das Mittel zum Zweck, jetzt geht es ihm darum, *»Menschen dabei zu unterstützen, Sinn, Freiheit und Verantwortung für das eigene Leben zu finden und zu übernehmen«,* wie er in seinem Buch *»Kraftquelle Tradition«*

schreibt.[16] Das ist fortan der Sinn seiner eigenen unternehmerischen Existenz.

Janssen ist davon überzeugt: »*Entwicklung ist nur in der Begegnung mit anderen möglich, aber es geht nicht darum, sich mit anderen zu messen. Denn dann würde dieses Handeln über kurz oder lang ›zerstörerisch‹ wirken, weil irgendwann jemand kommen wird, der besser ist.*«

Auch hier sehe ich wieder eine Parallele zu Jan, der schon früh für sich beschlossen hat, nicht nach rechts und links zu schauen, sondern seine eigene Handschrift zu entwickeln. In der Interpretation von Bodo Janssen: ein Leuchtturm zu sein. Die Begegnung findet bei Jan zwischen ihm und seinem Team, seinen Gästen, Zulieferern und Kritikern statt. Das Feedback dieser Menschen lässt Entwicklung stattfinden – die fachliche Entwicklung seines Teams, aber auch die gustatorische Entwicklung seiner Gäste, die vielleicht an einem Abend im ATELIER völlig neue Aromen entdecken und so den eigenen Horizont erweitern.

Was passiert aber, wenn Begegnung plötzlich nicht mehr so möglich ist, wie wir es gewohnt sind? So, wie wir es erlebt haben, als am 20. März 2020 zum ersten Mal plötzlich alle Restaurants und Hotels in Deutschland schließen mussten, um die schnelle Verbreitung des COVID-19-Virus aufzuhalten.

Davon betroffen war auch Bodo Janssens Hotelkette Upstalsboom. In seinem Buch »Kraftquelle Tradition«[17], welches bereits vor der Pandemie erschienen ist, beschreibt Bodo Janssen, dass er für sich das schöne Bild geschaffen hat, dass er jeden Morgen aufsteht, um eine Geschichte zu initiieren. Eine Geschichte, die es wert ist, dass er sie später mal seinen Enkelkindern erzählen kann. Seine Geschichten stehen bei ihm alle unter der Überschrift »Geschichten vom gelingenden Leben«.

Ich überlege mir, ob er es auch in der Zeit der Pandemie schafft, »Geschichten vom gelingenden Leben« zu schreiben, da doch alles brachliegt und seine Hotels geschlossen bleiben müssen. Genau das frage ich ihn, und er hat nicht lange nachdenken müssen, um mir zu antworten. »*Ich bin morgens aufgestanden* [gemeint ist die Zeit des ersten Lockdowns 2020], *damit Menschen über sich hinauswachsen können, inklusive meiner eigenen Person. Wir haben alle viel schneller gelernt als vor der Pandemie, und ich habe wieder einmal festgestellt, dass es keine Zufälle gibt, denn wir haben noch vor der Pandemie einen Teil der Führungskräfte eingeladen, die Logotherapie als Führungskompetenz zu entwickeln. Der plötzliche Lockdown am 20. März 2020 hat dazu geführt, dass wir uns einer Ohnmacht ausgesetzt gefühlt haben: Hey, wir dürfen unsere Hotels nicht mehr führen. Und zugleich hat jeder der Beteiligten, der die Logotherapie kennengelernt hat, gefragt: Okay, welche Möglichkeiten bleiben uns jetzt noch und welche sind die sinnvollsten?«*

Der Unternehmer Bodo Janssen hatte noch kurz vor der Entdeckung des COVID-19-Virus den Impuls, sich für die Logotherapie als Führungsinstrument zu entscheiden, und er sagt deutlich, dass die Pandemie für das Unternehmen Upstalsboom einen anderen Verlauf genommen hätte, wenn er diese Entscheidung nicht getroffen hätte. Das Ergebnis der Logotherapie ist, dass sich die Mitarbeiter entwickeln und ihre eigenen Stärken erkennen, und diese setzen sie wiederum ein, um andere zu stärken. *»Die Upstalsboomer haben in dieser Zeit hohe Eigenverantwortung und Eigeninitiative übernommen und eine große Wachsamkeit entwickelt, um zu erkennen, was jetzt gefragt ist, damit sie die Phase der Unsicherheit gut meistern können. Sie haben erkannt, dass Handeln und Gedulden gleichermaßen wichtig sind für den Fortbestand des Unternehmens. Das heißt konkret, dass die Mitarbeiter, die zu Hause in Kurzarbeit waren und nichts anderes tun konnten, als abzuwarten, ebenfalls einen extrem wichtigen Beitrag in dieser Zeit geleistet haben. Und das wurde auch entsprechend kommuniziert und anerkannt. Die Teams sind jetzt so organisiert, dass jeder Mitarbeiter jede Position ausfüllen kann, wenn es sein muss.«* Janssen fügt augenzwinkernd hinzu, dass es bei Upstalsboom jetzt so ist, wie Pep Guardiola sich das immer für seine Mannschaft gewünscht hat.

Die Hotelkette von Bodo Janssen hat heute eine Mitarbeiterzufriedenheit von 80 Prozent. Das ist für diese Branche ein sehr hoher Wert. Und dennoch fehlen ihm rein rechnerisch noch 20 Prozent. Ich frage ihn, ob ihn das ärgert. *»Nein, gar nicht! Die kritischen Mitarbeiter sind die, die zur Weiterentwicklung beitragen, und sie sind für uns auch der Motor, um uns weiterzuentwickeln.«*

Unser Interview hat 90 Minuten gedauert und da ich kein Buch über

Bodo Janssen schreibe, sondern über Jan Hartwig, konnte ich hier nur einen ganz kleinen Extrakt aus einem großen (Erfahrungs-)Schatz eines Unternehmers wiedergeben, der New Work nicht nur propagiert, sondern täglich lebt. Die benediktinische Lebenskunst hilft ihm auf seinem Weg der Selbsterkenntnis und sie unterstützt ihn dabei, seinen Mitarbeitern den notwendigen Raum zu geben, sich ihrem »Schatten, ihren Verletzungen, ihrer Vergangenheit [...] zu stellen, um in der Begegnung mit ihnen zu wachsen«.[18]

Mein Ziel war es, Gemeinsamkeiten im Denken und Handeln von Jan Hartwig und Bodo Janssen aufzuzeigen – zwei Männer, die auf den ersten Blick nichts gemeinsam haben und dennoch sehr ähnlich »ticken«. Die Bücher von Bodo Janssen kann ich Ihnen sehr ans Herz legen – egal, ob Sie ein Team führen oder »nur« sich selbst.

In seinen Büchern werden Sie wertvolle Anregungen finden und Sie werden schnell merken, dass es immer um Ihre »Haltung« geht. Und so ist auch das Menü von Bodo Janssen, das er für uns zusammengestellt hat, bereits auf der Haltung aufgebaut.

Und mit seinem Abschlussdessert kommen wir zurück zu einem wesentlichen Aspekt, den wir aus dem ersten Kapitel kennen: Sobald wir unseren inneren Frieden gefunden haben, müssen wir nicht mehr nach links und rechts schauen. Dann können wir, genau wie Jan, unsere eigene Handschrift entwickeln. Bodo Janssen sieht das ganz ähnlich, indem er sagt: »*Ich bin kein Freund von Vorbildern. Ich bin ein Freund von Leuchttürmen. Es geht darum, dass jeder seinen eigenen Weg findet, alles andere ist ein Kompromiss. Kopieren ist höchstens ein schneller Weg, um zweitklassig zu sein.*«

Das Menü von Bodo Janssen

Die Speisenkarte, auf der das Menü geschrieben steht, ist die Haltung. Gemeint ist damit die Summe der Merkmale, die Sie als Mensch ausmachen. Die Werte, die Sie nach außen tragen möchten, um sie mit Ihrer Mitwelt teilen zu können.

Horsd'œuvre: Gleich zu Beginn werden Achtsamkeit und Demut serviert. Beides sind wichtige Voraussetzungen für die Offenheit in der Begegnung, und erst durch die Begegnung mit anderen wird es Ihnen möglich, sich selbst zu erkennen.

Vorspeise: Ganz klar ist die Vorspeise die Freiheit. Für Bodo Janssen dient die Freiheit der Frage nach dem Warum, nach dem Sinn. Was ist das, wofür Sie sich einsetzen möchten?

1. Zwischengericht: Für Janssen folgt jetzt als 1. Zwischengericht Verantwortung. Klar, wer Freiheit lebt, muss ganz besonders verantwortungsvoll agieren. Denn es geht immer um die Gemeinschaft.

2. Zwischengericht: Ohne Führung ist keine Gemeinschaft möglich. Deshalb wird der Führungsgedanke noch vor dem Hauptgericht serviert. Damit Gemeinschaft gelingt, sollte sich die Führung in den Dienst der Gemeinschaft stellen. Er vergleicht es mit der Nabe eines Rades.

Hauptgang: Den Hauptgang bildet die bedingungslose Liebe als Grundlage für eine gelingende Beziehung.

Dessert: Und das Dessert ist der Mut – im Sinne von andere ermutigen. Jeder von uns kann Menschen dazu ermutigen, über sich hinauszuwachsen. Das können wir tun, indem wir ihnen sagen: Da kommt es jetzt auf dich an!

Süßer Abschluss: Janssen serviert uns noch ein zweites Dessert: den inneren Frieden. Gemeint ist das psychische und physische Wohlbefinden.

Erfolgsformel und Übung

**Jans persönliche Erfolgsformel:
Heute besser sein als gestern und morgen besser sein als heute**

Schauen Sie nicht darauf, was andere tun! Das verführt uns leicht dazu, jemanden »nur« zu kopieren oder neidisch zu sein. Beides bringt uns nicht den gewünschten Erfolg. Arbeiten Sie stattdessen täglich an Ihrer eigenen Performance! Das bringt Sie an die Spitze.

Übung

Leuchttürme sind Schifffahrtszeichen, die insbesondere nachts weit sichtbar sind. Sie dienen der Positionsbestimmung, der Warnung vor Untiefen oder der Fahrwassermarkierung.

Überlegen Sie doch mal, wer in Ihrem Leben so ein Leuchtturm sein könnte? Für mich ist ein Leuchtturm auch eine Art Mentor. Ein Mensch, vielleicht auch mehrere Menschen, von dem oder denen ich lernen kann und die mir auch aufzeigen, welche Stolperfallen es auf meinem Weg geben kann. Leuchttürme gibt es für alle möglichen Lebens- und Arbeitsbereiche. Hier nur einige Themenfelder: achtsamer Umgang mit mir selbst, etwas für den Klimaschutz tun, ehrenamtlich tätig werden, Umgang mit Geld, Wunschgewicht erreichen, ein Team führen, eine »Marke« werden, ein Unternehmen aufbauen, fokussiert arbeiten ...

In welchen Bereichen wünschen Sie sich Leuchttürme? Nehmen Sie ein Notizbuch und schreiben Sie die Themenfelder auf. Im nächsten Schritt überlegen Sie, welche Leuchttürme Sie zu den entsprechenden Themen kennen, und schreiben die Namen dieser Menschen hinter Ihre Themenfelder. Anschließend priorisieren Sie und los geht's. Schauen Sie genau, was Ihnen an dem entsprechenden Leuchtturm gefällt. Nehmen Sie Kontakt auf und bitten Sie um ein Gespräch. Sagen Sie Ihrem Leuchtturm, warum Sie sich für ihn entschieden haben, und stellen Sie Ihre Fragen. Hören Sie gut zu und nehmen Sie das für sich mit, was Ihnen am meisten weiterhelfen wird. Nicht alles, was Sie erfahren, wird zu Ihnen passen. Denken Sie daran, es geht nicht darum, jemanden zu kopieren, sondern den eigenen Weg zu finden.

Vielleicht haben Sie auch einen Leuchtturm, den Sie nicht ansprechen können oder wollen. Ein Promi vielleicht oder der CEO Ihrer Firma. Dann schauen Sie genau, was ihn zu Ihrem Leuchtturm macht. Was würden Sie gerne von ihm lernen? Beobachten Sie ihn genau, sammeln Sie Informationen und finden Sie wieder Ihren eigenen Weg!

3. Nach dem Stern ist vor dem Stern – Zielstrebigkeit leben

Von dem Soziologenehepaar Wilkesmann haben wir gehört, dass die Vergabe der Michelin-Sterne bei den ausgezeichneten Küchenchefs für Prestige und soziale Anerkennung sorgen. Für Jan dienen die Michelin-Sterne dazu, seine Leistungen und seinen Erfolg messbar zu machen. Prestige war zu keinem Zeitpunkt ein Antrieb für ihn. »*Für mich ist die Preisverleihung einzig und allein ein Indikator für gute Arbeit. Es geht mir nicht darum, als Held auf dem Treppchen zu stehen*«, betont er mir gegenüber.

Die Bewertungen der verschiedenen Restaurantführer sind auch Teil seiner Motivation und seines Mottos »Heute besser sein als gestern und vor allem morgen besser sein als heute«, denn sein Ziel ist es, bei allen relevanten Bewertungen die höchste Punktzahl zu erreichen. »*Nicht jeder möchte sich einem Wettbewerb stellen, aber wenn er es tut, dann möchte er doch auch gewinnen*«, so seine feste Überzeugung.

Und wenn Jan gewonnen hat, dann geht es bereits um die nächste Auszeichnung, denn »Nach dem Stern ist vor dem Stern«. Der Sieger eines Marathons sonnt sich auch nicht in seinem Erfolg, sondern er trainiert eisern weiter und feilt an seinen Techniken, um beim nächsten Mal noch ein bisschen schneller zu sein. Auch ein Drei-Sterne-Koch wird durch Übung immer noch besser, das weiß Jan aus eigener Erfahrung.

Deshalb ist es für ihn nicht weniger spannend, wenn er jetzt bereits zum vierten Mal in Folge mit drei Michelin-Sternen ausgezeichnet wurde, denn es geht ihm nicht »nur« um das Halten der Sterne, sondern es geht ihm vielmehr um die Weiterentwicklung seiner Kochkunst. Und wenn er dafür die begehrte Anerkennung des Guide Michelin erhält, dann entspricht das seiner persönlichen Definition für Erfolg.

Tiger Woods, ein US-amerikanischer Profigolfer und einer der erfolgreichsten Golfspieler der Sportgeschichte, soll gesagt haben: »Ich messe den Erfolg nicht an meinen Siegen, sondern daran, ob ich jedes Jahr besser werde."

Genau das trifft auch auf Jan zu.

»Richtig geil war die Zeit auf dem Weg zum dritten Stern«, weiß Jan in der Retrospektive zu berichten. Das war harte Arbeit, aber er befand sich zu jeder Zeit im »Flow«, in diesem mentalen Zustand völliger Konzentration und dem »Aufgehen« in der Tätigkeit.

Viele von uns kennen das, was Jan hier beschreibt. Wenn wir auf dem Weg zu einem für uns attraktiven Ziel sind, sind wir positiv getrieben und ein Cocktail an Glückshormonen, vornehmlich Dopamin, versorgt uns mit positiver Energie und verleiht uns die bekannten Flügel. Wir werden nicht müde, um an der Erreichung unseres Zieles zu arbeiten.

Die Neurowissenschaft hat in diesem Zusammenhang vor einigen Jahren etwas Interessantes entdeckt. Nämlich dass uns bereits die Vorstellung davon, wie wir uns auf dem Weg zur Erreichung eines Zieles fühlen, motiviert. Nicht aber das Ziel selbst! Wissenschaftliche Untersuchungen haben gezeigt, dass Dopamin dann ausgeschüttet wird, wenn wir eine Belohnung erwarten. Keine oder eine nur geringe Dopaminausschüttung findet hingegen statt, wenn das angestrebte Ziel erst mal erreicht ist. Wenn man sich dies vor Augen führt, wird auch klar, warum viele Motivationssysteme in den Unternehmen nicht funktionieren. Die Anreize dieser Methoden sind fast immer auf das Ziel ausgerichtet, nicht aber auf den Weg, der zum Ziel führt.

Wann erfährt man als Spitzenkoch, ob man sein Ziel erreicht hat und vom Guide Michelin mit einem, zwei oder gar drei Sternen ausgezeichnet wurde? Mittlerweile werden die Sterne zum Jahresanfang verliehen. Bis vor drei Jahren wurden die Michelin-Sterne immer im November vergeben und kamen dann in den Guide für das folgende Jahr. Nach eigenem Bekunden hat Jan ein ausgeprägtes Selbstwertgefühl und weiß, was er kann. Doch dass er den begehrten und so selten verliehenen dritten Stern schon nach so kurzer Zeit erhält, hatte ihn zunächst selbst überrascht. Er erinnert sich an die gefühlt wohl längste Woche im November 2017.

Es war die Woche, bevor bekannt gegeben wurde, wer die Sterne vom Guide Michelin 2018 verliehen bekommt. Als Jan 2015 zum ersten Mal den zweiten Stern erhielt, hatte er im Vorfeld davon geträumt. Er hatte geträumt, dass seine Chefin, Innegrit Volkhardt, ihn anrufen würde, um ihm zu sagen, dass das ATELIER den zweiten Stern bekommt. Und genauso war es dann auch. Er stand gerade unter der Dusche, als dieser Anruf dann wirklich kam. Zwei Jahre später, in der besagten Novemberwoche, war es anders: Jan wusste, dass die neuen Sterne am Dienstag, den 14. November 2017, für den Guide Michelin 2018 bekannt gegeben werden würden. Zu den festlichen Galas werden immer die Küchenchefs eingeladen, die zum ersten Mal einen Stern verliehen bekommen oder eben zum ersten Mal einen weiteren Stern erkocht haben. Im Jahr 2017 fand die Verleihung in Potsdam im Babelsberger Filmpark statt. Jan erzählt, dass es immer so eine Woche vorher mit den Kommentaren im Internet losgehe. Dort geben Hunderte Menschen ihre Tipps ab, wie die Sterne wohl verteilt werden. Er führt aus: *»Da waren dann viele, die gesagt haben: Jan Hartwig bekommt sicher seinen dritten Stern. Das befeuert einen dann selbst und das Gedankenkarussell dreht sich unentwegt weiter. Da kommen Gedanken wie: ›Okay, das Jahr war gut. Bei mir wurde häufig getestet. Aber ob es wirklich gereicht hat?‹«*

Seine Überlegungen wurden pragmatischer. Jan fragte sich, wann die vom Guide Michelin ihn wohl anrufen würden, wenn er tatsächlich den dritten Stern bekommen würde. Er erklärt mir, dass die neuen Preisträger vorher benachrichtigt werden, schon aus dem Grund, dass sie sich auf den Presserummel vorbereiten können. Außerdem musste er auch seinen Flug nach Berlin noch buchen.

Also begann er mit seinen Grübeleien. Er beschreibt das so: *»Ich dachte mir: Dienstag ist Verleihung, dann werden die wohl frühestens am Donnerstag anrufen. Aber Donnerstag rief keiner an. Okay, dachte ich, dann wohl Freitag. Auch Freitag rief niemand an ... Na, dann wohl Samstag. Samstag kam auch kein Anruf.«* Jan erklärte sich das damit, dass für die Mitarbeiter des Guide Michelin vermutlich Wochenende war. Als am Sonntag auch niemand anrief, hat er sich dann gesagt, dass ja schließlich keine 500 Köche angerufen werden müssen und dass es dann wohl auch am Montag noch ausreichend sei. Und trotz dieser eigentlich plausiblen Erklärungen war er sehr enttäuscht. Die Internetkommentare, in denen er immer wieder als neuer Drei-Sterne-Koch gehypt wurde, die Kollegen und Gäste, die ihn darauf ansprachen – all das hat ihn natürlich getriggert. Er erinnert sich, dass er an diesem Sonntag sechs Stunden durch den strömenden Regen lief. »*Ich hatte mein Handy mit der Powerbank dabei, damit nicht plötzlich mein Akku leer ist. Immer wieder habe ich mich gefragt, warum denn niemand anruft. Zwischendurch habe ich meine damalige Freundin Helene angerufen. Sie solle mich mal zurückrufen, weil mein Handy vielleicht spinnt. Helene wollte das aber nicht mehr hören. Sie sagte: ›Du bist ja völlig verrückt.‹ Und sie hatte recht. Unter dieser Anspannung denkt man nicht mehr rational.*«

Der ersehnte Anruf kam also nicht, obwohl Jan sein Handy nicht aus den Augen ließ. Fast jeder von uns kennt solche Situationen, dass er einen ganz besonders wichtigen Anruf oder eine WhatsApp erwartet und alle drei Sekunden das Telefon in die Hand nimmt und unzählige Male überprüft, ob der Akku auch wirklich aufgeladen ist, ob versehentlich der Ton abgestellt wurde oder ob gar der Flugmodus eingestellt ist.

Als Jan dann nach Hause kam, hatte Helene für ihn gekocht und einen seiner Lieblingsweine, einen Cos d'Estournel aus Bordeaux, gekauft. Sein bester Kumpel Frank war auch da.

»*Wir hatten einen tollen Abend. Mittlerweile hatte ich mich selbst damit getröstet, dass ich vor zwei Jahren erst meinen zweiten Stern bekommen hatte und dass es vielleicht noch nicht so weit sei, den dritten Stern zu bekommen. Also alles gut.*«

Oder doch nicht? Jan erinnert sich, dass er am nächsten Morgen mit einem schweren Kopf aufgewacht ist und sofort wieder den Gedanken an den dritten Stern im selbigen hatte. »*Eigentlich ist es doch noch früh genug. Ich kann ja immer noch den Anruf bekommen und den Flug buchen. Alles kein Problem, um am Dienstag in Berlin dabei sein zu können.*«

Aber es passierte auch den ganzen Montag nichts. Am Abend hat sich unser enttäuschter Sternekoch last minute einen Tisch im Restaurant »Landersdorfer und Innerhofer« reserviert, um mit seinem Freund Frank das Trüffelmenü und guten Wein zu genießen. Helene arbeitete zu dieser Zeit dort im Service. Die beiden bekamen dennoch nur den »Katzentisch« in der Nähe des Eingangs, Tisch 1001 heißt er intern. Jan mag diesen Tisch und gemäß dem Motto »Jetzt ist es auch schon egal« startete er in einen schönen Abend. Und selbst in dem Restaurant wurde er angesprochen: »Und, morgen fliegst du nach Berlin?!« Jan antwortete: »*Nein, wirklich nicht, ich habe keine Einladung bekommen.*«

Um 22 Uhr klingelte sein Handy und seine Chefin, Innegrit Volkhardt, war dran. Sie hatte bereits seinen Flug für den nächsten Morgen nach Berlin gebucht.

Jan hat diesen Augenblick noch sehr präsent vor Augen. »*Ich nahm mir im Restaurant einfach ein Bier aus dem Kühlschrank und ging mit einer Zigarette vor die Tür, obwohl ich eigentlich gar nicht rauche.*«

Dieser Anruf hat Jan mit vielen Gefühlen gleichzeitig überflutet. »*Da war Freude, Erleichterung, Stolz. Ich hätte es so gerne jedem erzählt, aber das durfte ich ja nicht. Nur meine Eltern und meinen Bruder habe ich sofort angerufen. Der dritte Stern ist nun mal so etwas wie der Ritterschlag in unserer Branche. Wobei im Rückblick der dritte Stern genauso umwerfend war wie der erste Stern oder umgekehrt!*«

Jans Chefin wusste es bereits seit Freitag, aber sie hatte versprochen, nichts zu verraten. »*Stell dir vor, ich hatte am Sonntag, als ich durch den Regen lief, bereits den dritten Stern, aber ich wusste es noch nicht*«, schließt Jan seine Erzählung.

Nun haben wir bereits gelesen, dass Jan sich nicht auf seinem dritten Stern ausruht, sondern permanent an seiner Weiterentwicklung arbeitet. Und so hat er noch einige ehrgeizige Ziele, die er erreichen möchte. »*Ich finde es wichtig, Ziele zu haben und zielstrebig darauf hinzuarbeiten. Träumen ist auch wichtig und erlaubt, aber ich bin zu sehr Realist, um nur zu träumen. Ich überlege mir genau, welches die nächsten Schritte sein müssen, um an meinem Ziel anzukommen. Und bei allem, was ich tue, gebe ich 100 Prozent. Egal, ob ich Sport mache oder koche. Wenn ich etwas tue, dann tue ich es immer richtig und mit Ehrgeiz!*«

Ich will von Jan wissen, ob er sich bewusst irgendwelche Glaubenssätze geschaffen hat, die ihn dabei unterstützen, seine Ziele zu erreichen. *»Nein, ich habe mir noch nie bewusst Glaubenssätze aufgesagt, aber ich habe auch nie angezweifelt, dass ich es wert bin, an die Spitze zu kommen. Ich bin sehr im Reinen mit mir und das ist auch wieder eine mentale Stärke von mir.«*

Was sind nun die nächsten Ziele, die ein Drei-Sterne-Koch mit Ende 30 hat? Jan spricht davon, dass er sein Profil schärfen möchte, indem er an seiner »kulinarischen Identität« arbeitet. Gemeint ist damit, dass insbesondere in der Spitzengastronomie jeder Teller eindeutig dem Koch zuordenbar sein muss, der ihn kreiert hat. Das entspricht seinem Verständnis von *»großer Küche«*. Es kann ihm aus seiner Sicht auch dabei helfen, seine internationale Bekanntheit zu steigern.

Sogar Paris Hilton bekam eine Absage

Schon heute kommen zahlreiche Gäste aus dem Ausland in den Bayerischen Hof und sie genießen es, ein überragendes Sternerestaurant im Haus zu haben. Zurzeit muss man etwa drei bis vier Monate vorher reservieren, wenn man unter der Woche als Gast ins ATELIER kommen möchte, und etwa ein halbes Jahr vorher, wenn der Restaurantbesuch an einem Wochenende geplant ist. Da kann es sogar passieren, dass ein prominenter Gast, wie Paris Hilton, keinen Platz mehr bekommt, weil jeder Tisch ausgebucht ist. Das ist tatsächlich so passiert – Jan musste ihr absagen. *»Wenn wir ausgebucht sind, sind wir wirklich ausgebucht.«*

Jans Ziel ist es, dass das Restaurant noch viel früher im Voraus ausgebucht ist. Schon aus Gründen der Wirtschaftlichkeit ist es wichtig, dass das ATELIER zu jeder Zeit gut gebucht ist.

Ich weiß nicht, wie es Ihnen geht, aber mich irritierte so ein langer Vorlauf zunächst, wobei ich mir dann in Erinnerung rief, dass ich einen Abend in der Oper oder eine Konzertkarte auch bereits lange im Voraus plane und die Karten bestelle. So ein Abend lebt schließlich auch von der Vorfreude.

Kulinarische Identität oder Neues aus Kopenhagen

Wenn wir dann einen Blick über die Landesgrenzen werfen, wird bewusst, dass es anderswo ganz andere Ausgangssituationen gibt. Um beispielsweise im angesagten Restaurant NOMA von Küchenchef René Redzepi in Kopenhagen einen Tisch zu bekommen, muss man in einem bestimmten Zeitfenster seine Reservierung vornehmen. Dieses Zeitfenster wird dreimal im Jahr geöffnet und die Plätze sind innerhalb von Minuten ausgebucht. Im NOMA gibt es drei Jahreszeiten – Winter im Zeichen des Meeres, vegetarischer Sommer und Herbst als Wild- und Waldsaison – und die entsprechenden Menüs, daher auch die drei Buchungszeitfenster. Und wie oben bereits geschrieben, ist das für uns überhaupt nichts Ungewöhnliches; wenn wir beispielsweise ein Konzert von Ed Sheeran oder Robbie Williams buchen, dann brechen auch innerhalb von Minuten die Leitungen zusammen. Das sind zugegebenermaßen Ausnahmekünstler, aber das ist René Redzepi, der Chef des NOMA, auch. Sein Restaurant wird als eines der besten in der Welt betitelt und das, obwohl es »nur« zwei Michelin-Sterne hat. Jan war bereits schon zweimal dort und ich frage ihn, was diesen Hype um das NOMA wohl ausmacht, und er gerät auf der Stelle ins Schwärmen.

»Das NOMA umfasst ein Areal von 2000 Quadratmetern Fläche und als Gast bin ich sofort geflasht von dieser Großzügigkeit und Weite. Es ist alles sehr ästhetisch und ich hatte ein großartiges Esserlebnis, wobei mich die Größe, die Art, wie die Tische gestellt sind, und die vielen Servicemitarbeiter und Köche am meisten beeindruckt haben.«

In der Berichterstattung[19] über das NOMA kann ich lesen, dass zu dem Restaurant nicht nur der Gastraum gehört, der Weinkeller und die üblichen Vorbereitungsküchen, sondern auch eine Fermentationsküche und eine Versuchsküche, zum Teil mit Laboratmosphäre. Dazu kommen außerdem Gewächshäuser und ein Küchengarten direkt am Wasser. Sowie eine Kantine für die etwa 100 Mitarbeiter aus 20 Nationen.

Ich will Spaß

Jan erzählt mir, dass im NOMA in zwei »Seatings« (17 und 20 Uhr) serviert wird. Er betont zugleich, dass es keine Massenabfertigung ist, wie man jetzt glauben könnte. Das liegt daran, dass maximal 60 Couverts (Gedecke) pro Zeitraum vergeben werden. Jan hat den Abend in einer ausgesprochen freundlichen und angenehmen Atmosphäre in Erinnerung. Am NOMA fasziniert ihn besonders, *»dass es hier so viel Raum für Menschen gibt, die anderen Menschen, nämlich dem Gast, etwas Gutes tun möchten.«*

Ich spüre, mit wie viel Begeisterung und Leidenschaft Jan über dieses Konzept berichtet. Und das verwundert auch nicht, denn das übergeordnete Ziel von Jan ist, mit Spaß zu arbeiten! Und das begründet er folgendermaßen: *»Es ist so ein harter Job mit so viel Erwartungsdruck, zahlreichen Überstunden und großen Entbehrungen, denn wir können an keiner Familienfeier oder Party unserer Freunde teilnehmen. Da muss es unbedingt Spaß machen, diese Arbeit auszuüben. Wenn ich keinen Spaß habe, limitiere ich mich selbst.«*

Sinneswandel

»Morgen besser sein als heute« bedeutet für Jan auch, dass er sich permanent konzeptionell steigert und verändert. Seit einiger Zeit geht es ihm insbesondere um die Themen der Nachhaltigkeit sowie der Produktqualität im Kontext mit dem Tierwohl.

»Darüber denke ich heute anders, als ich es noch vor drei Jahren getan habe. Vor zwei Jahren plante ich noch ein Gericht mit Ente und Granny-Smith-Äpfeln, denn ich hatte das Thema der Biodiversität noch gar nicht im Fokus. Heute denke und handele ich ganz anders und mir ist bewusst, dass wir Köche eine große Verantwortung tragen gegenüber unseren Ressourcen. Heute muss ich nicht mehr jedes Produkt auf den Tisch bringen.«

Ich frage Jan, woher der Sinneswandel kommt, und erfahre, dass es verschiedene Auslöser bei ihm gab. Er gibt zu, dass er früher die Wichtigkeit nicht erkannt hat und auch gerne mal weggeschaut hat. Zudem ist er davon überzeugt, dass sich das Weltgeschehen verändert hat und dass heute niemand mehr die Augen verschließen darf. *»Es ist mir unverständlich, dass es Menschen gibt, die Greta Thunberg regelrecht hassen, obwohl sie uns doch nur die Augen öffnen möchte.«*

Er sieht seine Verantwortung nicht nur gegenüber unseren Ressourcen, sondern auch eine Verantwortung gegenüber seinen knapp 100 000 Followern bei Instagram. *»Wenn ich etwas sage respektive poste, dann wird es auch gesehen und gehört.«*

Gleichzeitig hält er aber nichts von Dogmen. Zum Beispiel was das Thema Regionalität angeht. Er befürwortet kurze Lieferwege, räumt aber ein: *»Regionalität ja, aber nicht um jeden Preis.«* So bestellt er auch Seezungen, Wolfsbarsch und Co. Aber eben nicht ausschließlich, denn er weiß auch, dass er aus regionalen Fischzuchten hervorragende Süßwasserfische in Sushi-Qualität bekommt. So frisch, dass er sie kaum am Liefertag entgräten kann. Diese Fische, wie zum Beispiel eine Bachforelle oder ein Saibling von der Fischzucht Nikolai Birnbaum in Penzing bei München, finden sich deswegen absolut gleichberechtigt auf seiner Speisekarte neben dem einen oder anderen Salzwasserfisch.

Jan gibt ehrlich zu, dass er auch vielfach nicht bereit ist, sich bei den Zutaten einzuschränken. *»Ich will nicht auf eine gute Sojasoße, Rotweine aus Frankreich, bestimmte Käsesorten oder auf Salzwasserfische verzichten. Mir ist bewusst, dass ein Salzwasserfisch schon mindestens zwei Tage unterwegs ist, bis er in meiner Küche ist. Und trotzdem kann ich einen Steinbutt, der in einer gewissen Tiefe und in einer Kälte des Wassers gelebt hat, geschmacklich nicht mit einer Forelle vergleichen.«*

Andererseits macht Jan sich durchaus Gedanken darüber, ob es wirklich sein muss, Fische aus Neuseeland oder Tokio liefern zu lassen, auch wenn sie eine Top-Qualität aufweisen.

Grundsätzlich räumt er ein, dass bei ihm das regionale Produkt immer den Vorzug erhält, wenn es das bessere Produkt ist und wenn es Sinn macht. Dazu erfahren wir später noch mehr.

Ein weiterer Auslöser für sein ökologisches Umdenken, wenn nicht sogar die Initialzündung, wie er selbst sagt, ist der Input seiner »neuen« Lebenspartnerin Theresa Geisel. Klar, dass auch sie dann in diesem

Buch nicht fehlen darf, und so traf ich mich mit ihr im »Literaturhaus Oskar Maria« in München.

★ ★

Expertengespräch mit Theresa Geisel

Theresa verbrachte ihre Kindheit und Jugend in Bad Mergentheim, wo ihre Eltern nicht nur ein Hotel führten, sondern neben einem Landgasthof in Hohenlohe noch zwei weitere Restaurants betrieben, eines davon mit Sterneküche.

Die Zirbelstube, so hieß das Sternerestaurant, wurde von 1993 bis 2012 durchgängig vom Guide Michelin mit einem Stern ausgezeichnet. Aber das eigentlich Besondere daran ist, dass es 2003 als allererstes Sternerestaurant in Deutschland komplett auf regional erzeugte Lebensmittel umstellte. Das heißt, die Grundprodukte kamen aus einem Umkreis von 50 Kilometern. Die Zirbelstube wurde auch nach dieser Umstellung immer wieder mit einem Stern ausgezeichnet, obwohl es keinen Hummer mehr gab, sondern stattdessen Flusskrebse. Kein Wolfsbarsch, sondern Zander. *»Alle haben abgeraten und heute ist es das Thema der Stunde«*, so Theresa. *»Es war damals schon sehr innovativ.«* Doch das merkte sie erst während ihres Studiums. Theresa studierte Wirtschafts- und Politikwissenschaften an der Zeppelin Universität in Friedrichshafen sowie an der Copenhagen Business School.

Nachhaltigkeit

Mir gegenüber sitzt eine überaus sympathische, gut gelaunte und engagierte junge Frau, die für ihr Thema brennt – für das Thema Nachhaltigkeit. Es begleitet sie schon lange und dennoch hat es noch einen Moment gebraucht, bis es bei ihr »Klick« gemacht hat. In Kopenhagen hat sie ihren Master geschrieben und war da bereits auf das Thema Nachhaltigkeit fokussiert. Nach dem Studium absolvierte sie ein Praktikum bei BMW und wieder ging es um Nachhaltigkeit, in diesem Fall um das Für und Wider der E-Mobilität. Sie erinnert sich, dass ihr alles so bekannt vorkam, auch wenn es im völlig anderen Kontext stand. Mobilität statt Lebensmittel – doch beides führt zum verantwortungsvollen Umgang mit den Ressourcen dieser Erde. Erst da merkt sie, dass Nachhaltigkeit ihr Thema ist.

»*Die Lebensmittelbranche ist meine Herzensangelegenheit, hier möchte ich etwas bewegen*«, erkennt Theresa Geisel für sich, und bevor sie bei ihrem Vater Otto Geisel im »Institut für Lebensmittelkultur« einsteigt, macht sie noch Station bei Eataly (Eat und Italy) in München. Eataly kommt ursprünglich aus Turin und der Gründer Oscar Farinetti hat 2007 eine Plattform für kleine Produzenten aus der Region geschaffen. Grundstein waren die traditionell hergestellten Gerichte seiner Heimat Piemont. Er hat so den Produzenten den Marktzugang ermöglicht. Was zunächst für das Piemont galt, erweiterte er dann für die Händler in ganz Italien. Angestoßen wurde es durch seinen Freund Carlo Petrini, dem Gründer der Slow-Food-Bewegung. Von Petrini stammt auch der Ansatz, dass sich der Verbraucher als Koproduzent verstehen sollte, so wie es im Manifest[20] des Eataly unter Punkt 6 verankert ist. Dort ist Folgendes zu lesen: »Wir haben unser Ziel dann erreicht, wenn der Verbraucher versteht, ein Koproduzent zu sein, der mit seiner Wahl die Qualität und Quantität der Lebensmittel mitentscheidet. Der Verbraucher ist somit nicht nur für seine eigene Lebensqualität, sondern auch für die Hersteller verantwortlich: Landwirte, Züchter, Fischer, Veredlungs- und Verarbeitungsbetriebe.« Die Produzenten werden bei diesem Konzept ihrerseits auf Nachhaltigkeit, Handwerk und Qualität ausgerichtet.

Theresa lernte in einem Praktikum bei Slow Food International in Bra im Piemont die Philosophie kennen, die unter anderem besagt, dass man Produkte essen muss, wenn man sie schützen möchte. Klingt zunächst wie ein Widerspruch, ist aber beim zweiten Hinschauen ganz logisch, denn sonst wird sie niemand mehr anbauen oder großziehen. Rinder würden wir dann im Zoo und nicht mehr auf der Weide sehen. Genauso funktioniert es mit bestimmten Obst- und Gemüsesorten, die wir essen müssen, um eine entsprechende Nachfrage zu generieren. Ansonsten werden sie irgendwann nicht mehr angebaut. Dazu lesen wir später auch noch mehr in dem Gespräch mit Johannes Schwarz in Kapitel 5.

Heute arbeitet Theresa im Unternehmen ihres Vaters als Beraterin. Beide engagieren sich mit viel Leidenschaft für verantwortungsvolle Kulinarik.

Ich frage Theresa, was sie denn eigentlich unter Nachhaltigkeit versteht, und ihre Antwort zeigt mir, dass es für sie nicht nur eine leere Worthülse ist, sondern wirklich eine Herzensangelegenheit. Für sie bedeutet Nachhaltigkeit, *»eine Haltung, eine Lebensweise, eine Einstellung zum Leben, dass meine Handlungen keine anderen Systeme kaputt machen. Dass die Welt intakt bleibt und keine Menschen oder Tiere in Mitleidenschaft gezogen werden aufgrund meines eigenen Konsumverhaltens.«*

In ihrer täglichen Arbeit bedeutet das, dass sie einen großen Fokus auf das Tierwohl und die Umwelt legen. Sie und ihr Vater schauen genau hin, wenn es um den Anbau oder die Erzeugung von Produkten geht und wie diese weiterverarbeitet werden.

»Bei uns geht es um alles, was auf den Teller kommt. Wir wissen heute, dass eine Fleischreduktion enorm wichtig ist, sowohl für unsere eigene Gesundheit als auch für unsere (Um-)Welt. Wir haben ein holistisches Bild, welches den Menschen bewusst machen soll, was ihr Handeln bewirkt. Was es bedeutet, wenn man ein bestimmtes Produkt kauft und zubereitet. Wir wollen nicht mit dem erhobenen Zeigefinger ermahnen, sondern durch eine positive Kommunikation und entsprechende Beispiele zeigen, dass und wie es anders geht. Der Verbraucher muss wissen, dass es zu einfach gedacht ist, ein Schweineschnitzel gegen ein Sojaschnitzel auszutauschen, wenn durch den Soja-Anbau in Argentinien die Krebsrate bei Kindern dramatisch ansteigt. Ausgelöst durch das Pflanzenschutzmittel im Grundwasser«, sprudelt es aus Theresa heraus.

Ich erlebe sie in unserem Gespräch positiv engagiert und niemals verbissen. Theresa hat den festen Willen, etwas zu bewegen und die Welt ein kleines bisschen besser zu machen.

Wir stellen beide fest, dass eine gute Ernährung gar nicht so einfach ist. Das zeigen schon die einfachen Beispiele wie »bio« und »regional«. *»Bio ist nicht unbedingt das Allheilmittel, manchmal ist regional die bessere Alternative. Aber nur, wenn regional auch eindeutig definiert ist«*, weiß die Expertin.

Sie fügt hinzu, dass das Fleisch aus den Tönnies-Betrieben für die Menschen, die im Großraum Gütersloh leben, auch regional genannt werden könnte, wenn der Begriff nicht ganz klar definiert ist. »*Man muss die Wertschöpfungskette nachvollziehen können und das ist häufig schwierig. Es ist zudem auch noch unbequem und es macht Arbeit*«, so Theresa Geisel.

Zum Glück gibt es bereits viele Einzelpersonen und Unternehmen, die bereit sind, den zunächst unbequemen Weg einzuschlagen, weil sie die Notwendigkeit erkannt haben, etwas in ihrem Handeln verändern zu müssen, um einen Beitrag zum Klimaschutz und zur Nachhaltigkeit zu leisten. Theresa ist auch Vorsitzende des Vereins Food & Health e. V.[21], der einmal jährlich mit dem Magazin FOCUS als Medienpartner die besten Kantinen Deutschlands auszeichnet. Dadurch kommt sie im Laufe des Jahres in viele Unternehmen und stellt bemerkenswerte positive Veränderungen fest. Das betrifft nicht nur die bessere Versorgung der Mitarbeiter mit gutem Essen und einer schönen, wertschätzenden Atmosphäre, sondern auch die Vermeidung von Müll.

Theresa erzählt mir von zahlreichen Unternehmen, die sich viele Gedanken machen, wie sie Abfall vermeiden können und damit Ressourcen schützen. Ein Beispiel von ihr ist mir ganz besonders in Erinnerung geblieben, weil es in einem riesigen Unternehmen nur ein kleines Puzzleteil ist und dennoch eine gewaltige Wirkung hat. Es geht hier um das forschende Pharmaunternehmen Boehringer Ingelheim. Allein am Standort Ingelheim arbeiten knapp 9000 Menschen auf einem 755 000 Quadratmeter großen Betriebsgelände. Da verwundert es nicht, dass etwa 400 Kaffeeautomaten für die Mitarbeiter bereitstehen. Bis vor einiger Zeit wurden diese Automaten mit den handelsüblichen 1-Liter-Milchtüten bestückt, um auch für Cappuccino, Milchkaffee und Latte macchiato zu sorgen. Eigentlich nichts Besonderes, außer wenn man sich bewusst macht, dass Ende des Jahres die stolze Summe von 240 000 leeren Milchtüten zusammenkam, wenn im Durchschnitt jeder Kaffeeautomat nur zwei Liter Milch am Tag verbraucht. Und genau dieser Müllberg wird heute vermieden. Wow – was für ein Effekt! Wie das Familienunternehmen Boehringer Ingelheim das heute löst, können Sie im Postscriptum lesen.

Dieses Beispiel macht deutlich, dass jeder, wirklich jeder einen Beitrag für eine bessere Welt leisten kann, wenn vielleicht auch nicht in dieser Dimension.

Da sind wir wieder bei dem Credo von Jan »Heute besser sein als gestern und morgen besser sein als heute«, allein durch Nachdenken und durch kleine Veränderungen im (Einkaufs-)Verhalten.

Gegen die Monotonie in der Spitzengastronomie

Ich frage Theresa, was sie sich von der Spitzengastronomie wünscht respektive von ihrem Lebenspartner Jan Hartwig in der Rolle des Drei-Sterne-Kochs?

Zunächst bemängelt Theresa die Monotonie in der Spitzengastronomie im Allgemeinen. »*Überall auf der Welt bekommst du in vielen Fine-Dining-Restaurants dasselbe: Stopfleber/Foie gras aus Ungarn, Lamm aus Neuseeland, Edelteile vom Rind aus USA/Südamerika – das ist langweilig für den Gast und furchtbar für die Tiere*«, sagt sie. »*Denn alle verwenden dieselben Stücke vom Tier und damit wird aus einem Lebewesen ein Ersatzteillager.*«

Jan, so sagt sie, hat sich damit auseinandergesetzt und er hat auch häufig sogenannte »unedle« Teile auf der Karte. Sie fährt fort und bestätigt, dass Jan auch in Bezug auf seine Produkte sehr reflektiert ist. »*Er ist viel mehr als nur ein fantastischer Koch, aber da ist er bislang noch ziemlich einzigartig in der Spitzengastronomie*«, so ihre Meinung.

Sie wünscht sich, dass die Köche mutiger werden und den Produkten die Anonymität nehmen. Sie räumt ein, dass bei Jan ein Hauptgericht auch immer noch zwingend ein Fleisch- oder Fischgericht ist, während der französische Drei-Sterne-Koch Alain Passard überwiegend vegetarische Menüs hochpreisig verkauft. Sein Restaurant gilt als eines der besten der Welt, was beweist, dass es auch anders funktionieren kann.

Wir beide bestellen uns übrigens an diesem Mittag im »OskarMaria« den Butternutkürbis auf Linsenragout – nicht, weil wir kein Fleisch essen, sondern weil es gerade perfekt in die Saison passt und irgendwie auch gut zu unserem Gespräch.

Ich hätte mit Theresa Geisel noch Stunden weitersprechen können, denn sie ist nicht nur sympathisch, sondern sie hat inhaltlich wirklich viel zu sagen, und mir imponiert ihr fester Wille, die Welt ein bisschen besser zu machen.

Bei ihrem ganzheitlichen Ansatz geht es Theresa Geisel darum, die wahren Kosten unseres Konsums einzupreisen. Stichwort, die ungesündesten Lebensmittel – ungesund für Mensch, Tier und Umwelt – sind im Einkauf häufig die preiswertesten, aber eben nur auf den ersten Blick.

Das Theresa-Geisel-Menü, um der Welt gerecht zu werden

Hors d'œuvre: Theresa serviert uns Partnerschaften und kreative, neue Geschäftsmodelle, um den folgenden Gerichten eine Grundlage zu bieten.

Vorspeise: Hier kommt direkt der Wunsch nach mehr Transparenz zur Wertigkeit der Lebensmittel.

1. Zwischengericht: Das bereitet auf die Hauptgänge vor, nämlich darauf, auch mal kein Fleisch oder Fisch in der Hauptrolle zu haben.

2. Zwischengericht: Mehr Respekt vor der Natur und Kreatur und die Wertschätzung für beides bilden das zweite Zwischengericht in diesem Menü.

Hauptgang: Jetzt kredenzt sie uns mehr Haltung, mehr Mut, mehr Verantwortungsübernahme und mehr Initiative für unsere Welt.

Dessert: Hier verbirgt sich mehr Weitsicht und ein ganzheitlicher Ansatz.

Erfolgsformel und Übung

Jans persönliche Erfolgsformel: Zielstrebigkeit lernen

Ich finde es wichtig, Ziele zu haben. Denn nur wenn ich weiß, wo ich hinwill, kann ich den richtigen Weg einschlagen. Und wie das Wort es schon sagt: Ich strebe zu meinen Zielen. Das nimmt mir auch manche Entscheidung ab.

Übung

Kennen Sie Ihre Ziele? Prima, dann priorisieren Sie sie und schreiben Sie sie auf. Notieren Sie Ihre wichtigsten drei Ziele, zum Beispiel so:

Ziel 1	Maßnahme	Commitment	Fortschritte	Ziel erreicht
Buch schreiben	Thema finden	Jan Hartwig ins Boot geholt	Exposé geschrieben	
	passenden Verlag finden	andere Experten ins Boot geholt	Exposé beim Verlag eingereicht	
	Experten-Interviews führen	Experten dem Verlag gegenüber benannt	Interview 1 ist geführt und verschriftlicht	Zusage vom Verlag

Ziel 2	Maßnahme	Commitment	Fortschritte	Ziel erreicht
Buch soll Bestseller werden	geeignete Marketingmaßnahmen identifizieren	Commitment dem GABAL Verlag gegenüber	Marektingplan ist erstellt	…

Ziel 3	Maßnahme	Commitment	Fortschritte	Ziel erreicht
…	…	…	…	…

Sie sind nicht sicher, welche Ziele Sie haben? Dann nehmen Sie sich wieder einen Moment Zeit, ein großes Blatt Papier und einen Stift, mit dem Sie gern schreiben. Stellen Sie sich Ihren Timer auf 10 Minuten und schreiben Sie alles auf, was Ihnen dazu in den Sinn kommt. Suchen Sie am Ende die drei wichtigsten Ziele raus und notieren Sie sie in der Reihenfolge ihrer Wichtigkeit.

Damit haben Sie bereits den ersten wichtigen Schritt getan – Sie haben Ihre Ziele schriftlich fixiert. Es ist mehrfach wissenschaftlich bewiesen, dass es zur Zielerreichung positiv beiträgt, wenn wir unsere Ziele schriftlich notieren und nicht nur mündlich formulieren. Der nächste Schritt ist, dass wir uns die konkreten Maßnahmen notieren, die notwendig sind, um unser Ziel zu erreichen. Teilen Sie ein großes Ziel in mehrere kleine Etappen und feiern Sie jeden Fortschritt!

Verstärken Sie den Erfolg noch, indem Sie anderen von Ihrem Ziel erzählen. Das hat zwei positive Effekte: Sie haben sich einem anderen gegenüber committet und Sie finden Unterstützer auf Ihrem Weg. Damit Sie möglichst lange auf dem Weg zu Ihrem Ziel motiviert bleiben, protokollieren Sie regelmäßig Ihren Fortschritt. Das zeigt Ihnen, dass Sie Ihrem Ziel bereits näher gekommen sind. Jeder kleine Erfolg zahlt auf unser Selbstbewusstsein ein.

Genauso habe ich es tatsächlich mit diesem Buch gemacht. Das Ziel definiert, Maßnahmen festgelegt, Unterstützer gesucht, Fortschritte notiert, Etappensiege »gefeiert«.

Wichtig ist, dass Ihre Ziele auch wirklich erreichbar sind, denn ansonsten werden Sie eher frustriert und enttäuscht von sich selbst sein.

4. Das Schweineschnäuzchen – Fokussierung erreichen

Bleiben wir noch mal einen Augenblick bei den »edlen und unedlen« Teilen eines Tieres. Als ich bei meinem ersten Gespräch mit Jan im ATELIER saß, kam sein Sous-Chef Stefan und die beiden sprachen über die Zubereitung einer Schweineschnauze. Die wird eher als »unedles« Teil des Schweins betrachtet und dennoch hat sie die Berechtigung, bei Jan auf die Karte zu kommen. Allerdings verhehlt er auch nicht, dass man sie dem Gast nicht einfach so »zumuten« kann. *»Das versteht der Gast nicht, weil er sofort ein Bild im Kopf hat«*, weiß Jan.

Gehen wir zum besseren Verständnis noch mal einen Schritt zurück. Jans Sous-Chef Stefan hatte die Idee, eine Schweineschnauze (auch Schweinerüssel genannt) zu garen, um sie in ein Menü einzubauen. Für Jan war das grundsätzlich denkbar, aber er warnte eben auch davor, den Gast damit zu überfordern, und so entstand folgende Idee: Aus dem Schweinerüssel wurde vorab eine Silikonform gegossen und diese wird später mit Polenta gefüllt. Speziell für dieses Gericht wurde ein rosa Teller gekauft. Die Schweineschnauze aus Polenta wird dann auf diesem rosa Teller angerichtet. Die eigentliche Schnauze wird in brauner Butter gegart. *»Das dauert etwa drei Stunden und sie hat dann eine Konsistenz wie Zunge«*, habe ich mir erklären lassen. Anschließend wird sie in Würfel geschnitten und mit Gemüse und Kräutern angerichtet, so sieht es dann aus wie ein Ragout. Dieses »Ragout« wird dann aus einer kleinen Kupferkasserolle direkt am Tisch angerichtet. Erst ein Löffel mit dem »Ragout« und dann noch ein bisschen Soße.

So weit die Idee, wie man eine Schweineschnauze essbar machen kann, aber nicht nur kulinarisch essbar, sondern vor allem für unser Gefühl und unser Denken. Außerdem muss sie umbenannt werden. Aus Schweineschnauze wird ein Schweineschnäuzchen – hört sich gleich viel netter an. Dennoch hat es dieses Gericht leider bisher noch nicht auf die Speisekarte von Jan geschafft. Noch nicht – so meine Hoffnung.

Je länger ich mich mit dem Thema beschäftige, desto bewusster wird mir, wie wenig Respekt auch ich den Tieren gegenüber habe, nur weil ich nicht genug nachdenke, was ich konsumiere. Ein sehr einfaches, aber auch eindringliches Beispiel von Jan bringt mich zum Nachdenken. »*Stell dir vor, ich habe eine Bankett-Veranstaltung mit 700 Gästen. Als Hauptgang soll es Rinderfilet geben. Pro Portion rechnen wir 150 bis 200 Gramm Fleisch. Ein Rinderfilet wiegt etwa drei Kilo und jedes Rind hat zwei Filets, also sechs Kilo Filet pro Tier. Daraus schneiden wir dann maximal 40 Stücke Fleisch. Um die 700 Hauptgänge herzustellen, benötigen wir also knapp 18 Rinder. Und was passiert mit dem Rest?*«, so die rhetorische Frage von Jan.

Wir lassen diese Frage bewusst im Raum stehen, denn jeder, der mehr darüber erfahren möchte, findet ausreichend Informationen dazu im Internet. Unser Anspruch sollte es sein, darüber nachzudenken, wie wir es morgen besser machen können, als wir es heute tun. Da wird vermutlich jeder seine individuelle »Baustelle« haben.

Theresa Geisel wünscht sich mehr Mut, auch in der gehobenen Gastronomie, und es gibt immer wieder beeindruckende Beispiele von Menschen, die sich trauen, etwas zu verändern. So zum Beispiel Fergus Henderson, Gründer des inzwischen legendär gewordenen »St. John Restaurants« in der St. Johns Street in London. 1999 veröffentlichte er das Kochbuch »Nose to Tail Eating«. Fergus Henderson sagt über sein Buch selbst: »*Nose to Tail Eating will sagen, dass es dem Tier gegenüber unanständig wäre, es nicht von Kopf bis Fuß zu verwerten; es hält auch jenseits des Filets etliche nahrhafte Leckerbissen und Gaumenfreuden für uns bereit. Dies ist ein Buch über das Kochen und das Essen zu Hause, hier geht es nicht darum, Restaurantgerichte nachzuahmen. Haben Sie keine Angst vor dem Kochen – die Zutaten würden das merken und sich entsprechend danebenbenehmen.*«

Auch Jan will mit seinem Schweineschnäuzchen zeigen, dass das Tier aus mehr besteht als aus Schweineschnitzel, Speck und Filet. Er will zeigen, dass ein Produkt nicht teuer sein muss und dennoch megalecker sein kann. 22 Jahre nach Erscheinen des Kochbuchs von Fergus Henderson ist das Thema schon populärer geworden, aber es hat sich längst noch nicht durchgesetzt.

Darum geht es auch bei meinem Besuch im niederbayerischen Postmünster, auf dem traditionsreichen Gutshof Polting, ganz idyllisch gelegen zwischen Eggenfelden und Pfarrkirchen. Der Hof, bekannt für das wohlschmeckende Poltinger Lamm, ist seit 1899 in Besitz der Familie Riederer Freiherr von Paar und hier darf ich mein nächstes Interview führen.

★ ★

Expertengespräch mit Franz und Leonhard Riederer von Paar

An einem schönen sonnigen Tag im September 2020 fahre ich nach Niederbayern und bin gespannt auf meine nächsten Gesprächspartner. Verabredet bin ich mit Franz Riederer von Paar und seinem Sohn Leonhard vom Gutshof Polting, wo unter anderem Schafzucht betrieben wird. Bereits am Auto werde ich in Empfang genommen und mich strahlt ein fröhlicher Mann in Lederhosen an. Er stellt sich mir mit »Hallo, ich bin der Franzl« vor. Ich strahle sofort zurück und fühle mich vom ersten Moment an gut aufgehoben. So bleibt es auch die nächsten Stunden, in denen ich dort zu Gast bin. Nach kurzem Small Talk in der Mittagssonne geht es direkt ins Haus zum Mittagessen. Dass es an diesem Tag für mich Lamm gab und dass es ganz ausgezeichnet geschmeckt hat, muss ich sicher nicht extra erwähnen.

Beim Essen lerne ich auch einen seiner zwei Söhne kennen – Leonhard. Leonhard Riederer von Paar hat im Sommer 2020 die Geschäftsführung des Familienbetriebes, in der mittlerweile fünften Generation, übernommen. Zum einen, weil er sich hier auf dem Land besonders wohlfühlt, und zum anderen, weil er eine große Zukunft für den Hof sieht. Denn Nachhaltigkeit, artgerechte Tierhaltung und ausgezeichnete Produktqualität werden einen immer höheren Stellenwert in der Gesellschaft einnehmen, so ist er sich sicher.

Er hat das Glück, dass die Generationen vor ihm und insbesondere sein Vater klug in die Zukunft investiert haben. So wird am Hof nicht nur Ackerbau und Schafzucht betrieben, sondern es wird auch geschlachtet, zerlegt, verarbeitet und direkt ohne Zwischenhändler in die Gastronomie geliefert, und das alles EU-zertifiziert.

Ich starte auch hier wieder mit der Frage, was sie denn heute besser machen, als sie es gestern getan haben. Franz lenkt erst einmal den Blick zurück und erklärt mir, wo der Familienbetrieb herkommt, und so landen wir im Jahr 1899 im nahe gelegenen Schloss Schönau. Wir überspringen hier im Buch die Etappen ganz großzügig, um an den Kern zu kommen. Seit 1928 gibt es durchgängig Schafe auf dem Hof, während die Kühe, Schweine und Hühner nach und nach wieder verschwanden, sind die Schafe geblieben. In Polting hielt Johannes Riederer von Paar, der Vater von Franz, aus Leidenschaft für die Schafhaltung an den Schafen fest und propagierte: »Schafhaltung hat Zukunft.«

Als dann die Wolle der Schafe zunehmend an Bedeutung verlor und außerdem Traktoren und Maschinen entwickelt wurden, die auch auf unwegsamem Gelände mähen und pflügen konnten, wurden den Schafen weitestgehend ihre Aufgaben genommen.

Anfang der 1970er-Jahre begann die Familie mit der Vermarktung von Lammfleisch. Der Vetter von Franz' Vater entwarf einen Brief und dieser wurde an die »Oberen Zehntausend« in der Umgebung verschickt. Ein halbes Lamm kostete damals 65 D-Mark. Der Rücklauf des Mailings lag bei stolzen 60 Prozent. Was für ein Erfolg!

1971 bezog der Jahrhundertkoch Eckart Witzigmann bereits für das Restaurant Tantris in München Lamm und Wild vom Gutshof Polting. Franz' Vater war lange Jahre Vorsitzender der bayerischen Schafzüchter und er fuhr immer nach München in sein Büro. Auf diesem Weg »belieferte« er bereits die Spitzengastronomie in der bayerischen Hauptstadt mit Lamm und heimischem Wild.

Das Fleisch hatte er zuvor gemeinsam mit seiner Frau sorgsam in Wachspapier eingewickelt und in seinem Kofferraum verstaut, um es anschließend in den Küchen der Spitzengastronomen auszuliefern. So ging das damals noch …

Der Sternekoch Otto Koch, der vielen aus der Sendung »ARD Buffet« bekannt ist, lieferte Mitte der 1970er-Jahre die Initialzündung für die heutige Lammzucht auf dem Gutshof Polting. Otto Koch arbeitete einige Jahre in den Spitzenhäusern der Schweiz und Frankreichs. Als er 1974 nach München zurückkam und das Restaurant Le Gourmet im Münchner Stadtteil Theresienhöhe eröffnete, beklagte er sich bei Franz' Vater, dass er viele Produkte aus Frankreich importieren müsse, weil er die gewünschte Qualität in München nicht bekäme. Die oben angesprochene Initialzündung kam mit seiner Frage: »Warum gibt es bei euch alles nur in Groß? Große Kartoffeln, große Tomaten, große Schafe. Macht's doch mal ein bisschen kleiner und jünger.«

Seitdem wurden bei der Familie Riederer die trächtigen Schafe zu Hause behalten, bis die Lämmer geboren wurden, während der Rest der Herde sich schon auf den Weg Richtung Sommerweide am Tegernsee machte. Die Lämmer wurden in Polting bestens versorgt und dann an die Spitzengastronomie verkauft.

Heute leben 650 Schafe auf dem Hof der Familie Riederer von Paar. Bei meinem Besuch vor Ort durfte ich mir alles anschauen und Franzl erklärte mir, dass die Tiere auf den saftigsten Böden stehen und die besten Kräuter verspeisen. Während wir gemeinsam über die Wiesen spazierten, bückte er sich immer wieder und naschte ein bisschen von den wertvollen Klee- und Kräuterpflanzen, die ganz offensichtlich nicht nur den Schafen schmecken.

»Kindergarten« für die Lämmer

Von den saftigen Wiesen führt unser Weg in die Schafställe. Hier gibt es Einzelboxen, in denen die Mutterschafe mit ihren noch ganz jungen Lämmern für sich allein sein können. Das hat den Vorteil, dass auch schwächere Lämmer gut trinken können und nicht von stärkeren abgedrängt werden. Nach ein paar Tagen kommen die Lämmer dann in sogenannte Kindergärten. Da sind etwa 15 Mutterschafe und die »Kinder« unter sich. Hier werden die Lämmer an das eigene Futter gewöhnt.

Nach acht bis zehn Wochen mit ihren Müttern auf der Weide und im Stall werden sie von den Müttern getrennt und im eigenen Lämmerstall gefüttert. Leonhard erzählt mir, dass es dann mal einen Tag etwas lauter wird wegen des Geblökes, aber dann haben sich die Mütter auch schon daran gewöhnt, dass ihre Jungen jetzt im eigenen Stall versorgt werden.

Wenn dann nach etwa vier Wochen der Tag der Schlachtung kommt, werden die Lämmer zur Metzgerei neben dem Stall gebracht. Von hier trägt der Metzger jedes Lamm einzeln auf seinem Arm in den Schlachtraum, betäubt es auf einem Tisch, und erst dann wird es getötet und geschlachtet. Diese Vorgehensweise erspart den Lämmern nicht den Tod, aber immerhin den Transport quer durch die Republik, den Stress und die damit verbundene Angst, die sie hätten, wenn sie auf einem Schlachthof ankommen würden.

Spätestens jetzt sollte jedem Fleischesser bewusst werden, wie wichtig es ist, den Tieren den nötigen Respekt zu zollen und auch dafür zu sorgen, dass nicht nur der Lammrücken im Fokus des Genusses steht, sondern auch alle anderen schmackhaften Teile dieser Tiere.

Leonhard erzählt mir, dass viele Kunden, auch die (Spitzen-)Köche, immer noch eher einen Lammrücken bestellen als zum Beispiel ein Frikando, bekannt auch als Unterschale. Sie tun das, um ihren Gästen das vermeintlich Beste vom Poltinger Lamm zu servieren. Dabei gibt es doch so viele Teile vom Lamm, die ganz hervorragend schmecken, wenn sie entsprechend gut zubereitet werden. »Nose to Tail« haben wir bei Fergus Henderson gelesen, doch die Praxis ist oftmals »between Nose to Tail«, erwähnt Riederer junior beiläufig.

»*Erst gestern*«, erzählt er mir, »*hat ein junger Mann bei mir angerufen und wollte unbedingt einen Lammrücken bestellen.*« Leonhard hält die Lammrücken aus oben beschriebenen Gründen gerne für die Gastronomie zurück und wollte dem Kunden stattdessen ein Stück Fleisch aus der Oberschale oder der Nuss schmackhaft machen. »*Doch der ließ sich nicht davon abbringen, dass er unbedingt den Rücken braucht. Der junge Mann versprach, beim nächsten Mal etwas anderes zu bestellen, aber jetzt möchte er gerne ein Rezept von Jan Hartwig nachkochen, welches dieser auf Insta gepostet hatte, und dazu braucht er einen Lamm-*

rücken«, schildert mir Leonhard den Verlauf des Telefonates. Der junge Mann bekam seinen Lammrücken und wir schmunzelten über diesen zeitlichen Zufall.

Viele neue Kunden werden erst über die Angebote in der Gastronomie auf das Poltinger Lamm aufmerksam. Entweder weil sie es auf der Speisenkarte gesehen haben oder wie im oben geschilderten Fall in einem Post eines Sternekochs entdecken. Die Gastronomie fungiert damit also als wichtiger Multiplikator.

Aus diesem Grund wünscht sich Franz Riederer, dass die Köche, die sein Fleisch verarbeiten, und die Serviceteams, die dem Gast das Fleisch anbieten, mindestens einmal auf seinen Hof kommen und sich alles genau anschauen und hinterfragen. »*Denn nur dann können sie es dem Gast ordentlich präsentieren und genau erklären, was da aus der Küche kommt*«, stellt er fest. Er fügt augenzwinkernd hinzu: »*Wer schon länger als ein Jahr bei uns Ware bezogen hat und nicht auf unserem Hof war, um zu sehen, wo die Lebensmittel herkommen, bekommt irgendwann keine Ware mehr.*« Das ist natürlich nur Wunschdenken, aber ich kann nachvollziehen, was er damit ausdrücken möchte.

Franz sagt von sich, dass er Geschäfte nur mit den Menschen macht, mit denen er auf Augenhöhe ist und die ihm sympathisch sind. »*Ich kaufe doch auch keine Hose bei einem Verkäufer, den ich nicht mag. Geschäfte machen ist doch so viel mehr, als abends Geld zu zählen.*«

Während ich das so schreibe, erscheint es mir fast ein bisschen arrogant, aber genau das Gegenteil ist der Fall. Franz sagt dazu: »*Wenn du es so machst wie ich, dann hast du da nicht nur einen Kunden sitzen, sondern du hast einen Freund gegenüber. Das ist ein Geben und Nehmen.*«

Immer mittwochs

Dieses Geben und Nehmen findet jeden Mittwoch statt. Dann fährt Franz nämlich nach München und beliefert persönlich jeden Koch und Gastronomen, der bei ihm bestellt hat. Das sind zwischen 35 und 40 Küchen, die er einmal wöchentlich besucht. Dazu gehört selbstverständlich auch das ATELIER.

Franz unterstreicht noch mal den für ihn wesentlichen Aspekt der Zusammenarbeit: »*Ich fahre nicht dahin, um Fleisch abzuliefern, sondern um zu ratschen, damit ich etwas erfahre. Ich habe dann ganz große Ohrwaschln, um Feedback zu hören. Ich sehe es nicht als Kritik, sondern bin froh, wenn ich eine Rückmeldung bekomme. In den Gesprächen entwickeln sich plötzlich auch tolle Ideen, was man noch besser oder anders machen könnte.*«

So freut er sich zum Beispiel über eine positive Rückmeldung von dem Drei-Sterne-Koch Juan Amador aus Wien zu den Poltinger Lamm-Bratwürsten. Franz erzählt: »*Der Amador hat von uns Lamm-Würschtl bekommen und er ist davon ganz begeistert. Aber er wollte noch seinen spanischen geräucherten Paprika da drin haben. Den haben wir jetzt in das Rezept eingebaut und wir freuen uns, mal etwas anders zu machen.*«

Leonhard, der den Betrieb erst vor Kurzem übernommen hat, hofft, dass sein Vater noch lange die Mittwochstouren nach München fährt und somit die Kommunikation zu den Köchen weiterhin pflegt. Das hält ihm den Rücken frei für die Arbeit auf dem Hof. Auch für den Junior steht ganz außer Frage, dass die Gastronomiekunden immer im Mittelpunkt stehen werden. Das war und bleibt das Steckenpferd der Familie.

Für beide, Vater und Sohn, besteht die Kunst der Verbesserung in der Kommunikation. Ganz konkret: im Feedback geben und Feedback nehmen.

Ich frage Leonhard, was er in Zukunft besser machen möchte, und bekomme zur Antwort: »*Besser ist schwierig, weil es wirklich schon gut ist. Der Betrieb hat immer Entwicklungssprünge gemacht und hat sich durch Innovation und Investition zu dem entwickelt, was er heute ist. Besser heißt für mich auf jeden Fall, nicht alles neu zu machen, denn das Grundgerüst ist wirklich gut.*«

Trotzdem beschäftigt er sich natürlich mit der Zukunft und er hat auch bereits Ideen, was er umsetzen kann und möchte. Im Ackerbau bieten sich vielfältige Möglichkeiten. So hat er bereits im vergangenen Jahr, gemeinsam mit einem Freund, erste Erfahrungen mit dem Anbau von Hanf gemacht. Das war noch nicht so erfolgreich, lädt aber zu weiteren Experimenten ein.

Vater und Sohn können sich auch vorstellen, eine eigene kleine Manufaktur zu erschaffen, in der das Fleisch noch weiter veredelt wird – es könnten zum Beispiel Pasteten hergestellt werden oder hochwertige Convenience-Gerichte.

Beschleunigt durch den Lockdown im Frühjahr 2020 wurde ein Online-Shop entwickelt, der dafür sorgen soll, dass der Markt der Privatkunden sukzessive wachsen kann. Während sein Vater sicher ist, dass er auch ohne Social Media den Betrieb weiterführen könnte, weiß Leonhard natürlich, dass er die Digitalisierung vorantreiben muss. So gibt es schon wieder viele Pläne auf dem Gutshof Polting, obwohl gerade alles gut läuft. Doch nur so wird der Fortbestand eines traditionsreichen Familienunternehmens gesichert. Einen solchen Betrieb zu übernehmen, bedeutet für Leonhard auch eine Verantwortung, »*die Heimat zu erhalten*«.

Auch dieses Interview hat mir wieder viel Vergnügen bereitet und ich habe die beiden als herzensgute Gastgeber kennengelernt. Riederer von Paar – eine Familie, die seit mehr als 120 Jahren nachhaltig wirtschaftet und den Tieren und Menschen gleichermaßen den nötigen Respekt entgegenbringt.

So, wie ich mir den Gutshof anschauen durfte, darf das übrigens jeder, der daran interessiert ist, zu wissen, woher sein Essen kommt. Es gibt auch einen kleinen Hofladen vor Ort und wer nicht um die Ecke wohnt, kann über den Online-Shop bestellen.

Vater und Sohn haben gemeinsam folgendes Erfolgsmenü für uns geschrieben:

Das Menü von Vater und Sohn

Horsd'œuvre: Genuss und Lebensfreude bilden bei der Familie Riederer von Paar das Fundament, und deshalb wird es auch direkt zum Einstieg in das Menü serviert.

Vorspeise: Verlässliche Partner und ein gutes Netzwerk sorgen für einen reibungslosen Ablauf, und so können neue Kunden gewonnen werden.

1. Zwischengericht: Gastronomiekunden werden durch den persönlichen und freundschaftlichen Kontakt, den die beiden pflegen, schnell zu »Freunden«.

2. Zwischengericht: Verlässliche Mitarbeiter sind wie in jedem Unternehmen wichtig für den Unternehmenserfolg. Auf dem Gutshof Polting gibt es seit 30 Jahren denselben Schäfer, der mit seinen Kollegen dafür sorgt, dass es der Herde gut geht.

3. Zwischengericht: Wenn sich ein Familienmitglied dafür entscheidet, den Gutshof weiterzuführen, dann erhält er das vollständige Vertrauen seiner Familie.

Hauptgang: Die kontinuierliche Qualität steht für den langfristigen Erfolg. Vater und Sohn betonen, dass sie sich bewusst sind, dass sie 30 Jahre alles richtig machen können und wenn dann ein Fehler passiert, »sind sie raus«.

Dessert: Das Dessert zeigt noch mal, dass es wichtig ist, die Produktvielfalt zu erweitern, aber niemals auf Kosten der Qualität.

Der süße Abschluss: Und zum Schluss ist wichtig, neue Vertriebswege zu erschließen, um auch in Zeiten des Lockdowns gut aufgestellt zu sein. Social Media ist hier die richtige Zutat.

Erfolgsformel und Übung

Jans persönliche Erfolgsformel: Fokussierung erreichen

Fokussierung hat für mich unterschiedliche Facetten und alle helfen mir dabei, erfolgreich zu sein. Ich kann mich auf mich selbst fokussieren und gerate dadurch nicht in Gefahr, einfach nur zu kopieren. Ich kann mich auf einzelne Aufgaben fokussieren und lasse mich durch nichts ablenken. Ich kann mich auf mein Ziel fokussieren und weiß dadurch, welches meine nächsten Schritte sind. Ich habe gelernt, bei meinen Tellern noch mehr zu fokussieren, und erziele dadurch noch bessere Ergebnisse.

Übung

Jan hat in seiner Erfolgsformel unterschiedliche Facetten der Fokussierung angesprochen. Welche wird Ihnen am meisten weiterhelfen? Beleuchten wir sie noch mal einzeln:

Mich auf mich selbst fokussieren, um nicht in Gefahr zu geraten, einfach zu kopieren.

Zu Beginn meiner Selbstständigkeit als Coach und Beraterin bin ich genau in diese Falle getappt. Ich habe immer geschaut, was meine Mitbewerber anbieten und wie sie es bewerben. Jeden Tag hatte ich eine neue Idee. Es hat mich aber keinen Schritt weitergebracht, weil ich am Ende einen Bauchladen für alles hatte und sich niemand mehr so richtig von meinen Angeboten angesprochen gefühlt hat. Mir hat dann die Frage geholfen: Wer ist meine Zielgruppe und warum sollen sich die Menschen für mein Angebot entscheiden?

Auf einzelne Aufgaben fokussieren und mich durch nichts ablenken lassen.

Vielleicht denken Sie jetzt: Was für ein Luxus! Denn das erscheint heute in den meisten Arbeitsbereichen fast unmöglich. Wir sitzen an einer Aufgabe und registrieren aus dem Augenwinkel, dass ein Kollege in der Tür steht, ein kurzes »Piep« signalisiert, dass eine neue Nachricht auf unserem Handy angekommen ist, und auf unserem Bildschirm erscheint ein kleiner Briefumschlag, der uns anzeigt, dass eine weitere Mail im Postfach ist. Wenn wir jetzt nicht ganz klar auf unsere eigentliche Aufgabe fokussiert sind, laufen wir Gefahr, uns zu »verzetteln«. Und da wir nicht wirklich multitaskingfähig sind, kostet uns jede Ablenkung Energie. Diese Energie fehlt uns am Ende des Tages, und wir fühlen uns erschöpft, vielleicht auch frustriert, weil nichts so richtig erledigt ist. Hier helfen eiserne Disziplin und das Setzen von Grenzen. Eine Klientin hat mir erzählt, dass sie sich für ihr Homeoffice ein Absperrband gekauft hat – Sie wissen schon, so ein rot-weißes Plastikband. Das befestigt sie in dem Türrahmen ihres Homeoffices und so weiß jeder in der Familie, dass sie gerade beschäftigt ist und nicht gestört werden möchte. Das ist Ihnen zu krass? Dann finden Sie Ihre persönliche Möglichkeit, um Grenzen zu setzen. Die akustischen und visuellen Signale am Rechner und am Handy können Sie leicht abschalten. Dann brauchen Sie aber auch die Disziplin, nicht immer wieder in den Posteingang oder Chatverlauf zu schauen.

Auf mein Ziel fokussieren und dadurch wissen, welches meine nächsten Schritte sind.

Nehmen Sie sich eines der drei Ziele, die Sie im vorigen Kapitel herausgefiltert haben, und stellen Sie sich bei allem, was Sie tun, die Frage: Bringt mich das meinem Ziel wirklich näher? Mein Tipp: Seien Sie ehrlich zu sich selbst! Und nur wenn es Sie wirklich weiterbringt, investieren Sie Ihre Energie in die damit verbundenen Aufgaben.

5. Kulinarik vor Ertrag – Leidenschaft finden

Wir haben in diesem Buch bisher ausschließlich Menschen kennengelernt, die ihren Beruf mit ganz viel Leidenschaft ausüben. Jeder von ihnen und auch meine weiteren Gesprächspartner haben mir versichert, dass Leidenschaft der vielleicht wichtigste Antrieb bei ihrer täglichen Arbeit ist und dass erst die Leidenschaft ihnen den Erfolg gebracht hat. Allesamt kommen sie aus unterschiedlichsten Berufen und Branchen: Winzer, Hotelmanager, Rennfahrer, Zukunftsforscher, Unternehmensberater, Sternekoch, Philosoph, Journalist, Gastrokritiker ... Allen gemeinsam ist die Leidenschaft für das, was sie täglich tun.

Zugegeben, das sind jetzt keine ganz alltäglichen Berufe, doch Leidenschaft ist keinesfalls branchen-, berufs- oder hierarchieabhängig. Leidenschaft kann und sollte idealerweise jeder von uns in sich tragen, wenn er seiner Arbeit nachgeht. Denn sie hilft uns, durchzuhalten. Häufig macht nicht jede Anforderung gleichermaßen Spaß und Freude, und dennoch ist es wichtig, sie zu erledigen. Bei Jan gibt es zahlreiche Aufgaben, die er als Küchenchef in einem großen Hotel verrichten muss, die nur wenig mit dem Kochen zu tun haben. In Kapitel 2 haben wir einen kleinen Überblick über seine täglichen Aufgaben bekommen. Dazu kommen aber auch noch Meetings, wie Belehrungen zum Brandschutz oder zur neuen Hygieneverordnung. Die sind wichtig, aber machen deutlich weniger Spaß als Kochen. Doch die große Leidenschaft für seine kreative Sterneküche sorgt dafür, dass Jan auch die anderen Aufgaben fast nebenbei erledigt. Wichtig ist für ihn, dass die ungeliebten Pflichtaufgaben keinen zu hohen Stellenwert in seiner täglichen Arbeit einnehmen.

Dass Leidenschaft im Beruf wie ein Turbo wirken kann, beweist auch mein nächster Gesprächspartner, Johannes Schwarz. Über den das Magazin falstaff bereits vor 5 Jahren titelte: »Vom Jungunternehmer und Biobauern zum Lieferanten des FC Bayern München – und das in wenigen Monaten. [...] Warum Schwarz? Was macht er besser? Warum sind seine Tomaten, Artischocken, Bohnen so begehrt, dass sich Sterneköche wie Hans Haas um jede Kiste fast streiten?«

Der Biogärtner antwortet: »Weil ich es mit Leidenschaft mache.«

Ob im Finanzamt, auf dem Bau oder als Altenpfleger – wenn wir das, was wir tun, mit Begeisterung erledigen, dann macht uns der Job nicht nur mehr Spaß, sondern wir werden auf unsere Weise erfolgreich sein.

Was Erfolg bedeutet, muss und kann natürlich jeder nur für sich selbst definieren. Erfolg kann zum Beispiel sein, dass jemand nach einem Acht-Stunden-Tag im Büro nach Hause kommt und sich mit einem guten Buch auf den Liegestuhl im Garten fallen lässt und erst wieder aufsteht, wenn die Sonne untergeht. Wenn genau das sein Ziel war, dann ist dieser Mensch erfolgreich.

Von Jan wissen wir mittlerweile, dass er sich das Ziel gesetzt hat, jeden Tag besser zu werden und insbesondere seine Kochkunst zu steigern. Wenn er dafür dann die begehrte Anerkennung des Guide Michelin erhält, so bedeutet das für ihn Erfolg.

Erfolg hat also nichts mit einem vollen Bankkonto zu tun, zumindest dann nicht, wenn wir es uns nicht als alleiniges Ziel gesetzt haben. Das beweist Johannes Schwarz. Ihm geht es in seinem Beruf nicht um einen maximal möglichen Profit, ihm geht es vielmehr um den Erhalt einer Vielfalt von alten Gemüsearten und damit einhergehend um einen ausgezeichneten Geschmack.

Jan schwärmte mir vor: »*Der Johannes ist ein unglaublich netter Typ, er beliefert mich im ATELIER unter anderem mit Tomaten, die ganz fantastisch schmecken. So etwas bekommst du heute gar nicht mehr, wenn du normal einkaufen gehst.*«

Weiter erzählt er mir von wunderschönen essbaren Blüten, die seine Teller nicht nur schmücken, sondern auch kulinarisch eine echte Bereicherung in seinen Menüs sind. Die Blüten bekommt er ebenfalls von Johannes Schwarz geliefert. Schwarz ist Diplom-Ingenieur (FH) für Gartenbau, ausgebildet an der Hochschule Weihenstephan, so seine offizielle Berufsbezeichnung.

Ich spürte Jans Begeisterung für diesen Menschen und kümmerte mich sofort um einen Interviewtermin. Allerdings zunächst vergeblich, denn ich bekam keine Antwort von ihm. So beschäftigte ich mich vorerst mit meinen anderen Interviews und fragte dann noch mal bei Jan nach, was ich tun könnte, um einen Termin mit dem Biogärtner Johannes Schwarz zu bekommen.

»*Das ist ein total Verrückter, der steckt bestimmt mit seinen Armen bis zum Ellenbogen in der Erde und hat deine Anfrage längst vergessen. Schreib ihn einfach noch mal an, er ist ein wirklich sympathischer Typ*«, ließ ich mir von Jan sagen. Und so kam es dann auch zeitnah zu unserem Interview, leider nur per Videokonferenz, weil wir uns in Deutschland gerade im zweiten Lockdown 2020 befanden. Aber selbst auf dem Bildschirm war für mich zu spüren, wie sympathisch und angenehm mein Gegenüber ist. Zudem wirkte er auf mich absolut entspannt und so plauderten wir mehr als 90 Minuten über Artischocken, Tomaten und über seinen Weg in die Sternegastronomie.

★ ★

Expertengespräch mit Johannes Schwarz

Die Initialzündung für seine heutige Selbstständigkeit war eine Doktorarbeit, auf die er 2004 noch während seines Studiums gestoßen war. Die Dissertation beschäftigte sich mit dem Anbau von Artischocken in Bayern. Man muss wissen, dass die Artischocke eigentlich im Mittelmeerraum beheimatet ist und das beste Klima für Artischocken in der Bretagne ist. Laut Johannes Schwarz ist die Artischocke in Bayern »auf Kante genäht«. Er will damit ausdrücken, dass er auch schon damit »eingegangen« ist. Dennoch bildet die Artischocke für ihn die Grundlage für alles, was er macht. Und so hat er dann irgendwann tausend Artischocken angebaut und musste sehen, wie er sie vermarktet.

Schwarz sagt über sich selbst, dass ihm »Kaltakquise« nicht so liegt, und deshalb hat er den direkten Weg in die Spitzengastronomie eingeschlagen. »*Ich habe mir bewusst gleich das beste Restaurant in München ausgesucht und dachte mir, dass ich immer noch nach unten gehen kann*«, verrät er mir. Das damals beste Restaurant in der bayerischen Hauptstadt war das Tantris mit dem Küchenchef Hans Haas.

Der Küchenchef Hans Haas, ausgezeichnet mit zwei Michelin-Sternen, bekam von Johannes Schwarz eine Kiste Artischocken geschenkt und es dauerte keine Woche, bis die erste Bestellung vom Tantris bei ihm einging. Das war sein Türöffner! Denn von nun an wurde er innerhalb der Spitzengastronomie weiterempfohlen. Zu dieser Zeit arbeitete er noch in einem Hopfenforschungsinstitut in der Hallertau und baute nebenher die wohlschmeckenden Artischocken und alte Tomatensorten an.

2014 konnte er dann eine Gärtnerei pachten und ist seitdem selbstständig. Jetzt kam eins zum anderen. Er konnte von nun an mehr Kunden beliefern, und so kamen Schuhbecks Südtiroler Stuben als erster zusätzlicher Kunde hinzu. Und da Alfons Schuhbeck wiederum die Fußballmannschaft des FC Bayern München bekocht, wurde Schwarz auch Lieferant des erfolgreichen Bundesligisten. Und das ist er bis heute. So etwas sorgt natürlich auch schon mal für mediale Aufmerksamkeit, die ganz sicher nur dem schadet, der sie nicht hat. Mit dieser Bekanntheit hätte er sicher schnell expandieren können, doch das ist überhaupt nicht sein Ziel. »*Ich bin kein Unternehmertyp und möchte klein und langsam wachsen*«, sagt er, als ich ihn nach seinen Plänen frage.

Ich bin sehr erstaunt, als ich höre, dass er nur zwei Mitarbeiter beschäftigt, die dann auch noch jeweils nur eine halbe Stelle ausfüllen. Den Rest macht der Biogärtner ganz allein. Da müssen die Kressen und Kräuter gesät werden, die Pflanzen gepflegt und gegossen, die Tomaten hochgebunden, die Bestellungen angenommen, die Lieferungen zusammengestellt werden und vieles mehr. Und das an mindestens sechs Tagen in der Woche.

An vier Tagen in der Woche wird die Münchener Gastronomie von ihm ganzjährig mit Kräutern, Kressen und Blüten beliefert. Im Sommer, wenn er dann aus dem Vollen schöpfen kann, kommen noch Tomaten, Artischocken, Gurken, Minigemüse, vergessene Wurzelgemüse und besondere Chili-Sorten hinzu. Zwei Tage dieser Tour übernimmt sein Mitarbeiter, doch dienstags und freitags fährt Johannes selbst nach München. So stellt er sicher, dass er den Kontakt zu seinen Kunden hält, denn ihm ist das Feedback der Köche genauso wichtig, wie wir es bereits von dem Schäfer Franz Riederer von Paar gehört haben.

Johannes Schwarz nutzt die Liefertermine auch dazu, immer mal wieder etwas Neues mitzubringen und dann zu sehen, was die Köche daraus zaubern. »*Das klingt dann so: ›Schau mal Jan, ich habe hier was mitgebracht. Magst du mal probieren?‹ So entstehen manchmal auch ganz neue Teller*«, berichtet Johannes aus seiner Erfahrung.

Für ihn beginnt das Kochen bereits mit der Ernte. Wenn er weiß, welche Gerichte aus seinem Gemüse erschaffen werden, dann kann er zum richtigen Zeitpunkt ernten. Als Beispiel nennt er die Größe einer Salatgurke. »*Ich kann sie genau zu dem Zeitpunkt ernten, wenn sie die richtige Größe für das entsprechende Gericht hat. Dann muss sie in der Küche nur noch geschnitten werden und der Koch muss sie nicht noch ausstechen, was er unter Umständen tun müsste, wenn die Gurke zu einem späteren Zeitpunkt von mir geerntet worden wäre.*« Deshalb ist auch für ihn der enge Kontakt zu den Köchen extrem wichtig.

Einer der Münchener Sterneköche kommt mindestens einmal in der Woche zu Johannes in die Gärtnerei und da lernen sie beide voneinander. Es ist Tohru Nakamura. 2013 wurde er mit dem Eckart Witzigmann Nachwuchspreis ausgezeichnet. Später erkochte er sich unter anderem zwei Sterne im Guide Michelin und 19 Punkte im Gault&Millau. Bis Oktober 2020 war Nakamura Küchenchef im Werneckhof by Geisel. Jetzt ist er Küchenchef im SALON rouge, welches zurzeit als Popup-Gourmetrestaurant geführt wird. Johannes und Tohru kennen sich bereits länger, jedoch intensivierte sich die Zusammenarbeit, als Johannes sich mit der Gärtnerei selbstständig machte.

Unter den Spitzenköchen sprach es sich schnell herum, welch gute Qualität in der Gärtnerei Schwarz angebaut und geerntet wird. Johannes erinnert sich, dass Tohru manchmal mit seiner ganzen Küchenmannschaft kam, um sich im Gewächshaus Anregungen für neue Gerichte zu holen. Der Biogärtner hat sich wiederum von den Köchen inspirieren lassen, und so baut er auch Gemüsesorten an, die sich die Gastronomen von ihm wünschen.

Aus dem engen Kontakt mit Tohru entstand schnell die Idee, das Restaurant des Werneckhof im Sommer für ein paar Tage in die Gärtnerei zu holen. »The Garden Table« hieß das Format, welches von 2016 bis 2019 jährlich angeboten wurde und großen Zuspruch erhielt. Jetzt hatten nicht nur die Köche, sondern auch die Gäste die Möglichkeit, zu erleben, dass eine Gurke, die noch sonnenwarm geerntet wird, ganz anders schmeckt als die Gurken, die wir üblicherweise auf dem Markt oder im Supermarkt kaufen können. Ich war leider nie bei einem der »The Garden Table«-Abende dabei, aber ich habe einen Eindruck davon, wie schön es die Gäste hatten, weil ich auf der Internetseite des kulinarischen Magazins Effilee Fotos dazu gefunden habe. Die können auch Sie anschauen, denn den entsprechenden Link finden Sie im Anhang.[22]

Wenn ich vorhin geschrieben habe, dass für Johannes Schwarz das Kochen bereits beim Ernten beginnt, dann ist das nur bedingt richtig, denn es fängt für ihn bereits viel früher an: »*Ich muss erst einmal die richtige Sorte anbauen. Ich bin immer auf der Suche nach der besten Sorte eines Gemüses. Kulinarik geht bei mir immer vor Ertrag. Ich habe lieber eine kleine, feine Ernte mit nur drei Tomaten am Strauch als kiloweise Tomaten, die nicht schmecken.*« Um die jeweils beste Sorte zu finden, probiert er jedes Jahr viele, viele aus und die meisten davon verwirft er gleich wieder, weil sie seinem Qualitätsanspruch nicht genügen.

Wenn wir mal bei der Tomate bleiben, dann hat Johannes Schwarz 30 verschiedene Sorten in seinem Bestand. Da gibt es die fruchtigen, die süßen, die erdigen und welche, die roh überhaupt nicht schmecken, aber die das Zeug für eine köstliche Soße haben.

Zu dem »The Garden Table« hat Johannes sich hingeträumt, verrät er mir, und so frage ich ihn nach weiteren Träumen. Er träumt von einer eigenen Gärtnerei, die er technisch so ausstatten würde, dass er unabhängig vom Wetter gleichbleibend gute Ernten hätte. Außerdem träumt er davon, eine eigene Tomatensorte zu züchten, um der Welt etwas zu hinterlassen. Das ist ein schöner Gedanke, sinniert Johannes: »*Wenn ich die Welt verlasse, habe ich meine eigene Tomatensorte zurückgelassen.*« Seine Kinder sagen heute schon, dass Papas Tomaten die besten sind.

Ich frage den Biogärtner, ob er auch konkrete Ziele hat, damit seine Träume in Erfüllung gehen. Er antwortet mir: »*Ich bin sicher nicht so zielstrebig wie beispielsweise ein Jan Hartwig. Ich bin nicht so der Typ dafür. Dennoch habe ich Ziele, manchmal sogar zu viele.«* Als er mit seiner Gärtnerei gestartet ist, hatte er das Ziel, ein begehrter Lieferant zu werden. Er fügt hinzu: *»Das hatte ich schnell erreicht. Daraufhin sagte mir ein Unternehmensberater: ›Dann war dein Ziel zu klein.‹ Doch ich bin zufrieden mit dem Erfolg, den ich habe. Ich möchte klein bleiben und beste Produkte ziehen.«*

Johannes Schwarz baut beste Produkte für die Münchener Spitzengastronomie an, doch genau diese Produkte könnte er nicht im Handel verkaufen, weil sie keine Zulassung im europäischen Sortenregister haben. Ist das nicht paradox?

Alles, was nicht industrietauglich und rentabel ist, verschwindet vom Lebensmittelmarkt. Und somit verschwindet auch die Vielfalt aus den Gemüseregalen in den Märkten. Mir ist in diesem Interview erst wieder bewusst geworden, dass auch Tomaten Saison haben, nämlich von Mitte Juli bis zum ersten Frost. Bei Spargel und Erdbeeren habe ich das verinnerlicht, wohingegen ich es bei Tomaten glatt vergessen hatte, weil sie überall ganzjährig angeboten werden.

Zu Beginn unseres Interviews habe ich mit Johannes über seine Motivation gesprochen und auch er hat Leidenschaft als Motor genannt. Er definiert es mit Begeisterungsfähigkeit. Allerdings macht er aber auch keinen Hehl daraus, dass bereits das Wort »Leidenschaft« eine gewisse Leidensfähigkeit impliziert. *»Ich habe auch schon viel geweint und man darf sich nicht unterkriegen lassen; es hört sich immer alles so schön an, aber ich habe natürlich auch Selbstzweifel und dennoch das Streben, immer das Beste herauszuholen«*, verrät er mir.

Ich möchte von ihm wissen, wie er sich aus den Selbstzweifeln heraushlt. Johannes lenkt ein, dass die Selbstzweifel nicht unbedingt grabentief sein müssen und dass sie auch durchaus eine Berechtigung haben, denn sie regen dazu an, sich selbst zu reflektieren und auch mal neue Wege zu suchen. Er ergänzt: *»Es hilft auch dabei, nicht ›abzuheben‹, denn sonst passiert es, dass man Fehler macht und nicht mehr mit der nötigen Sorgfalt dabei ist. Das Gute bei Gärtnern ist, dass uns die Natur gnadenlos auf den Boden zurückbringt. Ich lerne am meisten aus Selbstzweifeln und Rückschlägen.«*

Wenn auch Sie diesen sympathischen Gärtner kennenlernen möchten, empfehle ich Ihnen den unterhaltsamen und informativen Film in der Mediathek des BR »Schmidt Max und die Tomate«.[23] Hier können Sie direkt in die Gärtnerei schauen.

Das Menü von Johannes Schwarz

Horsd'œuvre – der gute Handschlag, sinnbildlich gesprochen: Ich darf in den Küchen immer mal was probieren. Außerdem bringe ich auch mal Proben mit und das bringt für alle neue Ideen.

Vorspeise – meine Beratung auch vor Ort: Zum Beispiel dass man Tomaten nicht kühlt oder wie die Kresse am besten gelagert wird. Schließlich sollen ja alle mit dem Produkt auch glücklich sein.

1. Zwischengericht – Kontakte pflegen. Ich höre häufig von meinen Kunden: »Kommst mal essen.« Ich tauche dann richtig in die Welt ein, um auch zu sehen, was sie aus meinen Sachen machen. Die Restaurantbesuche sind für mich auch tatsächlich Recherche. Da kommen mir dann so Ideen wie »Man könnte dieses Lamm auch mal mit Tomatenlack überziehen«. Aus den Restaurantbesuchen ergeben sich für mich hochgradige Luxusprobleme. Wir bestellen fünf Gänge und 19 Gänge kommen aus der Küche.

2. Zwischengericht – eine funktionierende Technik bei mir in der Gärtnerei: Wenn im Winter die Heizung ausfällt, dann ist der Frost eine tödliche Angelegenheit für meine Pflanzen.

3. Zwischengericht – Saatgut und Sorten: Wenn meine Gärtnerei brennen würde, dann wäre alles verloren.

Hauptgang – die Vermarktung: Ich musste lernen, dass im Auto zu sitzen heißt, Geld zu verdienen. Man kann die tollsten Produkte anbauen, wenn man sie nicht verkaufen kann, ist das alles nichts wert.

Dessert – Johannes outet sich: Ich liebe es, wenn ich eine dicke Tranche Fisch essen kann, genauso gerne esse ich Fleisch, Krustentiere und Muscheln. Aber natürlich wünsche ich mir, dass in den Restaurants häufiger mal ein vegetarischer Gang eingeschoben wird. Bei meinen Kunden ist der Prozess schon lange im Gange. Aber bei vielen ist immer noch in den Köpfen: »Nur wenn es viel ist, ist es gut.« Dadurch spielt Gemüse häufig noch die Rolle der Beilage.

Erfolgsformel und Übung

Jans persönliche Erfolgsformel: Leidenschaft finden

Wissen Sie, wofür Sie brennen? Finden Sie es heraus! In diesem Buch werden Sie wertvolle Impulse finden, die Ihnen dabei helfen. Es lohnt sich. Denn Leidenschaft »beflügelt« und hilft Ihnen dabei, die größten Hindernisse zu überwinden.

Übung

Nutzen Sie eine Skala von **1** bis **10** und nehmen Sie sich einen Moment Zeit: Lassen Sie eine typische Arbeitswoche Revue passieren. Mit wie viel Leidenschaft üben Sie Ihren Beruf aus?

1 bedeutet: Ich übe meinen Job mit wenig Leidenschaft aus. 10 bedeutet: Ich übe meinen Job mit ganz viel Leidenschaft aus.

Zeichnen Sie die Skala auf und setzen Sie jetzt an die entsprechende Stelle ein Kreuz. Sind Sie mit diesem Ergebnis zufrieden? Das können nur Sie beurteilen und es gibt kein richtig oder falsch. Sollten Sie nicht zufrieden sein, dann ist jetzt ein guter Zeitpunkt für eine Richtungsänderung.

Überlegen Sie sich außerdem, was Sie tun können, um (wieder) mehr Leidenschaft und Begeisterung in Ihren Berufsalltag zu bringen. Sagen Sie nicht sofort: »Ach, bei mir ist sowieso nichts zu ändern«, sondern werden Sie kreativ in Ihren Gedanken. Vielleicht hilft Ihnen dieser Ansatz: »Ich hätte mehr Leidenschaft in meinem Job, wenn ...« (Hier könnte stehen: »... ich andere Aufgaben hätte«, »... ich in einer anderen Abteilung wäre«, »mehr Homeoffice / weniger Homeoffice möglich wäre«, »mehr Außendienst / weniger Außendienst von mir verlangt würde«, »ich andere Arbeitszeiten hätte«, »ich flexible Arbeitszeiten hätte«, »ich mehr Verantwortung / weniger Verantwortung hätte.«)

Bleiben Sie dran und verändern Sie etwas an Ihrer jetzigen Situation – es lohnt sich!

6. Die Spielverderber – für Ordnung und Struktur sorgen

Wir haben schon gelesen, dass Jan unbedingt mit Spaß zur Arbeit gehen möchte, und das möglichst auch noch in den nächsten 30 Jahren. Diese, ich nenne es mal »gesunde« Haltung überträgt sich positiv auf sein Team und auf das Ergebnis, also das, was letztendlich den Gast erreicht.

Wenn er gefragt wird, warum er so ein guter Koch ist, dann antwortet er gern: *»Weil ich so emotional bin, und wenn ich nicht so emotional und so empathisch wäre, würde ich nicht so gut kochen.«*

Nun bedeutet emotional ja nicht zwangsläufig positiv und so frage ich ihn, was ihm denn auch mal den Spaß verderben kann. *»Wenn Abläufe nicht so rund sind, wie sie sein müssten«*, antwortet er spontan. Ich bekomme eine kleine Anekdote zu hören, über die er heute schmunzeln kann, aber als sie sich zugetragen hat, war er einfach *»böse und enttäuscht«*, wie er jetzt resümiert. Lesen Sie selbst, was damals passiert ist:

»Ich wusste, morgen kommt Dollase und er bekommt DAS (!) Kalbsfilet. Ich hatte extra ein bestimmtes Kalb bestellt und gesagt: ›Legt es bitte gut weg.‹ Am nächsten Tag kam Dollase. Er saß bereits im Restaurant und ich sagte: ›Holt mir das Kalbsfilet!‹ Ich bekam zur Antwort: ›Chef, es ist nicht mehr da.‹ Ich dachte echt, hier spielt sich doch gerade eine Szene mit der ›versteckten Kamera‹ ab. Im Nachhinein stellte sich heraus, dass es versehentlich vom Restaurant Garden genommen wurde und dass daraus Schnitzel geschnitten worden sind. Wie gesagt, heute kann ich schmunzeln, damals ging das nicht.«

Jan beschreibt noch eine Situation, die mir zeigt, wie pedantisch und teilweise schon besessen er ist, wenn er arbeitet. Bei ihm in der Küche gibt es einen Champignonausstecher, der, wie er mir erklärt, perfekt rund ist. Nun legt ihm seine Sous-Chefin Champignonscheiben hin, die nicht mit diesem Ausstecher vorbereitet wurden, sondern mit einem, der ein bisschen krumm ist. Er fragt sie: »*Ist das rund? Nein, ist es nicht. Warum legst du es mir dann hin?*« Und erklärt mir: »*Damit kann ich nicht umgehen, das verdirbt mir den Spaß.*«

Ich vermute, das genau macht den Unterschied aus zwischen einem guten Koch und einem genialen Koch. Oder zwischen einem Hobby-Rennfahrer und einem Rallyeweltmeister, so wie beispielsweise Sébastien Ogier einer ist, von dem wir gleich noch lesen werden (siehe Kapitel 7).

Lassen Sie uns zunächst noch mal zu Jan zurückgehen. Ich habe ihn nicht nur gefragt, was ihm den Spaß verdirbt, sondern auch, was ihm Stress bereitet, und dazu folgende Antwort bekommen:

»*Widrige äußere Umstände sorgen bei mir für Stress. Wenn zum Beispiel im Sommer die Lüftung in der Küche ausfällt oder ein Kühlschrank defekt ist – dann fühle ich mich gestresst. Die Temperaturen steigen dann schnell mal über 50 Grad in der sowieso schon aufgeheizten Küche. Dazu kommt, dass es uns der fehlende Kühlschrank erschwert, Ordnung zu halten. Und dennoch heißt es: ›The show must go on!‹ Keinen Stress habe ich hingegen, wenn am Abend die Bons reinkommen, wenn es viel zu tun gibt.*«

Vermutlich ist es trotzdem Stress, aber er wird von Jan nicht als solcher empfunden, denn Stress wird von uns häufig als Synonym für negative Gedanken und Emotionen genutzt. »Ich bin so gestresst«, sagen wir meist dann, wenn uns alles über den Kopf wächst, wenn alles gerade viel zu viel ist oder wenn wir unter Zeitdruck arbeiten müssen. Stress kann aber auch durchaus positiv sein. Psychologen unterscheiden daher zwischen Eustress (nützlichem Stress) und Disstress (negativem, belastendem Stress). Sie gehen davon aus, dass Eustress unsere Leistungsfähigkeit steigert und immer dann auftritt, wenn wir uns für etwas begeistern. So empfindet es Jan, wenn er in der Küche steht.

Bei dem Gedanken daran gerät er schon fast ins Schwärmen. »*Ich bin happy, wenn ich weiß, dass die Termine für heute gelaufen sind, wenn die Mails gelesen sind und ich in die Küche gehen kann. Dann kann ich noch drei Soßen kochen, einen Steinbutt filetieren und für heute Abend ein Schultersterzel vom Wagyu putzen. Wenn ich das mache, bin ich so entspannt und alles ist so easy. Das ist für mich kein Stress, das mache ich soooo gerne. Das mache ich mit links.«*

Damit es für Jan Eustress bleibt und nicht ins Gegenteil kippt, braucht er unabdingbar Struktur und Ordnung. Und so wie für Jan, kann Ordnung auch für viele von uns ein hilfreiches Tool sein, um negativen Stress zu vermeiden. Ordnung und Struktur erleichtern uns die Arbeit, insbesondere dann, wenn es stressig wird. Wenn alles an seinem gewohnten Platz liegt oder steht, können wir fast automatisch danach greifen. Das gilt nicht nur für die Tätigkeit in einer Hotelküche, sondern für nahezu jeden Arbeitsplatz, egal ob in der analogen oder digitalen Welt. Auch für die Organisation zu Hause hat es seine Gültigkeit.

Für unseren Drei-Sterne-Koch ist es tatsächlich ein wichtiges Tool, um gar nicht erst (negativen) Stress aufkommen zu lassen. In der Küche vom ATELIER hat alles seinen festen Platz: *»Vorne auf dem Posten des Sauciers ist die Butter links. Rechts daneben ist die Zitrone und rechts neben der Zitrone steht der Thymian, und das ist immer so!«*, erklärt mir Jan.

Bei diesem Thema wird er wieder sehr emotional, er zieht den Vergleich zum Spitzensport: *»Ein Christiano Ronaldo kommt doch auch nicht in die Kabine und sucht erst mal sein Trikot, und ein Sebastian Vettel erwartet auch, dass sein Helm sofort griffbereit ist.«*

»Menschen, die mich privat näher kennen, sagen schon immer, dass ich einen Knall habe, denn bei mir zu Hause herrscht auch tadellose Ordnung. Aber es kann doch auch nicht sein, dass in einem Kleiderschrank die Hemden mal so und mal so hängen. Bei mir hängen die Hemden alle mit der Hemdöffnung zu einer Seite und zudem ist mein Kleiderschrank nach Farben sortiert«, lässt Jan mich wissen.

Er bestärkt das Gesagte noch mal vehement: *»Es funktioniert nicht! Nein! Es funktioniert nicht anders!«*

Der ein oder andere unter uns mag sich jetzt denken: Blödsinn, wer Ordnung hält, ist nur zu faul zum Suchen! Oder auch immer wieder gern gehört: Das Genie beherrscht das Chaos! Ob ein Kleiderschrank oder auch ein Bücherregal nach Farben sortiert sein muss, sei mal dahingestellt. Wohingegen die oben beschriebene Ordnung in der Küche sicher unbestritten als Notwendigkeit anerkannt wird, um Abläufe optimal gestalten zu können und um negativen Stress gerade dann zu vermeiden, wenn es drauf ankommt.

Jan erzählt mir, dass er es nicht nur liebt, zu arbeiten, sondern dass er auch total gerne freihat. Aber auch da braucht er Struktur. *»Ich habe so gerne nichts vor«*, sagt er und jeder hat jetzt vielleicht ein Bild im Kopf, wie das aussehen kann. Er fügt schnell hinzu: *»Das heißt aber nicht, dass ich in einer Jogginghose auf der Couch liege. Ich weiß schon, was ich an dem Tag unternehme. Aber ich bin nicht so termingetrieben und getaktet wie an einem Arbeitstag«.*

Struktur kristallisiert sich auch heraus, wenn Jan über Sport spricht. Er hat zweimal in der Woche einen Termin mit einem Personal Trainer. Er sagt: *»Ich nehme mir nicht nur vor, dass ich Fitnesstraining mache, sondern ich bereite es auch vor. Der Termin steht fest und die Sporttasche ist am Tag vorher bereits gepackt – so kommt nichts mehr dazwischen.«* Das hört sich fast nach einem »So schaffst du es, den inneren Schweinehund zu überwinden«-Tipp an, der in vielen Ratgebern zu finden ist. Bei Jan habe ich das Gefühl, dass ihm dieser Schweinehund noch nie begegnet ist. Meine Annahme verstärkt sich, als er mir an einem bitterkalten Wintertag erzählt, dass er während des erneuten Lockdowns regelmäßig an der Isar joggen geht. Dazu muss er sich nach eigenem Bekunden nicht sonderlich überwinden. Es ist für ihn die einzige Alternative zu seinem sonst zweimal wöchentlichen Besuch im Fitnessstudio. Ich weiß nicht, wie es Ihnen geht, aber mein Schweinehund hat in der Zeit, in der mein Studio nicht öffnen durfte, beschlossen, höchstens tägliche Spaziergänge einzuplanen, aber keinesfalls joggen zu gehen.

Expertengespräch mit Sven Elverfeld

Sven Elverfeld, Drei-Sterne-Koch im Restaurant Aqua im Hotel »The Ritz-Carlton« in Wolfsburg und langjähriger Chef und Mentor von Jan, scheint den Schweinehund auch nicht zu kennen. Er kommt gerade von einer Fahrradtour zurück, als wir unser Interview haben. Es ist ein kalter, verregneter Tag im Januar 2021, immer noch Lockdown und wieder ein Interview per Zoom.

Ich freue mich auf das Interview, denn bei allen Gesprächen, die ich bisher mit Jan geführt habe, ging es immer wieder um Sven Elverfeld. Klar, hier war Jan immerhin sieben Jahre tätig und davon fünfeinhalb Jahre als Sous-Chef. Diese Zeit hat ihn sehr geprägt und bis heute verbindet die beiden eine tiefe Freundschaft.

Ursprünglich ist Sven Elverfeld gelernter Konditor. Sein damaliger Ausbilder hatte ihm den Tipp gegeben, noch eine zweite Ausbildung aufzusatteln. Denn, so prognostizierte der Konditormeister, echte Konditoren würden in Zukunft nicht mehr so dringend benötigt, da die Industrie schon durchaus gute Ergebnisse liefert. So absolvierte Elverfeld nach seiner Lehre zum Konditor noch eine Kochlehre und er ging ausschließlich in Küchen, die ihn inhaltlich interessierten.

»Ich habe mir die Köche nach der Küche ausgesucht und nicht nach der Auszeichnung, danach, welche Charakteristik der Küche mich interessiert. Nach der Persönlichkeit des Chefs – was kocht er, wie kocht er, wie denkt er? Und die waren alle sehr verschieden von der Inspiration und von den Einflüssen«, erzählt er mir. Ein Name, der bei ihm immer wieder fällt, ist Dieter Müller. Dieter Müller, früher unter anderem Küchenchef im Restaurant »Schlosshotel Lerbach« in Bergisch Gladbach, ist langjähriger Drei-Sterne-Koch, wurde mehrfach als Koch des Jahres ausgezeichnet und gilt als Wegbereiter des deutschen Küchenwunders. Er ist für Elverfeld das Vorbild, auch wenn es um Menschenführung geht.

»Meine ehemaligen Chefs waren alle sehr verschieden in ihrer Führung, Logistik und in der Größe der Teams. Dieter Müller war sicher der

bekannteste. Zu der Zeit hatte er noch keine Sterne. Ich war bei dem ersten und dem zweiten Stern dabei. Er lebte seine Ideen. Er kam während der Arbeit an die einzelnen Posten und hat die Mitarbeiter involviert. Das ist auf mich übergesprungen. Man nimmt ja nicht nur das Kochen mit, sondern die Philosophie, die Leidenschaft. Dieter Müller ist ein grandioser Koch und ein bemerkenswerter Mensch«, lobt Sven Elverfeld rückblickend seinen damaligen Lehrmeister und heutigen Freund.

Elverfeld selbst ist jetzt bereits seit der Eröffnung der Autostadt Wolfsburg im Jahre 2000 im »The Ritz-Carlton« als Küchenchef im Restaurant Aqua tätig. 2007 fing dann Jan im Restaurant Aqua an. Zu dieser Zeit hatte das Restaurant »erst« zwei Sterne, und während seiner Zeit dort wurde das Restaurant 2009 erstmals mit drei Sternen vom Guide Michelin ausgezeichnet.

Dabei war das gesetzte Ziel von Elverfeld zu Beginn seiner Zeit im Aqua, einen Stern für das Restaurant zu erkochen. Das erreichte er bereits zwei Jahre später. 2002 erhielt er nämlich bereits den ersten Michelin-Stern. Er wollte eine gute, ehrliche und innovative Küche bieten, die sich bis heute aus zahlreichen deutschen Elementen und internationalen Einflüssen aus seinen Lehr- und Wanderjahren zusammensetzt.

Während ich dieses Kapitel über Sven Elverfeld schreibe, werden ihm gerade die drei Michelin-Sterne bereits zum 13. Mal verliehen. Und obwohl er zweifelsfrei ein routinierter Koch ist, frage ich auch ihn, was ihm Stress bereitet in seinem vielfältigen Berufsalltag.

»Zu viele verschiedene Dinge gleichzeitig verrichten zu müssen, bedeutet Stress für mich. Zeit ist für mich der größte Luxus. Ich brauche Zeit und Muße, um über die neuen Gerichte nachzudenken. Dazu muss ich auch mal träumen können, um abzuschalten«, verrät mir Sven Elverfeld.

Gleichzeitig ist ihm bewusst, dass ein Restaurant in einem Hotel auch zahlreiche administrative Aufgaben hat, die erledigt werden müssen. Telefon, E-Mails, Planung, Absprachen mit anderen Abteilungen ... Und auch, wenn er weiß, dass das wichtig und notwendig ist, ist es den noch nicht förderlich für seine Kreativität. Um neue Gerichte zu kreieren, muss er *»wirklich frei sein im Kopf«.*

Mindmap im Kopf

Er erzählte mir, dass er eine Idee für ein Gericht sofort notiert, damit sie nicht mehr verloren geht. Die Idee sei dann aber keinesfalls sofort ein vollständiges Gericht, so führt er weiter aus. »*Da fallen mir ein, zwei Produkte ein und Produkt kann alles sein: Gemüse, Obst, Fleisch, Fisch, Krustentier ... Etwas, was man irgendwo sieht und sofort denkt: ›Mensch, damit könnte ich doch mal ...‹, oder: ›Das könnte ich doch mal damit kombinieren‹, und so geht es dann los. Dann baut sich bei mir eine Mindmap auf, in der ich alles abgespeichert habe – wie so kleine Screens*«, erklärt Sven Elverfeld und bewegt seine Hände zu den einzelnen Verästelungen seiner virtuellen (!) Mindmap.

»*Das Spiel zwischen süß, sauer und salzig ist ein wichtiger Faktor. Dazu kommt die Kombination einzelner Produkte und deren Garmöglichkeiten.*« Und sofort geht es weiter mit seiner Beschreibung der Menü-Entwicklung: »*Ich liebe es, Fisch bzw. Krustentiere mit Fleisch zu kombinieren. Das schreibe ich alles auf und dafür habe ich überall Blöcke liegen, sogar im Auto.*«

Mithilfe der Notizen auf seinen Blöcken beginnt der Küchenchef von Zeit zu Zeit neuartige Zubereitungsarten und neue Menüs zu entwickeln. »*In einem Menü muss es einzelne Gerichte geben, die kräftiger sind. Andere werden dann durch mehr Säure betont oder auch durch Leichtigkeit. Wieder andere sind dafür etwas lauter. Wie im Rockkonzert, da kommt erst eine Ballade und dann folgt der Knaller. Das läuft bei mir alles im Unterbewusstsein ab.*«

Für mich klingt das alles sehr besonders und ich bin überrascht, dass Jan und Sven Elverfeld sich in der Menüentwicklung so ähneln. Doch in dem bereits erwähnten Buch des Ehepaars Wilkesmann gibt es sogar ein eigenes Kapitel »Kochen im Kopf«. Die beiden Soziologen haben in ihren Untersuchungen festgestellt, dass dieses Kochen im Kopf charakteristisch ist für die von ihnen interviewten Spitzenköche.

Elverfeld erklärt mir, dass erst, wenn er weiß, wie das Gericht aussehen soll, er sich ungefähre Skizzen macht. Das kennen wir bereits von Jan, wobei Elverfeld die Skizzen erstellt, wenn es sich um mehrlagige Gerichte handelt – er skizziert sie dann von der Seite. Was das genau bedeutet, erklärt er so: »*Wenn es mehrere Lagen sind, dann skizziere ich von der Seite. Nehmen wir als Beispiel einen Teller mit Seezunge, darauf kommt brauner Butterschaum, auf den Butterschaum kommt Spinat, anschließend lege ich einen Kalbskopf obendrauf oder einen Schweinebauch schön abgeflämmt und ganz oben drapieren wir einen Spätburgunderschaum.*« Na, haben Sie jetzt ein Bild im Kopf?

Elverfeld betont noch einmal, dass es nicht detailliert ist, sondern wirklich nur eine Skizze. Wenn die Skizze erstellt ist, bespricht er sich mit seinem Sous-Chef und fragt ihn nach seiner Meinung und seinen Ideen dazu. Anschließend geht es weiter mit dem gesamten Team. Der Küchenchef vom »Aqua« nennt es »Ping-Pong-Interview«, gemeint ist damit: »*Ich frage mein gesamtes Team, bestehend aus acht bis neun Köchen, wie wir es ausprobieren wollen. Jetzt kann jeder seine Ideen einbringen und die werden auch alle ausprobiert. Je länger jemand im Team ist, desto besser weiß er/sie natürlich auch, wie meine Denkweise ist. Und dann geht es ans Austesten. Jeder bekommt seinen Part erklärt und jetzt heißt es: Morgen versuchen wir mal einen ersten Probeteller. Es kann drei Wochen dauern, bis der Probeteller so weit ist, dass er ins Menü aufgenommen werden kann, es kann aber auch schon nach drei Tagen so weit sein.*«

Elverfeld ist es wichtig, dass sich jeder im Team für die Arbeit des anderen interessiert, dass einer den anderen fragt: »Was machst du denn heute?«

Während ich ihm zuhöre, frage ich mich, welche Fehlerkultur es in seiner Küche wohl gibt, und stelle ihm ganz direkt die Frage, wie er mit Fehlern umgeht. Elverfeld antwortet prompt mit einer Gegenfrage. Er will wissen, ob es wirklich ein Fehler ist oder ein dummer Zufall, wenn etwas schiefgeht. »*Denn wenn ich vergesse, etwas zu bestellen, dann ist es ein Fehler. Wenn ich etwas versalze, ist es auch ein Fehler, und der noch größere Fehler ist, wenn ich nicht mehr probiere/abschmecke, um den Fehler zu erkennen.*«

Versalzen ist für den Küchenchef also okay, denn das kann passieren. Es aber noch auf dem Teller anzurichten, bezeichnet er als vorsätzlich. »*Fehler machen ist menschlich und verzeihlich, aber sie müssen behoben werden, bevor etwas die Küche verlässt. Es sind alles junge Men-*

schen in meiner Küche und die müssen Erfahrungen sammeln. Dazu gehören auch Niederlagen. Wichtig ist, dass sie Fehler erkennen und vor allem nicht versuchen, sie zu vertuschen, sondern dazu zu stehen«, so Elverfeld.

Der Küchenchef erwartet von jedem in seinem Team, dass sie, sobald sie einen Fehler bemerken, den Prozess sofort stoppen. »*Stopp, halt, ich habe was falsch gemacht zu sagen, ist dann die richtige Vorgehensweise. Das funktioniert aber nur, wenn ich zu meiner Mannschaft stehe und einen frühzeitig erkannten Fehler akzeptiere*«, resümiert der Küchenchef des Aqua.

Es gibt zahlreiche Geschichten, in denen aus Fehlern etwas Großartiges wurde. Nehmen wir als Beispiel die Tarte Tatin, einen auf dem Kopf gebackenen Apfelkuchen. Der Legende nach ist dieser traditionelle französische Kuchen aus einem Malheur entstanden und begann dann zunächst seinen Siegeszug durch die Gastronomie Frankreichs. Heute ist die Tarte tartin mindestens in ganz Europa bekannt.

Ist es das, was Elverfeld weiter oben als »dummen Zufall« bezeichnet? Er erinnert sich an kein spezielles Gericht, was aus so einem Zufall in seiner Küche entstanden ist, und dennoch gibt es auch in seiner Küche diese Fehler, die dann zu etwas Neuem führen. »*Zum Beispiel kann es passieren, dass man etwas anbrät, die Gewürze stehen schon bereit, und dann löscht man es mit dem Falschen ab. Zu spät. Man kann es nicht mehr ändern. Jetzt ergibt es ein Geschmacksbild, was völlig anders ist, aber vielleicht trotzdem gut. Dann muss ich zwar das ursprüngliche Gericht noch mal neu beginnen, aber ich notiere mir das neue Geschmacksbild und heb es mir als Idee auf. Dann kann ich es zu einem späteren Zeitpunkt sogar bewusst übernehmen und daraus neue Ideen ableiten.*«

Fassen wir noch mal zusammen: Wenn Fehler gemacht werden, ist es wichtig, dass sie zugegeben werden. Unter Umständen muss dann auch die ganze »Maschinerie« noch mal angehalten werden und Prozesse müssen wiederholt werden, damit der Gast den perfekten Teller serviert bekommt. »*Chef, tut mir leid, ich habe den Fisch zu lange gegart, wir müssen noch mal anfangen*«, ist die richtige Vorgehensweise in den Augen von Sven Elverfeld.

Voraussetzung für diese Fehlerkultur ist eine vertrauensvolle und wertschätzende Atmosphäre, in der man sich traut, Fehler zuzugeben. Und das gilt für alle Branchen.

»We are Ladies and Gentlemen serving Ladies and Gentlemen«

Elverfeld hat gelernt, dass Kritik sehr unterschiedlich aufgenommen wird. »*Ich habe im ›The Ritz-Carlton‹ in Dubai gearbeitet, und dort war mein Team aus unterschiedlichen Nationalitäten zusammengesetzt. Schnell habe ich bemerkt, dass ich ein und dieselbe Kritik geben kann und dass sie individuell völlig anders aufgenommen wird. Also muss ich immer überlegen: Wie bringe ich diese Kritik an? In welcher Tonlage? Vor der Gruppe oder allein in einem Vieraugengespräch?*«

Elverfeld geht es bei dieser Überlegung nur um eines: »*Wie nimmt der Mitarbeiter es an und wie lernt er am meisten daraus? Nur dann erreiche ich, dass es verinnerlicht wird und die Fehler nicht wiederholt werden.*«

Bei genauerer Betrachtung ist es eine absolute Win-win-Situation. Der Mitarbeiter erhält respektvolles Feedback und kann daran wachsen, während der Gast ein tadelloses Produkt erhält. Aus meiner Sicht passt es zu dem, was sich Horst Schulze auf seine Fahnen schrieb, als er 1983 die Hotelkette »The Ritz-Carlton« gründete. Ihm wird nachgesagt, dass er den Satz »We are Ladies and Gentlemen serving Ladies and Gentlemen« (»Wir sind Damen und Herren und dienen Damen und Herren«) prägte. Dieser Satz ist mittlerweile in jedem Hotelfachbuch zu finden.

Für mich impliziert dieser Satz, dass jeder Mitarbeiter bei »The Ritz-Carlton« mit dem Gast auf Augenhöhe ist. Für Horst Schulze sind alle Menschen gleich, das ergibt sich aus seinem christlichen Glauben. Auf der Website des christlichen Medienmagazins pro ist über Schulze zu lesen: »*Daraus leitet sich auch ab, wie er mit seinen Gästen umgeht: ›Wenn ein Gast kommt, behandele den Gast, als ob es Jesus selbst wäre.‹ Diesen Leitsatz des heiligen Benedikt hat sich Schulze zu eigen gemacht. Er findet: ›Das ist Service.‹*«[24]

Erinnern Sie sich an den Exkurs mit dem Hotelier Bodo Janssen, der in Kapitel 2 dieses Buches zu Wort gekommen ist? Auch Janssen nutzt für sich die Regel Benedikts als Kompass für seine Arbeit. Beide Unternehmer, Horst Schulze und Bodo Janssen, sind wie Sven Elverfeld davon überzeugt, dass Mitarbeiter, die Verantwortung übernehmen dürfen und wertgeschätzt werden, nicht nur glücklicher sind, sondern auch bessere Arbeit leisten. Sie werden mir sicher zustimmen, dass dieser Ansatz nicht wirklich neu ist und auch branchenunabhängig. Gleichwohl wird er in vielen Unternehmen noch immer nicht stringent gelebt.

Die Grundsätze hat Sven Elverfeld für uns in diesem Menü zusammengefasst:

Das Sven-Elverfeld-Menü

Amuse-Bouche: Offenheit und Wissbegierde mit dem Mut, alles auszuprobieren.

Horsd'œuvre: Eine fundierte Ausbildung mit Herzblut, Leidenschaft und Liebe zum Beruf gepaart mit der Fähigkeit, dies mit seinem Privatleben zu vereinbaren.

Hauptgang: Ein offenherziger Teamspirit auf Augenhöhe und ein gesundes Involvieren eines jeden Mitarbeiters.

Dessert: Dankbar und zufrieden mit Freude in den Feierabend zu gehen mit der Gewissheit, Menschen glücklich gemacht zu haben.

Erfolgsformel und Übung

Jans persönliche Erfolgsformel:
Für Ordnung und Struktur sorgen

Für mich ist es fundamental wichtig, dass meine Umgebung strukturiert, sauber und ordentlich ist – essenziell für (m)eine Küche, aber auch für alle meine Lebensbereiche. Es macht meinen Kopf frei, spart Energie und erleichtert mir so die Arbeit.

Übung

Wenn es bei Ihnen bisher anders ist, nehmen Sie sich doch einfach mal einen kleinen Bereich (Kühlschrank, Auto, Schreibtisch, Badezimmer, Kleiderschrank, Bücherregal …), den Sie erst einmal nur für eine Woche tipptopp in Ordnung halten. Und schauen Sie, was passiert!

7. Eigene Werte – Selbstreflexion anwenden

Im vorherigen Kapitel haben wir gelesen, dass ein wertschätzender Umgang miteinander dafür verantwortlich ist, dass die Motivation und die Arbeitsleistung eines Teams gesteigert werden. Das hört sich so selbstverständlich an und doch ist es gar nicht so einfach, denn woher weiß ich überhaupt, welche Werte meine Mitarbeiter haben?

Es gibt verschiedene Methoden, das herauszufinden. Eine davon hat Frank Rebmann, den ich ebenfalls für dieses Buch interviewt habe (siehe Kapitel 12), für sich kreiert. Der Geschäftsführer des Stuttgarter Trainingsinstituts Stärkentrainer GmbH misst diesem Thema eine große Bedeutung zu und so hat er für seine Trainings und Coachings spezielle Wertekärtchen entwickelt. Jeder Teilnehmer erhält von ihm einen kleinen Kartenstapel. Es sind mehr als 30 Kärtchen und jede Karte enthält einen Wert, zum Beispiel Loyalität oder Risikobereitschaft. Während Loyalität ein zwischenmenschlicher Wert ist, ist die Risikobereitschaft ein sehr persönlicher Wert.

Ziel ist es, dass sich die Seminarteilnehmer bewusst machen, welche Werte für sie unumstößlich sind. Dazu müssen sie in mehreren Schritten ihre zwei wichtigsten Werte mithilfe der Karten extrahieren. Das Ergebnis ist manchmal bereits der Augenöffner, der dazu führt, dass erkannt wird, warum es vielleicht zwischen Mitarbeitern und Vorgesetzten häufig zu Reibereien kommt.

Dazu ein Beispiel: Stellen Sie sich vor, Ihr größter Wert wäre Familie und Ihr Vorgesetzter kommt permanent kurz vor Feierabend und bürdet Ihnen noch eine Aufgabe auf. Dann ärgern Sie sich vordergründig vielleicht, weil Sie denken: »Ich habe heute schon genug gearbeitet«, tief in Ihrem Inneren jedoch ärgern Sie sich, weil Sie in Gedanken bereits bei Ihrer Familie sind und jetzt gerne dort wären. In diesem Fall würde Ihr Chef permanent gegen einen Ihrer größten Werte verstoßen.

Neben den zwischenmenschlichen und persönlichen Werten gibt es auch noch übergeordnete Werte, nennen wir sie Meta-Werte. Das sind Werte wie Integrität und Engagement.

Ich habe Jan diese Wertekärtchen gegeben und er sollte für sich zunächst sechs Werte auswählen, die er in seinem Leben für unverzichtbar hält.

Seine sechs Werte, die er herausgefiltert hat, sind die folgenden:

Im nächsten Schritt musste er von diesen sechs Werten zwei zur Seite legen, sodass noch vier Wertekarten vor ihm lagen, und in einem letzten Schritt musste er sich von zwei weiteren Werten »verabschieden«. Am Schluss blieben dann noch zwei Kärtchen übrig. Diese beiden Werte bilden, zumindest momentan, die Basis für Jans Leben. Selbstverständlich können sich diese Werte auch noch mal verändern und sich der aktuellen Lebenssituation anpassen.

Was denken Sie, welche Werte bei ihm übrig geblieben sind? Ich verrate es Ihnen – es blieben Erfolg und Familie übrig und Jan erklärt mir auch sofort, warum er sich so entschieden hat: *»Ein erfolgreicher Mensch ist immer zielstrebig und immer verantwortungsbewusst. Er hat eine gewisse Freiheit im Kopf, um seine Kreativität ausleben zu können. Ehrlichkeit und Vertrauen sind hingegen wichtige Voraussetzun-*

gen, um transparent und authentisch sein zu können.« Für den Drei-Sterne-Koch ist jedoch klar, dass über dem Erfolg noch etwas anderes stehen muss, und das ist für ihn eindeutig die Familie. Wobei der Begriff Familie auch seine guten Freunde einbezieht.

Nun haben wir vorhin bereits gehört, dass es sinnvoll ist, wenn Menschen, die miteinander arbeiten, auch möglichst ähnliche Werte haben. So habe ich auch Nathalie Leblond nach ihren Werten gefragt. Sie erinnern sich, sie war zu dieser Zeit eine der beiden Sous-Chefs von Jan. Mit dem gleichen Prozedere wie oben beschrieben hat Nathalie ihre Werte ermittelt, die die Basis für ihr Leben bilden. Mich verblüfft die Übereinstimmung ihrer Werte mit denen ihres Chefs. Schauen Sie selbst, was sich bei ihr herauskristallisiert hat.

Bei vier von sechs Werten gibt es eine Übereinstimmung und die anderen beiden sind sich sehr ähnlich. Während Jan sich für Freiheit entschieden hat, ist es für seine Sous-Chefin die Leidenschaft, und was bei ihr Vertrauen heißt, ist für Jan die Ehrlichkeit. Am Ende bleiben bei ihr die Werte Loyalität und Familie stehen. Auch Nathalie hat mir direkt eine Erklärung dafür gegeben, warum sie sich so entschieden hat. Sie sagt: *»Loyalität bringen nur wenige Menschen mit, aber genau dadurch entsteht eine vertrauensvolle Zusammenarbeit, die letztlich zum Erfolg führt.«* Zu dem Wert Familie ist ihr Statement: *»Familie kann man nicht kaufen und ich habe eine sehr enge Verbindung zu meiner Familie.«* Und fügt noch schnell augenzwinkernd hinzu: *»Auch wenn ich bei kaum einer Familienfeier dabei sein kann.«* Ihre Familie stehe hinter ihr, weil sie spüren würde, dass sie ihren Beruf mit Leidenschaft ausübt, so Nathalie Leblond.

Die zweite Reihe muss nichts Schlechtes sein

Von Jan haben wir schon ausführlich gehört, dass er irgendwann nicht mehr »nur« in der zweiten Reihe stehen wollte und er sich deshalb aus dem Aqua verabschiedet hat. Ich habe Nathalie gefragt, ob es sie stört, dass sie in der »zweiten Reihe« steht und ob sie vielleicht ähnliche Pläne hat, wie Jan sie 2014 hatte. Während ich die Frage stelle, schüttelt sie bereits den Kopf und lässt mich wissen, dass sie die »zweite Reihe« gar nicht negativ sieht, sondern dass sie stolz darauf ist, mit Jan arbeiten zu können. Wir erinnern uns, sie wollte von dem Besten lernen und das ist für sie im ATELIER möglich, auch wenn es auf dem Weg dorthin den ein oder anderen Stolperstein gab. Sie verrät mir: *»Jan ist sehr komplex. Er weiß genau, was er möchte, aber es fehlt ihm manchmal die Zeit, das so zu erklären, dass ich weiß, was er erwartet. Doch mittlerweile haben wir einen guten Weg gefunden – nämlich viel miteinander sprechen.«*

Ich habe sie auch nach den Stärken und Schwächen ihres Chefs gefragt, um sie später mit seinen eigenen Angaben abzugleichen. Und auch hier gibt es eine verblüffende Übereinstimmung zwischen Jans Selbst- und Fremdbild.

Als größte Schwäche bezeichnet Nathalie Jans Ungeduld. Während die Sous-Chefin weiß, dass manche Dinge einfach Geduld benötigen, will ihr Chef vielfach nicht warten müssen, insbesondere wenn er gerade eine Idee im Kopf hat, die er gerne ausprobieren möchte. *»Vor allem wenn es um Dinge geht, die die Natur zurzeit nicht produziert und ich sie einfach nirgendwo bestellen kann, hinterfragt er schon sehr kritisch, ob es nicht doch eine Möglichkeit gibt«*, so Nathalie. Sie versucht auch direkt eine Erklärung für seine Ungeduld zu finden: *»Vielleicht liegt es daran, dass er schon so erfolgsverwöhnt ist und er es nicht mehr unbedingt gewohnt ist, etwas nicht zu bekommen. Und dann ist er extrem frustriert.«*

Jan und Nathalie wurden von mir völlig unabhängig voneinander befragt und von Jan habe ich auf meine Frage, was denn seine größte

Schwäche sei, zur Antwort bekommen: »*Ungeduld, Ungeduld, Ungeduld!*« Er liefert auch direkt ein Beispiel dazu, welches sich mit den Worten seiner Sous-Chefin hundertprozentig deckt: »*Ich hatte ein Rezept mit Bärlauch im Kopf und ich wusste eigentlich bereits, dass ich im Moment keinen Bärlauch bestellen kann, trotzdem habe ich zwei Leute losgeschickt, um ihn vielleicht doch noch zu bekommen.*«

Ich frage ihn ein bisschen provokant, ob er schon mal etwas von Vorfreude gehört hat. Da strahlt er mich an und legt los. »*Na hör mal, Vorfreude ist mega! Aber bezogen auf Urlaub oder ein gutes Essen, einen Abend mit der Familie, auf Theresa ..., aber doch nicht auf Bärlauch*«, schließt er den Satz und er lacht mich fast aus.

Immer am Limit

Zurück zu Nathalie – ich frage sie, welche Stärken sie ihrem Chef zuordnet, und sie formt den schönen Satz: »*Er ist ein absolutes Genie in seinem Tun!*« Sie liefert mir dafür auch gleich ein konkretes Beispiel: »*Jan isst gerne und er geht gerne essen. Die Teller, die er serviert bekommt, sind nicht unbedingt eins zu eins die Ideengeber für seine nächsten Gerichte. Aber er hat ein außerordentlich großes Talent darin, einen Geschmack auf der Zunge zu haben, der ihn an irgendwas erinnert und der ihn dadurch zu neuen Gerichten anregt. Und er hat Visionen*«, fügt sie hinzu. »*Wir fangen manchmal bei einem Apfel an und landen bei der Puntarelle*, weil es so aus ihm heraussprudelt. Ein Gericht ist immer ein Prozess und Jan ist immer am Limit.*«

Mich erinnert diese Beschreibung an die Mindmap, von der Sven Elverfeld uns erzählt hat, erinnern Sie sich? Elverfeld sieht etwas und kann sich sofort vorstellen, wie es schmeckt, wenn man es zum Beispiel pickelt oder fermentiert.

Aber zurück zu Jan. Nathalie weiß, dass Jan unglaublich fokussiert ist, und zudem ist er humorvoll und lustig. So verwundert es nicht, dass

---

* Puntarelle ist ein italienischer Chicorée, verwandt mit dem Löwenzahn und in Deutschland auch Vulkanspargel genannt.

seine Sous-Chefin gerne Zeit mit ihm verbringt und jeden Tag dazulernt.

Sie wollte bereits im Alter von drei Jahren Köchin werden und so lernte sie zunächst Hauswirtschaft und machte dann eine Kochlehre. Auch ihr geht es nicht um Anerkennung von anderen, sondern um Bestätigung für sich selbst. Sie nahm und nimmt an Wettbewerben teil und will, genau wie Jan, als Sieger hervorgehen.

★ ★

Expertengespräch mit Sébastien Ogier

»Immer am Limit« ist auch der siebenfache Rallyeweltmeister Sébastien Ogier. Auch er hat den festen Willen, stets als Sieger aus einem Wettbewerb zu gehen. In einem Interview mit ihm und seiner Frau, der deutschen Fernsehmoderatorin Andrea Kaiser, sprachen wir über seine Rennen, seine Motivation und seine mentale Stärke. Sicher ist es nicht überraschend und dennoch interessant, dass sich im Denken und Tun des Rallyeweltmeisters und des Drei-Sterne-Kochs zahlreiche Parallelen zeigen. Schauen wir uns das mal genauer an.

Sébastien Ogier stammt aus Gap, der Ort liegt etwa 150 Kilometer nördlich von Aix-en-Provence. Er war bereits gelernter Skilehrer, parallel träumte er jedoch schon lange den Traum, ein erfolgreicher Rallyefahrer zu werden. Kein Wunder, denn die berühmte Rallye Monte Carlo verlief durch seinen Heimatort – es war die erste Rallye, die er bereits als Kind gesehen hatte. Ogier erzählt mir: »*Ich habe immer große Augen beim Zusehen bekommen und wollte es unbedingt machen. Aber im Inneren hatte ich immer das Gefühl, dass es etwas Unerreichbares für mich sein wird und ich nie eine Chance bekommen würde. Ich komme aus einer bescheidenen Familie und meine Eltern hätten es sich niemals leisten können, ein Rennauto zu kaufen. Selbst Kartfahren war nicht möglich, deshalb sah es so unerreichbar aus. Aber irgendwie habe ich meinen Weg gefunden. Ich glaube aber auch, dass es gut ist, aus einer solchen Umgebung zu kommen. Es gibt dir etwas mehr Biss, als wenn du so eine Chance viel leichter bekommst.*«

Die Chance, doch noch Rennfahrer zu werden, erkannte Ogier, als vom französischen Förderverband FFSA (vergleichbar mit dem ADAC-Nachwuchsförderprojekt) eine Rallye ausgetragen wurde, bei der nachkommende Rallyetalente gesucht wurden. Ogier nutzte diese Chance und gewann die Auswahl. Er erinnert sich heute noch, dass es der stressigste Wettbewerb war, den er je in seinem Leben hatte. »*Denn ich wusste, dass es mein Zugangsticket zum Motorsport sein würde. Wenn ich das nicht gewinnen würde, würde ich vermutlich nie wieder eine Chance bekommen. Ich stand so unter Druck, als ich dort teilnahm! Das Event ging zwei Tage lang und dazwischen habe ich nachts kaum eine Stunde geschlafen, weil ich so angespannt und nervös war. Aber ich hatte schon immer den Vorteil, dass, wenn ich unter Druck stehe oder aufgeregt bin, meine Leistung sogar noch besser ist. Weil ich es so unbedingt wollte!*«

Von Jan wissen wir bereits, dass für ihn der erste Stern gefühlsmäßig genauso überwältigend war wie später der dritte Stern.

Sébastien Ogier stelle ich auch die Frage, ob der erste Sieg einer Weltmeisterschaft der Lieblingsmoment innerhalb seiner Rallyekarriere ist. Als Antwort bekomme ich Folgendes zu hören: »*Das ist immer eine schwierige Frage, denn es war natürlich ein besonderer Moment in meiner Karriere, aber da sind so viele. Und da ist noch so vieles, was noch kommt, solange ich im Wettbewerb stehe. Deshalb hoffe ich, dass noch sehr viele starke und intensive Momente auf mich warten.*«

Ich bohre noch etwas nach und konfrontiere ihn mit einer Aussage, die ich in einer Berichterstattung über ihn im Internet gefunden hatte. Da war zu lesen, dass ihn angeblich der nächste Titel nicht glücklicher machen würde. Stimmt das, frage ich ihn?

»*Es ist nicht wahr, dass es mich nicht glücklicher machen würde, doch ich glaube, der wichtigste Titel im Sport ist tatsächlich der erste. Wenn du das erste Mal Weltmeister wirst und das Ziel erreichst, von dem du schon so lange geträumt hast, dann ist es das Beste, was du im Sport erreichen kannst. Aber natürlich habe ich eine Gewinnermentalität. Ich war schon als Kind ein schlechter Verlierer, und solange ich noch im Wettbewerb stehe, möchte ich Leistung erbringen. Man kann also nicht sagen, dass mich der nächste Titel nicht glücklicher macht. Natürlich* macht es mich glücklich, wenn ich gewinne, und man möchte ja auch immer mehr. Aber die Wahrheit ist, dass es meinen Status nicht so ändern wird wie die anfänglichen Siege.«

Diese Erkenntnis des Rennfahrers Ogier deckt sich mit der unseres Drei-Sterne-Kochs. Auch Jan ist sich bewusst, dass es für ihn großartig ist, den dritten Stern weiterhin zu verteidigen. Dennoch ist es lange nicht mehr so richtungsweisend, wie es noch zu Beginn seiner Karriere war, als es vor allem darum ging, den ersten eigenen Stern verliehen zu bekommen.

Weitere Gemeinsamkeiten der beiden Profis entdecke ich, als Sébastien Ogier mir erzählt, dass er, sobald er den Helm aufsetzt und in sein Rallye-Auto steigt, alles um sich herum vergisst. Seine Frau kreidet ihm das ein bisschen an, aber er sagt sehr bestimmt: »*Es ist halt so. Entweder machst du diesen Job hundertprozentig oder du solltest ihn lieber gar nicht machen. Dafür braucht man sehr viel Konzentration und es gibt einfach keinen Platz, um über irgendetwas anderes nachzudenken, wenn du im Rennmodus bist.*«

Ich frage ihn, ob er als Profifahrer einen Mental-Coach an seiner Seite hat, der ihm zum Beispiel beibringt, wie er sich zu Beginn der Rallye fokussieren kann. Zu meiner Überraschung höre ich, dass das im Rennsport nicht üblich ist. Und dennoch wird das richtige Mindset trainiert, verrät mir mein Gesprächspartner Sébastien Ogier: »*Ich hatte nie ein richtiges Training dafür, aber es war immer mit meinem körperlichen Training verknüpft. So hatte ich schon früh in meiner Karriere in Frankreich einen Trainer, der mich in allen Bereichen unterstützt hat. Wir haben nicht nur an der körperlichen Fitness gearbeitet, sondern auch an Konzentration, Reflexen und Multitasking, was besonders wichtig ist. Denn wenn man Rallye fährt, muss man mehrere Sachen gleichzeitig wahrnehmen können: das, was man vor sich sieht, dann die Signale, die man vom Auto bekommt und am Körper spürt, und die Informationen, die der Co-Pilot einem gibt. Damit kannst du visualisieren, was vor dir liegt und was als Nächstes kommt. Aus diesen drei Informationen musst du dann das Beste machen und eine Entscheidung treffen. Daran haben wir also schon früh gearbeitet und das Gehirn unter Stress gesetzt, um bestmöglich auf die Situationen vorbereitet zu sein. Letztlich gab es also* kein reines Mental-Coaching. Aber wir haben dennoch kontinuierlich an der mentalen Fitness gearbeitet.«

Der Unterschied beginnt im Kopf

Die Frage nach dem mentalen Training habe ich auch Jan gestellt und auch er hat mir geantwortet, dass er zwar über eine mentale Stärke verfügt, aber keine Mental-Techniken anwendet. *»Ich bin überzeugt, dass ich eine gute mentale Stärke habe. Es muss ja einen Grund haben, warum ich da bin, wo ich bin. Ich bin stark genug, um mein Team zu motivieren. Ich kann auch nachts schlafen, obwohl ich weiß, dass ein Tester da war. Und ich bin in der Lage, vor vielen Menschen zu sprechen und vor Fernsehkameras zu stehen.«*

Das klingt jetzt so einfach. Doch Jan ist bewusst, dass auch das ein Reifeprozess ist: *»Ich werde jeden Tag sicherer, wie auch ein Geigenspieler jeden Tag sicherer wird.«*

Wenn ich schon einen siebenfachen Weltmeister vor mir sitzen habe, möchte ich gerne wissen, was einen guten Rennfahrer von einem großartigen Rennfahrer unterscheidet?

Seine Antwort kommt schnell: *»Ich glaube, der Unterschied beginnt im Kopf, er liegt im Denken. Es gibt viele Menschen auf der Welt, die sehr schnell fahren können. Aber die Schwierigkeit ist dann die, schnell zu fahren, dabei keine Fehler zu machen und im Grunde auf der Straße zu bleiben. Wir Rennfahrer müssen also während des Fahrens das Risiko einschätzen und uns Situationen anpassen. Beim Rallyefahren ist jede Kurve anders und du musst immer darauf vorbereitet sein, was kommt. Ich würde also sagen, man muss schon intelligent sein – damit meine ich aber nicht, dass alle anderen dumm sind. Aber man muss jederzeit clever bleiben. Denn wenn du im Rennmodus bist, das Adrenalin beim schnellen Fahren spürst, dann ist das sehr aufregend und du möchtest immer am absoluten Limit sein, um das starke Gefühl zu behalten. Aber du brauchst die Fähigkeit, den Moment richtig einzuschätzen und ein bisschen Spielraum zu lassen, um schlussendlich weniger Fehler zu machen als die anderen und besser als sie zu sein. Darüber hinaus muss man aber auch selbstkritisch sein, um besser zu werden, und niemals* *glauben, dass man schon das Maximale erreicht hat und sich nicht mehr steigern kann.«* Da sind wir wieder bei dem Credo: Heute besser sein als gestern und morgen besser sein als heute.

Sébastien Ogier glaubte immer schon fest daran, dass er es schaffen kann, der Beste zu sein. Wir erinnern uns, dass auch Jan immer schon davon überzeugt war, dass er es aufgrund seiner Leistung verdient hat, der Beste zu sein. Es läuft wohl auf dasselbe hinaus, denn es geht in beiden Fällen darum, an sich selbst zu glauben. Ogier führt das noch ein bisschen weiter aus: *»Du musst an dich selbst glauben und der Konkurrenz zeigen, dass du keine Zweifel daran hast, der Beste zu sein!«*

Er gibt zu, dass es nicht unbedingt förderlich für sein Image ist, denn er wirkt dadurch auch schnell arrogant, was er aber nach eigenem Bekunden nicht ist. Er fügt noch hinzu: *»Im Rennmodus glaube ich schon, dass ich eine Killer-Einstellung habe, bei der ich nicht wirklich freundlich aussehe, aber außerhalb kann ich eine ganz normale Person sein.«*

Das kann ich nur bestätigen! Sébastien Ogier und seine Frau Andrea Kaiser sind sehr angenehme, sympathische Gesprächspartner.

Genau wie ein Spitzenkoch braucht auch ein Rennfahrer ein starkes Team, auf das er sich verlassen kann. Für Jan ist, neben seinem gesamten Team, die wichtigste Instanz der Sous-Chef. Und für einen Rallyefahrer ist es der Co-Pilot.

Ogiers Partner Julien Ingrassia war von Anfang an sein Co-Pilot und die beiden haben sich im Laufe der Jahre miteinander weiterentwickelt. In normalen Zeiten sitzen sie an 180 bis 200 Tagen im Jahr Seite an Seite in einem Auto – enger geht es nicht! Und dennoch verbindet die beiden keine tiefe Freundschaft, wie man glauben könnte. Aber sie vertrauen sich hundertprozentig und wissen, was sie aneinander haben und was sie voneinander erwarten können.

Im Rallyesport ist, genau wie in einer Küche, alles eine Teamleistung, und dennoch steht auch hier am Ende wieder »nur« der Fahrer im Licht des Erfolgs, so drückt Ogier es aus. Er betont noch mal, dass der Fahrer ohne das starke Team dahinter nichts erreichen würde. Und trotzdem ist er stolz darauf, bewiesen zu haben, dass er nicht unbedingt das finanzstärkste Team hinter sich haben muss, um eine Rallye gewinnen zu können.

Ogier fuhr vier Jahre für VW und gewann dort seinen ersten Weltmeistertitel. Zu diesem Zeitpunkt war das das größte bzw. beste Team im Rallyesport, und sie konnten auch genug Geld in das Auto und in das Team investieren, um es so richtig erfolgreich zu machen. Ogier erinnert sich: »*Es war definitiv ein starkes Team und sie waren in allem die Besten. Die Philosophie bei der Aufstellung des Teams war, dass es keine Kompromisse gibt. Sie haben für jede Schlüsselrolle die Person genommen, die dafür am besten geeignet war, und am Ende hat es sich ausgezahlt.*«

Aufgrund des Dieselskandals wechselte Ogier dann von VW zu einem privaten Team von Ford. Bis dahin war es noch nie vorgekommen, dass ein Fahrer eines privaten Teams den Weltmeistertitel holte. Und Sie ahnen es schon, genau das ist Sébastien Ogier gelungen. Über diesen Sieg freut er sich auch im Rückblick noch ganz besonders. Denn zum einen konnte er beweisen, dass ein Sieg im Rallyesport auch dann möglich ist, wenn keine mächtige Manufaktur dahintersteht, wie er es nennt. Und zum anderen war es eine sehr emotionale Zeit für ihn und seine Frau. »*Wir hatten ein fantastisches Team, viele Freunde und eine angenehme Zeit. Das Team hat so viele Jahre in diesen Sieg investiert und es war wie ein Lebensziel, welches erreicht wurde.*« Andrea Kaiser ergänzt: »*Alle haben geweint, als Sébastien den Titel geholt hat, es war dort wie in einem Familienbetrieb.*«

Was die beiden, Sébastien Ogier und Jan, wieder eint, sind ihre verblüffend ähnlichen Paradigmen, mithilfe derer sie ihrer Arbeit einen Sinn verleihen und ihren Erfolg erklären. Ogier sagt über sich: »*Mit Talent allein bekommst du vielleicht ein bisschen Erfolg. Aber wenn du mehr davon möchtest und den Erfolg vor allem über Jahre behalten willst, musst du viel Energie investieren, so wie ich es auch getan habe. Über viele Jahre war Rallye das Einzige, was ich machen wollte, und ich habe in jeder Hinsicht dafür trainiert.*« Zielstrebigkeit, Spaß und Leidenschaft – das alles gehört für ihn dazu. Denn am Ende des Tages, nach all der Arbeit, den Vorbereitungen und glücklichen Gegebenheiten, genießt er erst mal den Erfolg, um für den nächsten Sieg bereit zu sein. Er verrät uns eine Art Ritual, welches er für sich nutzt, wenn er an der Startlinie steht und besonderen Druck spürt oder wenn er weiß, dass er »abliefern« muss. Dann sagt er zu sich: »*Genieß es einfach und hab Spaß beim Fahren!*« Und ergänzt: »*Denn meistens ist es so, wenn du Spaß hast an dem, was du tust, dann machst du es auch gut.*«

Kommt Ihnen das bekannt vor? Genau das hat sich Jan auch auf seine Fahne geschrieben. Ingredienzien wie Zielstrebigkeit, Leidenschaft und Spaß sind auch für den Drei-Sterne-Koch unverzichtbar, wenn es darum geht, jeden Tag Spitzenleistung zu vollbringen, und das auch möglichst noch eine lange Zeit in der Zukunft.

Das Erfolgsmenü von Sébastien Ogier

Horsd'œuvre: Wir starten mit dem Gruß aus der Küche und das ist Talent. Denn ohne ein bisschen Talent kannst du noch so hart arbeiten und es ist dir trotzdem nicht möglich, so gut zu werden.

Vorspeise: Als Vorspeise servieren wir dann eine Portion Glück, gepaart mit dem richtigen Timing. Wie heißt es so schön? Zur richtigen Zeit am richtigen Ort. Sébastien Ogier betont aber auch, dass wir das Glück selbst ein bisschen herbeiführen können, indem wir unsere Augen und Ohren offen halten, um die Gelegenheit nicht zu verpassen. Er nennt es »Walk for your luck«.

1. Zwischengericht: Ganz darauf abgestimmt ist das erste Zwischengericht. Es nennt sich Zielstrebigkeit. Nur wenn wir unser Ziel klar vor Augen haben, werden wir die notwendigen Schritte auf unserem »Walk for your luck« unternehmen, um auch dort anzukommen, wo wir das Glück vermuten.

2. Zwischengericht: Die meisten von uns wissen, dass Glück und Talent ein echter Turbo sein können, um erfolgreich zu sein. Doch Sie wissen auch, dass es ganz ohne Anstrengung nicht funktioniert. Daher servieren wir noch vor dem Hauptgang ein ordentliches Stück Arbeit.

Hauptgang: Glücklicherweise sind wir in den meisten Positionen nicht allein und daher folgt jetzt der Hauptgang, der das Team beinhaltet. Das sind Menschen, die alle gemeinsam an einem Strang ziehen und auf das »ganz Große« hinarbeiten. Wenn alle im Team mit Leidenschaft arbeiten, dann bringt das nicht nur gute Erfolge, sondern auch einen nicht zu unterschätzenden Spirit mit sich. Deshalb servieren wir Leidenschaft als Beilage zu unserem Hauptgang.

Dessert: Zum Dessert wird uns bewusst gemacht, dass wir das richtige Material benötigen, wenn wir erfolgreich sein wollen. Ein Rallyeweltmeister braucht das richtige Auto, um den Titel zu holen. Bei Jan ist es die Qualität der Produkte, die er verarbeitet. Während es bei mir »nur« eine stabile Internetverbindung ist, wenn ich zum Beispiel Online-Seminare durchführe.

Der süße Abschluss: In diesem Menü ist es der Spaß, der als krönender Abschluss kommt und der bei Sébastien Ogier ganz oben steht, um gelassen ins Rennen zu gehen. Das erinnert mich fast an den Slogan einer bekannten Automarke »Freude am Fahren«. Und die hat unser Rallyeweltmeister ganz bestimmt.

Erfolgsformel und Übung

Jans persönliche Erfolgsformel: Selbstreflexion anwenden

Es ist wichtig, an sich selbst zu glauben, und genauso wichtig ist es, sich regelmäßig selbst zu hinterfragen. Warum habe ich das so gemacht und nicht anders? Warum habe ich so reagiert? War das angemessen? War das zielführend? Selbstreflexion ist für mich lösungsorientiert, und sie hilft mir dabei, nicht denselben Fehler noch einmal zu machen, sondern immer besser zu werden. Selbstreflexion ist nicht Selbstzerfleischung.

Übung

Nicht nur für Jan ist die tägliche Selbstreflexion ein wirkungsvolles Tool, um seinen Erfolg auszubauen. Auch bei Sébastien Ogier haben wir gesehen, dass die permanente Selbstreflexion ihm dabei geholfen hat, ganz oben auf das Siegertreppchen zu kommen. Aber auch wenn wir keine hoch dotierten Köche oder siebenfache Rallyeweltmeister sind, kann uns dieses wirkungsvolle Instrument dabei unterstützen, dass wir jeden Tag ein bisschen besser werden. Wir erkennen leichter unsere Fehler und können daran arbeiten.

Es muss gar nicht viel Zeit in Anspruch nehmen. Und Sie allein entscheiden, wo, wann und wie Sie diese Selbstreflexion in Ihren Tag einbauen. Lassen Sie den Tag oder auch nur das Meeting kurz Revue passieren und schauen Sie darauf, was Sie gut gemacht haben und was Sie noch besser machen können. Notieren Sie sich das zum Beispiel in einem schönen Notizbuch und arbeiten Sie konsequent an dem Punkt, den Sie verbessern möchten.

Sie können das allein für sich machen oder auch mit Ihrem Team oder Ihrem Partner. Sprechen Sie die Dinge an, die nicht optimal gelaufen sind, und fragen Sie (sich), wie Sie es besser machen können. Vergessen Sie aber nicht, auch die positiven Dinge zu sehen und wertzuschätzen.

8. Entwurf eines Selbstbilds – Disziplin üben

Die US-amerikanische Psychologin Carol Dweck ist eine der weltweit führenden Expertinnen für Motivations- und Entwicklungspsychologie und beschäftigt sich seit 30 Jahren mit der Frage, warum sich manche Menschen ihr Leben lang weiterentwickeln und erfolgreich werden, während andere in ihrer Entwicklung stehen bleiben. Ihre Antwort darauf ist das Bild, das wir von uns selbst haben – unser Selbstbild! Und so heißt auch ihr Buch[25] »Selbstbild«, in dem sie ganz ausführlich und leicht verständlich beschreibt, warum unser Selbstbild unsere Entwicklung bestimmt. Der Untertitel heißt »Wie unser Denken Erfolge oder Niederlagen bewirkt«.

Sie unterteilt das Selbstbild in zwei Kategorien. Einmal das dynamische Selbstbild und zum anderen das statische Selbstbild. Das statische Selbstbild beinhaltet den Glaubenssatz, »dass unsere Eigenschaften in Stein gemeißelt sind. Das wiederum löst bestimmte Gedanken und Handlungen aus.«[26] Während der Glaubenssatz eines Menschen mit einem dynamischen Selbstbild aussagt, dass »wir unsere Eigenschaften weiterentwickeln können. Dieser Glaubenssatz löst dann wiederum ganz andere Handlungen und Gedanken aus.«[27]

Das Buch von Carol Dweck widmet dem Spitzensport ein eigenes Kapitel, denn insbesondere im Sport ist es entscheidend, mit welcher Einstellung, welchem Selbstbild, ein Sportler in den Wettkampf geht. Sie beschreibt eine Befragung[28] von Jugendlichen, die nachweislich ein statisches oder dynamisches Selbstbild hatten, zu ihrer Denkweise hinsichtlich sportlicher Leistungen.

»Jugendliche mit einem statischen Selbstbild glaubten:

★ Im Sport hat jeder ein bestimmtes Leistungsniveau. Man kann nicht viel tun, um dies zu verändern.
★ Um im Sport erfolgreich zu sein, benötigt man vor allem Talent.

Jugendliche mit einem dynamischen Selbstbild antworteten dagegen:

★ Mein Leistungsniveau im Sport verbessert sich immer, wenn ich härter arbeite.
★ Um im Sport erfolgreich zu sein, muss man Techniken erlernen und sie regelmäßig üben.«

Erkenntnisse aus der Sportforschung besagen: Menschen mit einem dynamischen Selbstbild halten sich dann für erfolgreich, wenn sie ihr Bestes geben, wenn sie lernen und ihre Leistung steigern.

Erinnern wir uns an die Aussage von Tiger Woods, der seinen Erfolg nicht an seinen Siegen misst, sondern daran, ob er jedes Jahr besser wird. Carol Dweck sagt über Woods: »Er will der Beste sein, vielleicht sogar der Beste aller Zeiten.« Und sie zitiert den Weltklasse-Golfer: »Aber der Beste, der ich sein kann – das ist mir noch wichtiger.«[29]

Jan hat mir einmal erzählt, dass es sein kann, dass er enttäuscht und unzufrieden nach Hause geht, wenn er mit seiner eigenen Arbeit nicht zufrieden war. *»Auch wenn mir alle sagen, dass es großartig geschmeckt hat, kann es sein, dass ich mit meiner eigenen Leistung unzufrieden bin.«*

Bei Carol Dweck heißt es weiter: »Menschen mit einem dynamischen Selbstbild empfinden Rückschläge als motivierend. Aus ihnen kann man lernen. Sie sind ein Weckruf. [...] Für Menschen mit einem statischen Selbstbild sind Niederlagen ein Stigma.«[30]

Während ich das schreibe, verstehe ich immer besser, warum Jan stets betont, dass er hart arbeitet. Ihm ist bewusst, dass er nur dann zu den Besten zählen kann, wenn er immer weiter trainiert und hart an sich arbeitet – heute besser sein als gestern und morgen besser als heute, ist nun mal sein Credo.

In Kapitel 12 werden wir auch noch einmal lesen, warum wir mit einem Talent nicht automatisch zu den Besten gehören.

Kritik – berechtigt und unberechtigt

Andrea Kaiser, Fernsehmoderatorin und Ehefrau von Sébastien Ogier, sagte in unserem Gespräch, als es um öffentliche Kritik ging: »Ich habe Erfahrungen gemacht, sowohl bei Sportlern als auch Künstlern: Künstler nehmen es persönlich, wenn über sie geschrieben wird, weil es sie angreift. Wenn du einen Musiker kritisierst, weil er einen schlechten Song rausgebracht hat, dann tut es ihm weh, weil er seine Seele da reingesteckt hat. Kunst ist Geschmack, während sportliche Leistungen messbar sind. Sébastien wird an seinen Zeiten gemessen und danach beurteilt, wie schnell er ist.«

Jan können wir guten Gewissens in die Kategorie der Künstler einordnen. In Vorbereitung auf dieses Buch habe ich von ihm eine Sammlung von Pressetexten bekommen. Diese Mappe umfasst 194 DIN-A4-Seiten. Die Berichterstattung beginnt im November 2017, also zu dem Zeitpunkt, zu dem Jan zum ersten Mal für das ATELIER die drei Michelin-Sterne erhielt. Bis zu dem Moment, als ich diese Sammlung von ihm zum Lesen bekam, waren also gerade mal gut zwei Jahre vergangen und die Kritiker haben fast 200 Seiten gefüllt! Ein paar Auszüge aus diesen journalistischen Bewertungen haben Sie bereits zu Beginn dieses Buches lesen können. Ich habe Ihnen ausschließlich wohlwollende Kritiken vorgestellt und die sind auch tatsächlich in der Überzahl, wie es bei einem Drei-Sterne-Koch sicher nicht anders zu erwarten ist. Dennoch gibt es auch Kritiker, die nicht mit allem einverstanden sind, was ihnen in einem Sternerestaurant serviert wird. Jan erinnert sich an eine Szene, die sich direkt im ersten Jahr seiner Zeit im ATELIER zugetragen hat.

Ein Augenzwinkern für den Erfrischungsgang der 1980er-/ 90er-Jahre

Der damalige Chefredakteur eines bekannten Restaurantführers war im ersten Jahr bei Jan im ATELIER und hat im Rahmen seines Menüs den »Radler-Gang« bekommen.

Zur Erklärung: Dieser Gang war fast von Anfang an auf Jans Karte. Er ersetzt das Sorbet oder das klassische Granité, welches in vielen Restaurants in den 1980er- und 90er-Jahren gerne gereicht wurde, um den Magen zwischendurch mal wieder zu neutralisieren. Ein Sorbet ist Jan zu süß, das Granité ist absolut Oldschool, aber immerhin erfrischender als das Sorbet, »*schon allein durch die Textur*«, erklärt er mir. Und weil Bier gut zu Bayern passt, hat er passend zur Wies'n den Radler-Gang kreiert. Hier besteht dann also das Granité aus einer Limo, die ein Radler normalerweise enthält. Bei Jan selbstverständlich selbst hergestellt. Den Zucker hat er durch Melasse ausgetauscht. Es kam noch Vanille hinzu, jede Menge Limettensaft und etwas Yuzu – das ist eine japanische Zitrusfrucht. Dieses Granité wurde in einer abgeschnittenen Bierflasche, die extra für diesen Gang angefertigt worden war, serviert und am Tisch vom Service mit einem Münchener Bier, der »Giesinger Erhellung«, aufgegossen. Jan betont an dieser Stelle noch mal, dass für ihn »*alle Gerichte in seinem Menü wichtig sind und einen Sinn haben, was nicht selbstverständlich ist*«.

So fand er auch den Radler-Gang wichtig. Der oben schon genannte damalige Chefredakteur, dessen Namen wir nicht nennen möchten, bekam also diesen Radler-Gang und fragte Jan nach dem Essen: »In welcher geistigen Umnachtung ist Ihnen diese Scheißidee gekommen?« Jan erinnert sich an diesen Abend und er sagt: »*Damit musst du auch erst mal klarkommen. Das erfährst du als Sous-Chef nicht. Da hast du deine Ruhe vor solcher Kritik.*«

Der Radler-Gang blieb trotz dieser derben Kritik noch viele Jahre als fester Bestandteil auf seiner Karte und den meisten Gästen gefiel er ausgesprochen gut. Jan geht in diesem Zusammenhang auch noch einmal darauf ein, dass er selbstverständlich für den Geschmack des Gastes kocht, und dennoch wird er es nie allen recht machen können. Wenn er alles »glattbügelt«, hat er keine Spitzen mehr in seinen Gerichten. Wir haben bereits von seiner Sous-Chefin gehört, dass Jan mutig würzt und gerne ans Limit geht, was beispielsweise Säure und Salz anbelangt. Natürlich könnte er es auch ein bisschen gefälliger machen, aber dann ist es nicht mehr seine Handschrift. Er zieht einen Vergleich zur Musik. *»Wenn im Radio Popmusik gespielt wird, gefällt es irgendwie jedem. Das kann im Hintergrund laufen. Alles, was Charakter und Kanten hat, sorgt für mehr Euphorie, aber im Zweifel auch für mehr Ablehnung.«*

Bleiben wir mal bei den Kritikern. Sie sind gleichermaßen geliebt und gefürchtet. Es gibt die professionellen Kritiker, die für seriöse Zeitungen und Magazine recherchieren und schreiben, wie zum Beispiel Jürgen Dollase, den wir ja bereits in diesem Buch »kennengelernt« haben. Zudem gibt es die selbst ernannten Kritiker, die bei Tripadvisor ungeschönt und häufig auch unreflektiert ihre Meinung kundtun. Dazu gesellen sich Menschen, die Plattformen wie zum Beispiel Instagram nutzen, um über ihre Erlebnisse in der Spitzengastronomie zu berichten. Die Fotos der Teller werden in Sekundenschnelle hochgeladen, gepostet und »instant« in der ganzen Welt verbreitet.

Aber nicht nur Gäste laden Fotos in den sozialen Medien hoch, sondern auch die Köche selbst. Jan hatte bei unserem ersten Gespräch im Februar 2020 bei Instagram knapp 80 000 Follower. Im April 2021, kurz vor Manuskriptabgabe, waren es bereits 140 000. Tendenz sicher steigend. Ich frage ihn, wer ihm folgt und was diese Menschen am meisten interessiert. Jan weiß aus seinen »Insights«, dass es mehr Männer als Frauen sind, die sich für seine Beiträge und Storys interessieren. Sie kommen aus München, Berlin, Hamburg, London und New York City. Unser Drei-Sterne-Koch ist sich aber auch sicher, dass seine Follower in der Mehrzahl Köche und Kochbegeisterte sind, die an seinen »Tellern« interessiert sind und nicht an ihm als Person.

Meinungsbildner können auch private Blogger sein, die ihre eigenen Websites mit ihren Berichten füllen und andere Menschen an ihren Erfahrungen teilhaben lassen möchten. In meiner Recherche über Jan bin ich auf zahlreiche Blogger gestoßen. Da gibt es welche, die in der Szene anerkannt sind und auch »Stimmung« machen können, und wieder andere, die einfach Freude daran haben, gut essen zu gehen und anschließend darüber zu berichten. So kam ich auf die Website »tischnotizen.de«.

Betrieben wird sie von Thomas Westermann und seinem Mann Willi. Beide gehen sie, wie zu lesen ist, »normalen Berufen im kaufmännischen Bereich nach« und sie haben »Spaß an anspruchsvoller Küche und für sich entschieden, dass es sinnvoller ist, weniger, aber dafür besser essen zu gehen«. Die beiden berichten über Erlebnisse in unterschiedlichsten Locations. Wobei Zwei- und Drei-Sterne-Restaurants schon fast zu ihrer Tagesordnung gehören. Aber auch »ein grundehrlich arbeitendes Gasthaus« bereitet den beiden »eine große Freude«, wie auf ihrer Website zu lesen ist. Vorausgesetzt, dass dort gut gekocht wird.

Anders als Portale wie »tripadvisor«, »yelp« oder »google my business« verzichten die beiden auf ein Benotungssystem. Sie vertrauen stattdessen darauf, dass der Leser an der Art der Berichterstattung erkennt, ob die beiden zufrieden oder gar begeistert waren.

Bei Jan waren sie bisher immer äußerst begeistert. Für ihre Website fotografieren sie jeden Gang und beschreiben die einzelnen Gerichte sehr detailliert und kompetent. So ist es dem Besucher möglich, sich einen Eindruck von dem Abend zu verschaffen. Ich kann Ihnen die Seite sehr empfehlen, weil ich die beiden äußerst sympathisch finde und sich ihr Blog gut lesen lässt. Kleiner Tipp: Gehen Sie nicht hungrig auf diese Website.

Warum schreibe ich überhaupt über dieses Thema? Die Online-Restaurantbewertungen zählen heute zu den wichtigsten Orientierungshilfen bei der Suche nach einem Restaurant. Wir Konsumenten schätzen die Beurteilung eines anderen Gastes als relevant ein – es ist für uns fast wie eine persönliche Empfehlung. Bisher dachte ich, dass es für ein Drei-Sterne-Restaurant gar keine Bewertungen bei »tripadvisor« und Co. gibt, aber weit gefehlt! Auch von Gästen der Spitzengastronomie wird in so einem Portal lauthals bemängelt, dass der Rotwein etwas zu warm war oder die Taubenbrust nicht der eigenen Erwartung entsprach. Das ist sicher legitim, doch das Problem ist, dass es häufig tatsächlich die eigenen Erwartungen sind, die in dem Moment nicht erfüllt wurden, und dass der Koch oder der Sommelier sich nicht dagegen »wehren« kann.

Obwohl Jan jede Kritik ernst nimmt, steckt er diese Art der öffentlichen Meinungsäußerung entspannt weg. Grundsätzlich erzeugt Kritik immer eine Resonanz und bei Jan führt sie meistens wieder zu der Frage, was kann ich morgen besser machen als heute.

Neben den selbst ernannten »Testern« gibt es ja noch die professionellen Tester, die für die großen Restaurantführer wie Guide Michelin, Gault&Millau, Varta oder Gusto testen, beurteilen und darüber berichten.

Im Rausch der Sterne

Kennen Sie den Film »Im Rausch der Sterne« mit Bradley Cooper in der Hauptrolle? Der Kinofilm von 2015 handelt von einem zunächst gescheiterten Sternekoch, der aber wieder auf die Füße kommt und in London einen Neubeginn wagt. Jetzt möchte er nicht weniger als drei Michelin-Sterne erreichen – sowohl die Küchenbrigade als auch das Serviceteam sind jetzt gefordert. Der Zuschauer erfährt von dem Mythos, dass die Michelin-Tester immer einem bestimmten Muster folgen. Daran kann dann ein aufmerksamer Service die Tester erkennen und die Küche entsprechend informieren. »Tony [er ist in dem Film der Manager und Verbindungsmann zwischen Service und Küche], Tony, da sitzt ein Mann im Anzug an der Bar, seine Begleitung kam eine halbe Stunde später. Dann haben sie sich an den Tisch gesetzt. Sie haben eine halbe Flasche Wein und zwei Gläser Leitungswasser bestellt und jetzt liegt eine Gabel unter ihrem Tisch.« Tony antwortet mit ernster, fester Stimme: »Michelin! Und denkt dran, die schauen nicht nur auf ihren Tisch, sie beobachten alles drum herum. Alles muss perfekt sein.«

Ein paar Sequenzen später stellt sich heraus, dass die vermeintlichen Michelin-Tester harmlose Softwarehändler aus Birmingham waren. Das sorgt erst mal für Erleichterung im Team und auch beim Zuschauer. Doch schon wenig später kommt wieder der Service in die Küche und verkündet: »Einer hat eine Gabel auf den Boden gelegt. Sie sind da.« Gemeint sind wieder die Tester des Guide Michelin. Und wieder geht der Adrenalin-Spiegel beim Zuschauer nach oben.

Nun gehe ich mal davon aus, dass auch im »richtigen Leben« die Tester ihren Tisch inkognito reservieren. Aber wie läuft es tatsächlich ab, möchte ich von Jan wissen.

Zunächst einmal verrät er mir, dass auch er einen Riesenrespekt vor den Testern hat. Und weiter führt er aus, dass es bei der Bewertung von einem oder drei Sternen einen signifikanten Unterschied gibt. *»Bei drei Sternen wird immer auch von internationalen Inspektoren getestet. Um einen weiteren Stern zu erhalten, sind immer mehrere Testbesuche notwendig.«* Das heißt, es handelt sich bei der Bewertung nicht um eine Momentaufnahme, sondern um die Beurteilung einer konstant hohen Qualität. Jan hat im Nachhinein erfahren, dass zwischen seinem zweiten und dritten Stern tatsächlich sieben, acht Besuche von Testern stattgefunden haben und die entsprechende Anzahl an Berichten dazu angefertigt wurden. Wobei es auch schon mal vorkommt, dass zwei Tester gemeinsam essen, dann wird es auch als zwei Besuche gewertet, denn jeder schreibt unabhängig voneinander einen Bericht.

Jan bestätigt, dass das Team bei der Reservierung keine Ahnung hat, wenn sich Tester dahinter verbergen. Wenn sie dann im Restaurant sind, können sie es hingegen manchmal schon ahnen. *»Nein, die Gabel, die unter dem Tisch liegt, wie es in dem Film ›Rausch der Sterne‹ zu sehen ist, gibt es im richtigen Leben nicht. Aber mit der Zeit bekommt man einfach ein Gespür dafür. Da muss auch der Service sensibilisiert sein«*, wünscht sich Jan.

Jan hat auch schon erlebt, dass sich ein Tester nach dem Essen zu erkennen gibt und mit ihm ins Gespräch geht.

In dem Hotellerie- und Gastro-Podcast »… und Sven« schildert Jan, wie wichtig es ihm war, den Stern, den das ATELIER bereits von seinem Vorgänger hatte, zu verteidigen. Für ihn war es damals der allererste Stern und er hatte nur sehr wenig Zeit, um sich beweisen zu können. Redaktionsschluss für den Guide Michelin war damals noch Anfang August und Jan hatte seinen ersten Service im ATELIER erst am 1. Juni 2014.

Podcast-Inhaber Sven Lehnhoff möchte von ihm wissen, ob er sich denn zumindest für diesen ersten Stern »verbogen« hat, um auf Nummer sicher zu gehen. Jan antwortet ihm sehr selbstbewusst, dass er niemals auf die Idee gekommen wäre, plötzlich mit Netz und doppeltem

Boden zu arbeiten. Zum einen wollte er auf keinen Fall den Stempel Sven Elverfeld auf seinem »Allerwertesten« haben und zum anderen hatte er auch viel zu viele Ideen, die er endlich ausleben wollte.

Der Jahrhundertkoch

Bedeutungsvolle Ideen hatte auch der aus Österreich stammende Sternekoch Eckart Witzigmann. Wir wissen bereits, dass Jan die Witzigmann-Bücher schon als Jugendlicher verschlungen hat. Aus diesem Grund darf der Jahrhundertkoch, der die französische Nouvelle Cuisine nach Deutschland gebracht und weiterentwickelt hat, in unserem Buch nicht fehlen. Jan verehrt diesen großartigen Kollegen sehr.

In Jans Aufzählung der ganz großen Reformatoren der Spitzenküche folgt Witzigmann direkt auf die großen französischen Köche Auguste Escoffier (1846–1935) und Paul Bocuse (1926–2018). Angemerkt sei hier schon, dass es für Jan bisher insgesamt nur fünf große Reformatoren in der gehobenen Küche gibt, doch dazu später mehr.

✶ ✶

Expertengespräch mit Eckart Witzigmann

Ich freue mich sehr, dass Eckart Witzigmann – der erste Drei-Sterne-Koch in Deutschland – mir meine Fragen für dieses Buch beantwortet hat. So erfahren auch Sie noch ein bisschen mehr darüber, wie er es geschafft hat, die Nouvelle Cuisine nach Deutschland zu bringen und sie fest zu etablieren. Eines kann ich schon vorwegnehmen, auch ein Eckart Witzigmann hat sich nicht für die Tester oder sonst jemanden verbogen. Auf meine Frage, ob er Kompromisse eingegangen ist, antwortet er: »*Ich gestehe offen ein, dass man auf dem Weg zum Ziel nicht sehr kompromissfähig sein darf. Wer als Chef die Schlagzahl angibt, muss das Ziel immer klar und deutlich vor Augen haben – egal, was da an Nebengeräuschen im Umlauf ist oder durch die Szene wabert.*«

Starten wir chronologisch. 1971 kam Eckart Witzigmann als damals 30-Jähriger nach München. Er hatte bereits einige Jahre Erfahrung im

Ausland gesammelt, so zum Beispiel in der Schweiz, im Elsass in der Auberge de l'Ill bei Paul Haeberlin, in Frankreich bei Paul Bocuse, Roger Vergé, den Gebrüdern Michel und Pierre Troisgros. Weitere Stationen waren Stockholm, London, Brüssel und zum Schluss Washington. Von dort kam er direkt nach München und sollte nun die Küche des Restaurants Tantris führen. Wir wissen, dass die Franzosen zu dieser Zeit schon bereit waren, sich auf eine ausgefallene Kulinarik einzulassen, während Deutschland noch eine Diaspora war, was das Feinschmeckerische anbelangte. So musste Witzigmann im Tantris feststellen, dass der deutsche Gast noch lange nicht so weit war, um seine Küche zu verstehen. Überdies zeigte der Deutsche auch nicht die Bereitschaft, sich darauf einzulassen. Ich frage ihn deshalb, wie er es geschafft hat, nicht nur sich selbst, sondern auch sein Team immer wieder neu zu motivieren.

Er antwortet: »*Zu Beginn der Zeit im Tantris stand vor der Motivation zuerst einmal die Frage, ob man auf dem richtigen Planeten ist. Was es da an Ressentiments und Unwissenheit gab – und ich drücke mich da jetzt sehr zurückhaltend aus –, hat zu massiven Selbstzweifeln geführt. Und vor der Motivation ist der Selbstzweifel eine große Hürde. Wir kamen uns häufig vor wie Entdecker auf einer großen Reise, bei der das Ziel immer in weitere Ferne rückte. Und damals war es noch schwieriger als heute, die passenden Mitarbeiter zu finden. Aber wir wurden eine verschworene Gemeinschaft, und als dann der erste Michelin-Stern am Tantris aufging, war mir klar, dass wir auf dem richtigen Weg sind. Und nachdem nichts ansteckender als der Erfolg ist, ging es dann ja immer weiter nach oben.*«

Zweifel ist der Bruder des Übermuts

Als ich ihn fragte, was er jemandem rät, der immer wieder an sich selbst zweifelt, antwortet Eckart Witzigmann: »*Der Zweifel ist der Bruder des Übermuts, habe ich gelernt. Ich glaube, das muss man sehr differenziert sehen. Bin ich im Zweifel, ob ich Steinbutt oder Loup de Mer verarbeiten soll, oder zweifele ich meine eigene Leistungsfähigkeit an? Hinter dem Zweifel steckt ja häufig die Angst vor Fehlern und bekanntlich macht man ja die wenigsten Fehler, wenn man nichts tut. Aber das ist nie die*

Lösung, wenn man an sich selbst zweifelt. Zweifel begegnet man am besten mit klaren Entscheidungen. Es allen recht zu machen, war noch nie eine dauerhafte Lösung.«

Auch wenn er es nicht allen recht gemacht hat, oder vielleicht genau deshalb, wurde dem Tantris 1973 der erste Stern vom Guide Michelin verliehen. Das führte dazu, dass zahlreiche neue Gäste angezogen wurden. Aber nicht unbedingt welche mit Sachverstand, wie man sich heute noch erzählt. Hat es ihn angespornt, den Geschmack seiner Gäste zu schulen, oder wünschte er sich eher andere Gäste. Gäste, die von sich aus zu schätzen wussten, was sie bei ihm serviert bekommen?

»Ich halte wenig davon, die Gäste zu schulen oder sie zu belehren. Es mag antiquiert klingen, aber in meiner Welt war der Gast immer König, der erhobene Zeigefinger der Küche gegenüber dem Gast war nie mein Ding. Ich wollte immer durch das Ergebnis auf dem Teller überzeugen. Und letztlich bekommt man die Gäste, die man verdient. Wenn ein Restaurant Wochen vorher ausgebucht ist, muss man den Gast nicht erziehen, sondern ihm das bieten, was er sich erwartet.«

Bereits ein Jahr später erhielt das Tantris mit Eckart Witzigmann als Chef de Cuisine den zweiten Michelin-Stern, die damals höchste Auszeichnung in Deutschland. 1978 eröffnete er sein erstes eigenes Restaurant, die Aubergine am Münchener Maximiliansplatz. Schon im November 1979 erhielt er mit der Aubergine als erstes deutsches Restaurant drei Sterne im Guide Michelin 1980. Nun wissen wir ja, dass die verliehenen Michelin-Sterne jedes Jahr aufs Neue bestätigt werden müssen. Ich frage ihn, ob das bei ihm eher Druck oder positive Energie erzeugt hat. Und wenn es Druck war, wie er damit umgegangen ist.

»Ich würde jetzt lügen, wenn ich behaupten würde, ich habe mir nie drei eigene Sterne gewünscht. Aber mir war immer klar, dass es wesentlich schwerer, ist die Sterne zu behalten, als sie vom Himmel zu holen. Wenn man lange genug in der Küche den Ton angibt, dann gewöhnt man sich an Druck und Erwartungshaltung. Das darf dann aber nicht in Routine ausarten. Mich hat der Druck stets motiviert.«

Die drei Sterne behielt Witzigmann durchgängig bis zur Schließung des Restaurants Ende 1994. Im selben Jahr wurde er vom Gault&Millau zum »Koch des Jahrhunderts« gekürt – eine ganz besondere Auszeichnung, die seine Arbeit und sein großes Talent im besonderen Maße honoriert. Wir wissen, dass viele seiner Wegbegleiter und Schüler sich mit ihm über diese Auszeichnung gefreut haben, während er bescheiden hinterfragte, ob er sie denn überhaupt verdient hätte. Neben seiner sympathischen Bescheidenheit attestiert man ihm auch noch, dass er schon immer einen hohen Anspruch an sich selbst hatte, wenn es um seine Arbeit ging.

Am Anfang dieses Kapitels haben wir über Kritik und Kritiker gesprochen. Die Frage, die sich uns jetzt stellt, ist die Frage, welcher Kritiker für Eckart Witzigmann leichter zu ertragen war: der innere, also er selbst, oder der äußere, also der Gast, der Gastrokritiker, der Kollege? Seine Antwort ist überraschend pragmatisch: »*Na ja, schon beim Faust haben zwei Herzen in einer Brust gewohnt. In meiner Welt war da immer eine Art friedlicher Koexistenz. Oft hat sich meine eigene Kritik an meiner Arbeit mit Argumenten der Kritik von außen überschnitten. Jeder in diesem Geschäft muss lernen, mit Kritik umzugehen. Wenn sie fundiert und begründet ist, muss man sie akzeptieren und umsetzen.*«

Ich frage noch ein bisschen in die Tiefe und will wissen, welcher der oben benannten Kritiker ihn persönlich weitergebracht oder ausgebremst hat?

»*Direkt ausgebremst hat mich Kritik nie. Ich habe mich mit ihr beschäftigt, und falls sie berechtigt war, habe ich versucht, es besser zu machen. Viel wichtiger als die Kritik von außen, die durch die digitalen Medien täglich zu einem neuen Heer von Sachverständigen führt, ist die Kritik von den Leuten, mit denen ich in der Küche stehe. Ich habe in meinen Lehr- und Wanderjahren gelernt, wie man damit umgeht, aber auch gelernt, wie wichtig Kritik und Anregungen sind.*«

In dieser Antwort ist auch wieder der Ansatz zu finden, es morgen noch besser machen zu wollen als heute, vor allem dann, wenn es berechtigten Grund zur Kritik gab.

Im Juli 2021 feierte der Jahrhundertkoch Eckart Witzigmann seinen 80. Geburtstag. Noch heute berät er Unternehmen, engagiert sich für eine gesunde und nachhaltige Ernährung, schreibt Bücher und er ist unter anderem Namensgeber und Partner für den ECKART, der seit 2004 jährlich an Persönlichkeiten verliehen wird, die sich um die Esskultur und das Kochen in besonderem Maße verdient gemacht haben. Sein Wissensdurst scheint nicht still zu stehen. Mich interessiert, was heute noch der Antrieb für sein Handeln ist.

»*Ich war ein Leben lang ein Überzeugungstäter und habe alles mit offenen Augen, Mut bis zum Übermut und großem Engagement getan. Und diese Einstellung hört mit einem gewissen Lebensalter nicht auf. Sicher, sie schwächt sich ab, aber ist immer weiter vorhanden. Es macht mir Spaß, mein Wissen weiterzugeben, ich habe nie zu denen gehört, die ihr vermutliches Herrschaftswissen im Elfenbeinturm für sich behalten haben.*«

Eckart Witzigmann ist nicht nur ein großartiger Koch, der die Nouvelle Cuisine nach Deutschland gebracht hat, sondern er war bereits vor 40 Jahren ein »hipper« Arbeitgeber und Teamleader.

Von Arbeitgebermarken wie Google, Apple oder Engelbert Strauss wissen wir, dass sie ihre Mitarbeiter durch das Angebot von besonderen Benefits rekrutieren, um sie möglichst langfristig an ihr Unternehmen zu binden. Der Spaßfaktor hat Einzug in die Unternehmen gehalten. Es gibt eine gute Gastronomie, aber auch Kita-Plätze und Angebote wie Massagen, Fitness und Meditation direkt am Arbeitsplatz bzw. auf dem Unternehmenscampus. Heute weiß man, dass ein gutes soziales Umfeld und der Spaßfaktor für eine hohe Mitarbeiterzufriedenheit sorgen. Das wusste unser Jahrhundertkoch offensichtlich schon vor 40 Jahren, denn er spielte in der Nachmittagspause mit seiner Küchenmannschaft Fußball. Und als Erklärung bekomme ich zu hören: »*Die Arbeit in einer Spitzenküche kann laut und hektisch werden, das ist kein Schachspiel für Großmeister. Und deshalb waren die Freizeitaktivitäten so wichtig, außerhalb der Küche Kontakt und Spaß zu haben. Mannschaftssport hat immer etwas Verbindendes, zumindest bei den Amateuren ...*«

Zum Schluss bitte ich auch Eckart Witzigmann, uns ein Menü zu schreiben, in dem all das enthalten ist, was ein Spitzenkoch als Rüstzeug benötigt. Er hat in seinem Leben unzählige Menüs geschrieben und zubereitet, für dieses Buch serviert er uns einen Extrakt aus 60 Jahren Erfahrung in der Spitzengastronomie:

Menü von Eckart Witzigmann

Amuse-Bouche: Eine gute Grundausbildung, wie ich sie im Hotel Straubinger in Bad Gastein erleben durfte!

Horsd'œuvre: Lernen von den Besten!

Hauptgericht: Ein schlagkräftiges, eigenes Team, getragen von Mut, Disziplin und Kreativität!

Dessert: Nie aufhören zu lernen!

Erfolgsformel und Übung

Jans persönliche Erfolgsformel: Disziplin üben

Das Wort Disziplin klingt zunächst einmal anstrengend. Doch genau das Gegenteil ist der Fall. Wenn ich mir einmal Disziplin bei bestimmten Tätigkeiten angeeignet habe, wird sie zu einem Teil meines Verhaltens. Viele Aufgaben fallen mir leichter. Ich muss nicht immer wieder darüber nachdenken, ob ich joggen gehe oder nicht, ob ich meine Belege für die Steuererklärung ordentlich abhefte oder nicht. Die gute Nachricht ist: Disziplin wird nicht vererbt. Das heißt, jeder von uns kann sie sich aneignen.

Übung

Die schlechte Nachricht ist, Disziplin wird nicht vererbt! Das heißt, wir müssen sie uns aneignen, wenn wir ein Ziel wirklich erreichen möchten. Dabei helfen uns diese Buchstaben: WHID.

Ich habe einmal gelernt, dass jeder von uns diese vier Buchstaben auf seiner Stirn trägt. WHID steht für: »**W**as **H**abe **I**ch **D**avon?«

Nur wenn wir für uns einen Nutzen erkennen, werden wir uns auf den Weg machen. Egal, ob wir Spitzensportler, Abteilungsleiter, Chefarzt, Küchenchef, Autor oder sonst etwas werden möchten, es ist hilfreich, sich bewusst zu machen, welchen Nutzen wir davon haben, wenn wir unser Ziel erreichen. Wenn der Nutzen klar ist, dann werden wir die notwendige Energie und Disziplin aufbringen, um unser Ziel zu erreichen.

Eine wirkungsvolle Methode kann sein, dass wir uns das Ziel bereits visualisieren, lange bevor wir es erreicht haben. Unser Gehirn kann offenbar nicht unterscheiden, ob es diese Situation wirklich schon gibt oder ob wir sie uns einbilden. Das können wir uns zunutze machen, indem wir uns im Geist vorstellen, wie wir bei Zielerreichung denken, handeln und fühlen werden.

Dazu können Sie die Augen schließen und sich folgende Fragen stellen und beantworten: Wo werde ich sein, wenn ich mein Ziel erreicht habe? Wer wird bei mir sein? Wie ist die Umgebung? Ist es dort laut oder leise? Sind im Hintergrund Stimmen oder Musik zu hören? Ist es hell oder dunkel? Ist es kalt oder warm? Welche Kleidung werde ich tragen? Was fühle ich? Was mache ich gerade?

Je detaillierter und lebendiger Sie sich diese Situation vorstellen, desto erfolgreicher ist diese Übung. Wenn die imaginierte Situation reizvoll für Sie ist, werden Sie alles tun, um dort hinzukommen. Und weil der Weg dorthin Disziplin verlangt, werden Sie sie aufbringen, ohne dass es Ihnen sonderlich schwerfällt.

9. Lernen von den Besten – ungemütlich sein und dranbleiben

Von Jan wissen wir, dass er schon früh durch die gastronomische Selbstständigkeit seiner Eltern geprägt wurde und so für sich den Spaß am Kochen entdeckte. Auf meine Frage, wer ihn noch geprägt hat, erweitert er den Kreis um seine früheren Chefs, seine Kollegen und seine Weggefährten. Sie alle haben ihn maßgeblich geprägt. Jan holt aber noch weiter aus, indem er auch Erlebnisse als prägend beschreibt. Dazu nimmt er noch mal Bezug zum NOMA in Kopenhagen. Der Besuch dort hat seinen Horizont wieder erweitert und ihm neue Ideen gebracht. *»Prägen kann mich alles, ich muss nur offen dafür sein«*, ist sich Jan sicher.

Wenn ich ihn nach seinen Vorbildern frage, nennt er mir ganz unterschiedliche Persönlichkeiten: Prominente und weniger bekannte Menschen. *»Jeder hat Menschen, die er toll findet. Ich bewundere immer schon die Formel 1-Legende Michael Schumacher. Er ist für mich der Inbegriff von Zielorientiertheit, Ehrgeiz und Fokussierung. Das hat ihm dabei geholfen, die Nummer eins im Rennsport zu werden.«* Jan bewundert aber in gleichem Maße die alleinerziehende Mutter eines gehandicapten Kindes oder den Verkäufer einer Obdachlosenzeitung, der bei jedem Wetter unterwegs ist und sich mit dem Verkauf seine Existenz sichert. Auch Menschen, die einfach eine gute Idee haben und sich nicht beirren und nicht entmutigen lassen, haben für ihn Vorbildfunktion. Unser Drei-Sterne-Koch ist davon überzeugt, dass wir von jeder dieser Persönlichkeiten etwas lernen und für unser Leben mitnehmen können. Wir müssen nur genau hinschauen.

Ich habe von jedem der 14 Experten, die in diesem Buch zu Wort kommen, einiges dazugelernt und zahlreiche wertvolle Impulse mitgenommen. Außerdem haben diese Gespräche bewirkt, dass in meinem Kopf alte Vorstellungen überschrieben wurden und teilweise ganz neue Bilder entstanden sind. So auch mein Bild vom Europa-Park Rust in der Nähe von Freiburg. Waren Sie schon einmal dort?

★ ★

Expertengespräch mit Thomas Mack

Ich kannte den Freizeitpark schon lange, bevor ich das Gespräch mit Thomas Mack, einem der heutigen Geschäftsführer des Europa-Parks Rust, geführt habe. Zumindest dachte ich, den Europa-Park zu kennen. Als meine Töchter Maxi und Katharina noch klein waren, fuhren sie regelmäßig mit ihrem Vater ion Deutschlands größten Freizeitpark nach Rust und sie kehrten spätabends müde, aber rundum glücklich zurück. Sie erzählten von den coolen Achterbahnen, den Piraten in Batavia und den lustigen Floßfahrten. Ich hatte sehr schnell für mich ein Bild im Kopf, das in etwa so aussah: viele Fahrgeschäfte, lange Warteschlangen an den Achterbahnen, Imbissbuden mit den üblichen Angeboten wie Currywurst, Pommes und Eiscreme. Also eher nichts für mich, so war mein selbst erschaffener Eindruck.

Im Sommer 2020 musste ich erkennen, dass dieses Bild in meinem Kopf völlig konträr zur Realität stand. In Vorbereitung auf mein Interview las ich das Buch über den Familienunternehmer und Gründer des Europa-Parks, Dr. Roland Mack[31]. Schon während meiner Lektüre über die Entstehung und Weiterentwicklung des Parks wandelte sich meine über Jahre manifestierte Vorstellung, die ich mir vom Europa-Park gemacht hatte.

Nun war ich voller Vorfreude, nicht nur auf das Gespräch mit Thomas Mack, dem Sohn von Roland Mack, und Felix Heuberger, einem seiner Mitarbeiter, sondern auch auf den anschließenden Besuch im Park. Meine mittlerweile erwachsene Tochter Katharina und ihre beste Freundin Nele fuhren mit mir nach Rust. So hatte ich an diesem Tag sachkundige Begleitung, denn die beiden besitzen eine Jahreskarte für den Park und sind regelmäßig dort.

Doch wie heißt es so schön: Erst die Arbeit, dann das Vergnügen. Wobei ich auch bei diesem Interview nicht von Arbeit sprechen kann, denn meine Gesprächspartner waren äußerst sympathisch und gut gelaunt – ich hätte ihnen noch Stunden zuhören können.

Jede Mark in den Park

Thomas Mack ist seit 2007 im Unternehmen und seit 2016 einer der geschäftsführenden Gesellschafter. Er ist im Park aufgewachsen, während Felix Heuberger 2013 als Praktikant ins Unternehmen kam und heute als Referent der Geschäftsführung tätig ist.

Die Familie Mack beschäftigt in den Sommermonaten im Europa-Park knapp 4500 Mitarbeiter. Als Thomas Mack 2007 in das Familienunternehmen einstieg, war er gerade einmal 26 Jahre alt und er übernahm sofort die Verantwortung für mehr als 1000 Angestellte. Sein Aufgabenbereich umfasst unter anderem die Hotellerie und die gesamte Gastronomie im Park. Man muss wissen, dass der Park mit 5800 Betten das größte zusammenhängende Hotelresort in Deutschland ist.

Thomas Mack und seine beiden Geschwister sind bereits in der achten Generation im Familienunternehmen tätig. Es wurde 1780 in Waldkirch gegründet und war zunächst eine Wagenbau- und Karussellfabrik. Sie haben von ihrem Vater und Großvater viel gelernt. So war die Devise des Großvaters Franz Mack: »Jede Mark in den Park«, und diese Philosophie gilt auch heute noch. 1975 wurde der Park eröffnet und seitdem wird er von der Familie langsam, aber stetig weiterentwickelt. Wobei das Wort »langsam« für die Familie Mack vermutlich eine andere Bedeutung hat als für viele von uns. Die Besucherzahlen zeigen, wie schnell sich der Park entwickelt hat. Heute besuchen jährlich über 5,7 Millionen Menschen den Europa-Park und erfreuen sich an den aufwendig und liebevoll gestalteten Außenflächen, den Attraktionen für die ganze Familie und der einzigartigen kulinarischen Vielfalt. 80 Prozent der Gäste sind zum wiederholten Male hier in Rust – für viele spiegelt der Park sogar die Kindheit wider.

Bei allem Drang nach vorn predigt der Vater von Thomas Mack aber auch: »Vergesst nicht, auch die alten Dinge zu pflegen.« »*Nicht immer ist das Neueste unbedingt das Beste. Unser erstes Hotel, das El Andaluz, 1995 eröffnet und Teil des spanischen Themenbereichs, ist das schönste, aber es hat auch Jahre gebraucht, bis es so ist, wie es heute ist*«, erfahre ich von Thomas Mack. Die Familie betrachtet die Hotels und Restaurants wie ihre eigenen Wohnzimmer. Sie sitzen dort und überlegen sich, dass an der einen Wand noch ein Bild fehlt und gegenüber noch eine Sitzecke stehen könnte. Das überlassen die Macks nicht einfach den Designern, während sie selbst bereits in Gedanken bei dem nächsten Objekt sind, sondern sie kümmern sich auch liebevoll um das, was da ist. Das Bestehende zu pflegen bedeutet auch, dass alles einwandfrei funktionieren muss. Wenn eine Glühlampe defekt ist und noch nicht ausgewechselt wurde, dann bereitet es Roland Mack schon beinahe körperliche Schmerzen, wenn er das sieht, lasse ich mir sagen. Eine von Jans Erfolgsformeln lautet: »Ungemütlich sein und dranbleiben.« Ich habe Dr. Roland Mack nicht kennengelernt, aber alles, was ich über ihn gehört und gelesen habe, deutet darauf hin, dass es auch eine seiner Erfolgsformeln sein könnte. Er wird offensichtlich nicht müde, immer wieder den Finger in die Wunde zu legen.

Felix Heuberger erklärt: »*Es ist für neue Mitarbeiter herausfordernd, überhaupt erst mal den Mack'schen Blick zu bekommen.*« Der Mack'sche Blick sorgt dafür, dass dem Besucher neben den Attraktionen prächtige Blumenlandschaften geboten werden und dass der Park an allen Stellen picobello in Ordnung ist.

Die Familienmitglieder geben die Richtung nicht nur vor, sondern sie leben sie auch vor. Dadurch, dass sie alle im Park oder direkt daneben wohnen, sind sie sehr präsent und für die Mitarbeiter nahbar. Niemand in der Familie erwartet etwas von einem Mitarbeiter, was er nicht auch selbst bereit wäre zu tun.

»Mein Tag im Park«

Führungskräfte und Verwaltungsmitarbeiter, die im Tagesgeschäft nicht unmittelbar mit dem Gast in Berührung kommen, haben einmal im Jahr die Gelegenheit, eine andere Rolle im Park einzunehmen. »Mein Tag im Park« heißt diese Initiative und sie sorgt für einen ganz praktischen Perspektivwechsel. So kann eine Führungskraft mal einen Tag in einem Shop oder bei einer Attraktion im Park mithelfen. Ganz nebenbei erhöht es die Wertschätzung für jeden einzelnen Arbeitsplatz und Mitarbeiter. Im Unternehmen Europa-Park hat Sozialkompetenz einen sehr hohen Stellenwert.

Ich stelle auch Thomas Mack die Frage, wie er zu Jans Credo steht, »heute besser zu sein als gestern«. Seine Gesichtszüge sind zunächst ernst, als er erzählt, dass der plötzliche Tod eines Mitarbeiters den Ausschlag gegeben hat, dass er bereits im Alter von 26 Jahren ins Unternehmen eingestiegen ist. Er sagt: »*Ich wurde bereits sehr früh ins kalte Wasser geworfen, und es wurde von mir erwartet, dass ich nahezu fehlerfrei schwimme.*« Wenn ich ihn so erlebe und höre, was er bisher schon alles erreicht hat, gehe ich davon aus, dass er sich bravourös freigeschwommen hat. Er ist im Europa-Park aufgewachsen und war nach eigenem Bekunden immer schon wissbegierig und hat niemals stillgestanden.

Auch heute noch ist er »unruhig« und ungeduldig. Er sagt von sich, dass er jeden Tag dazulernen möchte und dass er nie so richtig zufrieden mit sich selbst ist. Das beantwortet meine Frage nach Jans Credo. Ich stelle fest, auch Thomas Mack möchte jeden Tag besser werden und in kurzen Abständen immer wieder neue Projekte entwickeln und umsetzen. Das letzte große Projekt war der Bau und die Eröffnung der Wasserwelt Rulantica sowie des dazugehörigen Museums-Hotels Krønasår.

Diese Rastlosigkeit ist sicher auch familiengetrieben. Der Vater, Roland Mack, hat von Haus aus die Erwartungshaltung, dass seine Kinder immer besser werden, um das Unternehmen sicher in die nächste Generation zu bringen. »*Er ist sehr fordernd und gibt zudem auch noch das Tempo vor. Doch genau das treibt uns an, unserer Rolle gerecht zu werden*«, verdeutlicht mir Thomas Mack. Er ergänzt: »*Wir denken nicht in Quartalsberichten, sondern in Generationen.*«

Je mehr ich über das Familienunternehmen lese, desto besser verstehe ich, warum es im Park sechs Hotels mit 5800 Betten gibt und dem Gast mehr als 100 gastronomische Einheiten zur Verfügung stehen.

Darunter sogar ein Fine-Dining-Restaurant: »Ammolite« – vom Guide Michelin mit zwei Sternen ausgezeichnet. Wie kommt man auf die Idee, in einem Freizeitpark ein Sternerestaurant zu eröffnen, frage ich meine Gesprächspartner.

Thomas Mack antwortet mir, dass er sich immer schon darüber geärgert hat, dass es hieß, man könne im Park nicht gut essen. Mit der Vermutung, dass es im Park nur Currywurst und Pommes zu essen gibt, war ich wohl nicht allein. Doch das war schon immer falsch. Die Familie betreibt einen enormen Aufwand, um in der Gastronomie im Park länderspezifische originalgetreue Speisen in hoher Qualität anzubieten. Doch das nimmt der Tagesgast nicht unbedingt so wahr.

2012 eröffnete das Hotel »Bell Rock« im neuenglischen Stil. Als markantes Wahrzeichen bekam es einen großen Leuchtturm. Thomas Mack hat alles dafür getan, um hier eine ganz besonders exquisite Gastronomie zu etablieren. Völlig losgelöst vom Design und Konzept der bisherigen Gastronomie im Park.

Der Hotelier und ehemalige DFB-Präsident Fritz Keller hat ihn bei seinem Vorhaben unterstützt, indem er den Vater, Roland Mack, bestärkt hat, das neue Konzept seines Sohnes mitzutragen.

Thomas Mack hat Hotelmanagement an der Schweizerischen Hotelfachschule in Luzern studiert und anschließend in Paris in der 5-Sterne-Hotellerie gearbeitet. Er hat seit jeher ein Faible und eine große Leidenschaft für gutes Essen. Das Pariser Zwei-Sterne-Restaurant »L'Atelier de Joël Robuchon« mit dem Konzept einer »offenen Küche« lieferte die Inspiration für das »Ammolite – The Lighthouse Restaurant« im Leuchtturm des Hotels »Bell Rock«. Ein Ammolit ist ein seltener Edelstein. Und gerade weil das Restaurant Ammolite im Gesamtkonzept des Parks ein ganz besonderes Juwel ist, bekam es diesen Namen. Es wurde 2012 eröffnet. Ein halbes Jahr zuvor wurde bereits der Küchenchef, Peter Hagen-Wiest, eingestellt. So konnte er die Küche nach seinen Anforderungen und Wünschen mitgestalten.

Es war klar, dass das Restaurant ein Fine-Dining-Restaurant werden sollte, aber es war nicht unbedingt das Ziel, mit dem Ammolite einen Michelin-Stern zu erkochen. »*Wir wussten auch gar nicht, was Michelin davon hält, einem Restaurant in einem Freizeitpark einen Stern zu ver-*

leihen. So sind wir es ganz dezent angegangen, haben für das Ammolite eine eigene Homepage angelegt und eine eigene Vermarktungsstrategie entwickelt«, schildert mir Thomas Mack.

Dem Vater und Gründer des Europa-Parks Roland Mack fiel es schwer, zu akzeptieren, dass das Fine-Dining-Restaurant zwei Ruhetage bekommen sollte. Das widersprach seinem Dienstleistungsgedanken, denn der Park hat ja auch an sieben Tagen in der Woche für den Besucher geöffnet. Doch für Thomas Mack war klar, dass sich das Restaurant nur dann einen Namen machen kann, wenn der Küchenchef auch jeden Tag selbst vor Ort ist, und das geht nun mal nicht an sieben Tagen in der Woche. Zudem befindet sich der Park und damit auch das Ammolite mehr oder weniger auf der grünen Wiese und da muss man sich noch mehr anstrengen und abheben, um die gewünschte Anerkennung zu bekommen, so zumindest ist die Vermutung von Thomas Mack. Wie gut, dass der Vater damals über seinen Schatten gesprungen ist, denn der Plan des Sohnes ging auf.

Das Restaurant wurde schnell als etwas Besonderes wahrgenommen und gleichzeitig veränderten die Gäste auch ihr Bild vom Freizeitpark. Michelin zeichnete das Restaurant bereits ein Jahr nach der Eröffnung mit dem ersten Stern aus, und seit 2014 trägt das Ammolite sogar zwei Michelin-Sterne. Seitdem reisen auch Gäste an, die nichts mit dem Europa-Park »am Hut haben« und nur zum Übernachten und Essen kommen.

Ende der 1990er-Jahre wurde Roland Mack ein Sonderpreis der Hotellerie verliehen und Thomas Mack weiß, dass der Vater sich damals auf der Bühne nicht sonderlich wohlfühlte, inmitten der Top-Hotellerie. Rund 20 Jahre später sieht das schon ganz anders aus. 2020 heimsen die Hotels im Europa-Park und das Ammolite einige absolut verdiente Auszeichnungen ein. So wurden die Geschwister, Ann-Kathrin, Michael und Thomas Mack, zum »Hotelier des Jahres« ausgezeichnet. Wenig später wurde Thomas Mack im Rahmen der »FIZZZ Awards 2020«[32] zum »Erfolgsgastronomen des Jahres« gekürt. Die Herausgeber des Branchenmagazins FIZZZ würdigten in ihrer Erklärung insbesondere die Innovationskraft des geschäftsführenden Gesellschafters. Die Zeitschrift Feinschmecker ernannte das Ammolite zum »Restaurant des Jahres«.

Heute fühlt sich die Familie wohl, wenn sie sich inmitten der Spitzen-Hotellerie und -Gastronomie bewegt und ausgezeichnet wird.

Bei solch einer Veranstaltung haben sich auch Jan und mein Interviewpartner Thomas Mack kennengelernt. Obwohl das Business der beiden nur bedingt miteinander vergleichbar ist, erkenne ich wieder zahlreiche Parallelen. Das Branchenmagazin FIZZZ attestiert Thomas Mack eine *»enorme Detailversessenheit, das Bestreben, auf höchstem Niveau zu arbeiten und stets neue Impulse zu setzen«*.[33] Das allein ähnelt doch bereits sehr stark der Art und Weise, wie Jan seine Arbeit sieht. Zudem sind beide im positiven Sinne ungeduldig und möchten permanent etwas Neues entwickeln. Sie reflektieren sich sehr genau und kommen nur schwer zur Ruhe. Thomas Mack verrät mir, dass er mit zu viel Freizeit nichts anfangen kann. Er kann nicht nichts tun. *»Ich muss immer etwas machen, bin immer aktiv«*, sagt er mir.

Wenn Jan sagt, dass er für seinen Erfolg schwer arbeitet, dann sagt Thomas Mack auf die Frage, was ihn zum Erfolg geführt hat, etwas ganz Ähnliches: *»Ich habe einen starken Vater an meiner Seite, der uns den Weg gezeigt hat und für mich wie eine Leitplanke ist. Meine Ehefrau Katja trägt alles mit und unterstützt mich in meiner Arbeit. Das wiederum trägt dazu bei, dass ich Leistung bringen kann. Leistung führt zum Erfolg und den habe ich mir hart erarbeitet.«*

Die nächste Generation, das ist bereits die neunte in der Familie Mack, wächst schon heran. Der Spagat für die Eltern besteht darin, bei den Kindern keinen Druck aufzubauen, dass sie in den Park einsteigen müssen, aber dennoch bei ihnen das Feuer für den Park zu entfachen. Und bis dahin werden die Weichen gestellt, dass das Unternehmen, trotz harter Einschnitte während der langen Zeit der Corona-Lockdowns, erfolgreich in die Zukunft gehen kann. Weichen stellen ist hier sogar auch ganz wörtlich zu verstehen. In dem erwähnten Buch über Roland Mack ist zu lesen, dass die Rheintalschiene bis 2042 ausgebaut werden soll und der nahe gelegene Bahnhof Ringsheim im Zuge dessen voraussichtlich einen ICE-Halt bekommen wird.

Seit Januar 2021 hält bereits schon zweimal am Tag ein EuroCity am Bahnhof Ringsheim, der jetzt sogar Ringsheim/Europa-Park heißt. Die Besucher können seitdem ohne umzusteigen in knapp zwei Stunden von Frankfurt am Main nach Ringsheim / Europa-Park fahren. Von dort aus geht es mit dem Bus innerhalb von wenigen Minuten weiter zum Haupteingang des Parks.

Das unterstreicht den Nachhaltigkeitsgedanken im ökologischen Sinne und es zeigt die feste Absicht, das Unternehmen für die nächsten Generationen zu erhalten und zukunftsfähig zu machen.

Es fällt mir schwer, Ihnen nicht noch mehr vom Europa-Park und den Menschen dahinter zu berichten, aber es würde den Rahmen dieses Buches sprengen. Gerne empfehle ich Ihnen die Lektüre des Buches über den Park. Und wenn Sie jetzt Lust bekommen haben, den Park zu besuchen und dort auch zu übernachten, dann verspreche ich Ihnen bereits jetzt, dass Sie vom ersten Moment an ein tolles Erlebnis haben werden. Sobald Sie Ihr Zimmer im Park reserviert haben, erhalten Sie ein »Begrüßungsvideo«, das Sie begeistern wird. Versprochen!

> ### Das Menü von Thomas Mack
>
> **Horsd'œuvre:** Die Grundlage für den heutigen Erfolg bildet die Vergangenheit und die Bodenständigkeit der Familie Mack. Auf dieser Vergangenheit baut alles auf, deshalb bildet sie hier den Start in das Menü.
>
> **Vorspeise:** Die Familie Mack ist Gastgeber von Herzen und steht selten selbst im Mittelpunkt.
>
> **1. Zwischengericht:** In Generationen denken und die Weichen für die Zukunft stellen.
>
> **2. Zwischengericht:** Als weiteres Zwischengericht servieren wir die enge Beziehung zu den Mitarbeitern. Es gibt etwa 1500 fest angestellte Mitarbeiter und um die 3000 Saisonkräfte, die allesamt dafür sorgen, dass sich der Besucher wohlfühlt. Damit sich auch die Mitarbeiter wohlfühlen, gibt es ein eigenes Fitnesscenter, ein Mitarbeiterhaus zum Wohnen, ein breit gefächertes betriebliches Gesundheitsmanagement, kostenfreien Eintritt in den Park und vieles mehr. Kein Wunder, dass die Fluktuation so niedrig ist und es Mitarbeiter gibt, die seit 45 Jahren im Unternehmen arbeiten.
>
> ▶▶▶

3. Zwischengericht: Das dritte Zwischengericht wird von den Gästen immer wieder besonders hervorgehoben und gelobt. Wenn Gäste befragt werden, was sie am meisten schätzen, dann sagen sie, dass es die Sauberkeit in allen Bereichen des Parks ist.

4. Zwischengericht: Als Vorbereitung auf den Hauptgang wird die Innovationskraft gereicht. Stillstand ist Rückstand und deshalb wird die Familie niemals stillstehen, sondern immer nach vorn schauen und in die Zukunft denken.

Hauptgang: »Man muss Menschen mögen« – das ist die Grundvoraussetzung für Thomas Mack, wenn man ein Unternehmen mit knapp 4500 Mitarbeitern führt und jährlich mehr als 5,7 Millionen Besucher im Park hat. Die Wertschätzung gleichermaßen für Gast und Mitarbeiter ist ein zentraler Hauptgang für den geschäftsführenden Gesellschafter. »Die Liebe zum Detail« spiegelt sich in jedem Bereich des Europa-Parks wider. Das macht den Park so besonders und deshalb ist das eine wichtige Beilage zu diesem Hauptgang.

Dessert: Thomas Mack sagt von sich, dass er nicht so der Dessert-Typ ist. Doch wenn wir davon ausgehen, dass wir den Gast mit einem Dessert verabschieden, dann können wir das Zitat von Eugene Chaplin, Sohn des Schauspielers Charlie Chaplin, über den Europa-Park gut verwenden: »Genau wie im Zirkus gehen die Menschen am Ende des Tages mit einem Lächeln im Gesicht und Sternen in den Augen nach Hause.«

Erfolgsformel und Übung

Jans persönliche Erfolgsformel: Ungemütlich sein und dranbleiben

Wenn ich ein Ziel erreichen will, muss ich ständig dranbleiben. Bei mir selbst, aber auch bei meinem Team. Wenn ich beispielsweise eine Grundfitness aufbauen möchte, muss ich regelmäßig etwas dafür tun. Wenn ich mein Team weiterentwickeln möchte, dann muss ich auch da dranbleiben. Das ist für beide Seiten anstrengend und auch mal ungemütlich, aber es lohnt sich.

Übung

Aus meiner Kindheit kenne ich noch den Satz meines Vaters: »Ab morgen setzen wir uns hin und machen Hausaufgaben.« Der Satz galt nicht mir, sondern meinem Bruder. Gesagt – getan! Aber leider wirklich nur am nächsten Tag und vielleicht noch am übernächsten. Und das immer mal wieder, aber niemals kontinuierlich.

Doch genau das ist das »Geheimnis«: Wenn wir etwas verändern wollen, müssen wir dranbleiben. In der einschlägigen Literatur kursieren unterschiedliche Aussagen darüber, wie häufig etwas wiederholt werden muss, damit es zur Gewohnheit wird. Mal liest man von mindestens 21 Mal bis zu 66 Mal. Die 66 Mal stammen aus einer Studie der Wissenschaftlerin Phillippa Lally vom University College in London: »An dieser Studie nahmen 96 Studenten teil. Ihre Aufgabe war es, sich eine gesunde Routine anzueignen und ihr an 84 Tagen hintereinander mindestens einmal täglich nachzugehen Die einen entschieden sich für einen 15-minütigen Spaziergang vor dem Abendessen, die anderen wollten immer mittags ein Stück Obst essen, wieder andere nahmen sich vor, jeden Morgen 50 Sit-ups zu machen. Auf einer Website sollten sie die Fortschritte täglich festhalten – und angeben, ob sie der neuen Angewohnheit schon nachgingen, ohne darüber nachzudenken. Immerhin 82 Teilnehmer hielten bis zum Ende durch. Als Lally die Ergebnisse auswertete, stellte sie fest: Im Schnitt dauerte es 66 Tage, bis die Teilnehmer die neue Aufgabe automatisch ausübten. Ein Tag Pause warf die Teilnehmer nicht entscheidend zurück – gönnten sie sich jedoch häufiger eine Auszeit, wirkte sich das negativ auf den Automatismus aus.«[34]

Gewohnheiten erleichtern unser Leben, und sie tragen dazu bei, dass unser Gehirn effizienter und energiesparender arbeiten kann. So spart es wertvolle Energie, wenn wir nicht immer wieder die Entscheidung treffen müssen, ob wir etwas tun oder nicht tun. Putze ich meine Zähne oder nicht, koche ich mir einen Kaffee bzw. einen Tee oder nicht, lege ich mir den Gurt im Auto an oder nicht – darüber denkt sicher niemand mehr von uns ernsthaft nach. Welches Verhalten möchten Sie sich zur Gewohnheit machen?

Nehmen Sie sich nicht zu viel vor, sondern fokussieren Sie sich auf ein neues Verhalten, das Sie gerne in Ihr Leben aufnehmen möchten. Überlegen Sie sich auch noch mal »Was Habe Ich Davon?« (siehe Kapitel 8), und wenn es für Sie wirklich erstrebenswert ist, können Sie starten. Notieren Sie, was Sie in Ihrem Leben etablieren möchten, und führen Sie eine Art Tagebuch, in dem Sie täglich kurz aufschreiben, ob und wie Sie das neue Verhalten in Ihren Tag integriert haben. Die Visualisierung hilft dabei, dass wir dranbleiben.

10. Weit über den Tellerrand gedacht – frei sein im Denken und Tun

Wissen Sie, was die Formulierung »in Schubladen denken« bedeutet? Schubladendenken erleichtert uns das Leben und ist der Energiesparer für unser Gehirn. Es funktioniert etwa so: Wir sehen eine Person, gleichen sie mit Personen ab, die wir bereits kennen, und stecken sie dann in die entsprechende Schublade. »Die ist so sportlich wie meine Freundin Ulla, also kommt sie zunächst mal in die Sportschublade.« Wenn wir ein Lebensmittel sehen oder einen Geschmack erleben, passiert genau dasselbe. Wir gleichen es mit unseren bisherigen Erfahrungen ab und sortieren es entsprechend ein. Jan sagt von sich, dass er nicht in Schubladen denkt. Das stimmt natürlich nicht, denn davon kann sich niemand frei machen. Doch Jan hat, insbesondere was die Kulinarik anbelangt, ganz andere Schubladen als die meisten von uns. So kommt es dann auch dazu, dass er mit seinem Sous-Chef Stefan eine Rezeptur für eine Briesmilzwurst mit Kaviar und Crème fraîche kreiert. Jan nimmt sich die Freiheit, sich in etwas reinzudenken und es auch mal wieder wegzulegen, wenn die richtige Idee noch nicht kommt. Kreativität entsteht nun mal nicht auf Knopfdruck.

Expertengespräch mit Christian Stahl

Während Jan immer schon wusste, dass er Koch werden möchte, hat mein nächster Gesprächspartner seinen Beruf zunächst erlernt, weil ihm die Ausbildung zum Winzer damals als das »geringste Übel« erschien. Heute betreibt Christian Stahl mit seiner Frau Simone den Winzerhof Stahl im mittelfränkischen Auernhofen. Der Hof ist seit über 200 Jahren in Familienbesitz; jede der Vorgängergenerationen war in der Landwirtschaft tätig, jeweils mit einer anderen Fokussierung. Christians Eltern begannen 1984 mit dem Weinbau und Christian beschreibt, dass er als Jugendlicher wenig Freude hatte, wenn er von seinen Eltern mit in den Weinberg genommen wurde. *»Die Hänge waren steil, es war unbequem, dort zu arbeiten, und es war entweder zu heiß, zu kalt, zu trocken oder zu nass«*, erzählt er mir. Er erinnert sich, dass es *»unfassbar langweilig war, vor allem, wenn man nicht weiß, wofür man es tut«*.

Nach dem Fachabitur wusste er nicht, was er studieren sollte, aber er wusste, dass er kein Landwirt und kein Tierwirt werden möchte, und so erschien ihm die Ausbildung im Weinbau das geringste aller Übel zu sein. Seinem Ausbildungsbetrieb ist es zu verdanken, dass er Spaß an dem Thema gefunden hat. Der heute so erfolgreiche Winzer konnte in einem jungen Team arbeiten und er hat schnell angefangen, seinen eigenen Wein zu machen. *»Das hat sofort gut funktioniert und ich hatte Glück, dass der Zeitpunkt so perfekt war.«* Das begründet er damit, dass es gerade keine so ganz jungen Winzer gab, als er damals anfing, Wein zu machen. Die Kinder der etablierten Winzer waren noch zu jung und die Etablierten schon zu »alt«. Er selbst war zu dieser Zeit Anfang 20 und schnell wurde er als der *»junge, wilde Winzer«* gehandelt.

Christian beschreibt sich als unkonventionell und er erzählt mir, dass er damals schon tätowiert, mit gefärbten Haaren und zerrissenen Jeans zu den Weinpräsentationen gegangen ist. Das Gute war, dass er authentisch war – er musste nichts inszenieren, sondern er hat gemacht, wozu er Lust hatte, und der Wein hat gepasst, erzählt er mir mit einem breiten Grinsen im Gesicht.

Sein erster Wein war ein Müller-Thurgau und er wusste nicht, dass man aus dieser Traube keinen richtig großen Wein machen konnte. *»Ich habe ihn wie einen Riesling behandelt und das hat funktioniert«*, erklärt er mir sein Grinsen. Es erinnert an die Hummel, die nicht wusste, dass sie eigentlich nicht fliegen kann.

Christian Stahl macht auf mich den Eindruck, dass er von Anfang an mögliche Schranken eingerissen hat. Er ist sehr unkonventionell an sein Handwerk herangegangen und der Erfolg gibt ihm recht. Seine Ausbildung im Weinbau ergänzte Christian Stahl noch mit einem Studium zum Diplom-Ingenieur für Weinbau und Önologie an der Hochschule Geisenheim, bevor er den Hof von seinen Eltern übernahm, die beide heute noch eine große Hilfe für ihn sind.

In der Vorbereitung auf das Interview in Auernhofen habe ich gelesen, dass Christian von den damals vorhandenen 1,5 Hektar auf heute 30 Hektar Weinberg aufgestockt hat. Ich frage ihn, wo er den Mut hergenommen hat, sich so zu vergrößern. Er resümiert, dass es weniger Mut als jugendliche Unbekümmertheit war, gepaart mit dem Mindset, »ohnehin niemals scheitern« zu können.

Haben Sie eine Idee, was 30 Hektar Weinberg an Ertrag bringt? Ich hatte überhaupt keine Vorstellung und war ein bisschen sprachlos, als ich gelesen habe, dass er pro Jahr zwischen 250 000 und 300 000 Flaschen Wein produziert.

Der Enkeltrick

Es sprach sich schnell herum, dass Christian die Reben zu gutem Wein keltert, und so kam der Engländer Stuart Pigott ins fränkische Auernhofen. Pigott gilt als renommierter Experte, wenn es um deutschen Wein geht. Er probierte die »Stahl-Weine« und erkannte schnell, dass hier etwas Großes entsteht. So bekam der Winzerhof erste Bewertungen in den angesehenen Weinführern. *»Am Anfang noch etwas gebremst«*, erinnert sich Christian, *»aber dann haben die Menschen verstanden, dass es ernst zu nehmen ist, was ich hier vor Ort mache.«*

Er erkannte dann schnell, dass das Wachstumspotenzial im Taubertal, wo der Winzerhof ansässig ist, für ihn zu klein ist. Das Taubertal hatte 12 Hektar Weinberge und er konnte abschätzen, dass er irgendwann mal maximal 5 Hektar davon haben kann. Das war für ihn schon damals nicht seine finale Betriebsgröße. Ihm war klar, dass er in Zukunft nicht den ganzen Tag im Weinberg auf dem Schlepper sitzen will, sondern dass er die Marschrichtung vorgeben muss, um über die Qualität zu bestimmen. Er vergrößerte sich, indem er im Maintal und im Steigerwald noch Weinberge dazupachtete. Das war nicht nur gut für die Expansion, sondern auch für den Weinstil, den er machen wollte. Denn nun hatte er sogar noch die besseren Lagen wie Silvaner und die internationalen Rebsorten Chardonnay und Sauvignon. Er erklärt mir: *»Für diese Rebsorten ist das Klima im Maintal besser, während für den Müller-Thurgau das Taubertal besser ist.«* Die positiven Nebeneffekte sind die Diversifizierung über die größere Lagenvielfalt und die Risikominimierung vor Frost und Hagel. Seine Reben sind in einem Radius von 50 Kilometern um das Weingut gestreut. Ich vermute, dass dieser große Radius für einen Winzer eher ungewöhnlich ist und Christian stimmt mir zu: *»Ja, es war ungewöhnlich, aber nur, weil es kein anderer gemacht hat.«*

Für ihn gilt, genau wie für Jan, dass er nicht darauf schaut, was andere machen, sondern dass er sich seine eigenen Gedanken macht und überlegt, wie er sie umsetzen kann.

Man muss wissen, dass es gar nicht so einfach ist, Weinberge zur Pacht angeboten zu bekommen. Viele Winzer im Nebenerwerb haben vor 40 Jahren die Reben selbst gepflanzt und möchten sie nun für die eigenen Kinder erhalten. Christian weiß aber, dass die Kinder vielfach kein Interesse daran haben, neben ihrem Hauptjob noch am Wochenende im Weinberg zu stehen. Indem er den Weinbergbesitzern verspricht, dass er die Reben erhält und mit der vorhandenen Anlage weiterarbeitet, bis vielleicht die Kinder das doch mal übernehmen möchten, hat er gute Chancen, Weinberge in exzellenten Lagen zu pachten. Er nennt es liebevoll den »Enkeltrick«, und so werden die alten Reben nicht rausgerissen, sondern von seinem Team gehegt und gepflegt. Da er von Anfang an flexibel und nicht ortsgebunden war, hat Christian es geschafft, kontinuierlich zu expandieren.

Die größere örtliche Verteilung der Reben hat noch einen weiteren

Vorteil. Durch das unterschiedliche Klima gibt es unterschiedliche Lesezeiten. Die Weinlese startet für ihn in der ersten Septemberwoche mit der Vorlese und geht dann bis in die dritte, manchmal vierte Oktoberwoche. Mittlerweile läuft das alles ganz ruhig und routiniert ab. Etwa 20 Helfer sind im Team und jeder weiß, was er zu tun hat. Früher war das anders, erzählt Christian. *»Da haben wir teilweise bis zwei oder drei Uhr nachts gepresst. Das ist etwas, was ich auf jeden Fall besser mache, als ich es damals noch getan habe, und es dient der Qualitätssicherung. Wenn wir keine Hektik haben und alle Spaß an der Arbeit haben, dann passieren auch weniger Fehler.«*

Parallel zu der Expansion im Weinbau haben Christian und seine Frau ein Restaurantkonzept für den Winzerhof entwickelt, angelehnt an die hohe Qualität der Stahl-Weine.

Seine Eltern hatten bereits Hoffeste und Hochzeiten im fränkischen Stil ausgerichtet. Heute gibt es zwei Restaurants auf dem Hof. Einmal ein Fine-Dining in der Vinothek und im Loft. Hier werden exquisite Sechs-Gang-Menüs mit entsprechender Weinbegleitung geboten. Außerdem finden weiterhin Hochzeiten und Bankette auf dem Hof statt. Für diese Feste wird jeweils ein Vier-Gang-Menü angeboten. Der Winzerhof bietet keine »Walk-in-Gastronomie«, aber eine Reservierung ist bereits ab zwei Personen möglich. Dann wird es ein »Private Dining«.

Das Fine-Dining-Konzept wurde entworfen, um Christians Weinkompetenz weiter nach vorne zu bringen. Er erklärt mir: *»Wir müssen verstehen, wie der kongeniale Partner des Weines, also das Essen, funktioniert. Ich kann ja nicht Weine in große Restaurants wie das ATELIER verkaufen wollen, wenn die Weine, die ich produziere, gar nicht dazu passen. Wenn ich lieblichen Bacchus in der Literflasche produziere, dann passt es nun mal nicht zu einem Menü von Jan.«*

Christian hat viel Zeit und Interesse in das Thema gesteckt und er hat sich autodidaktisch das Kochen auf einem hohen Niveau beigebracht.

Es begann damit, dass er die fränkischen Hochzeiten nicht mehr mit Sauerbraten, sondern mit rosa gebratenem Rinderfilet bekochen wollte, weil es besser zu seinen Weinen passt. Seine Mutter fand die Idee gut, doch sie übertrug diese Aufgabe direkt zurück an ihren Sohn.

Zu dieser Zeit waren Sous-Vide-Becken, also Vakuum-Garer, noch unbezahlbar teuer, und so schaffte sich unser Winzer eine paar Glühweinkochtöpfe an, experimentierte ein bisschen und bereitete von nun an in Sous-Vide-Manier für 100 Gäste rosa gebratenes Rinderfilet zu.

Für die Weinkunden richteten Christian und seine Frau Simone eine kleine Open-Air-Gastronomie ein. Am Anfang stand seine Frau in der Küche und bereitete Gerichte zu, die zum Wein passen und möglichst noch einen regionalen Bezug haben. Christian kümmerte sich währenddessen um den Service und die Beratung der Weinkunden.

Als Simone zum ersten Mal schwanger war, haben die beiden die Positionen gewechselt, und so ist es bis heute geblieben. Christian hat, wie gesagt, keine klassische Kochausbildung absolviert, sondern eher aus der Sicht des Ingenieurs gehandelt. Sous-Vide-Garen war für ihn ein Experiment, an dem er so lange getüftelt hat, bis es gepasst hat. Sobald er gemerkt hat, dass etwas funktioniert, hat er den nächsten Schritt gemacht. So hat er sich an die Zubereitung von Fisch gewagt, und als er das konnte, hat er sich überlegt, wie man ein Raviolo »baut«.

Wenn Sie auf seine Website gehen, dann sehen Sie sofort, dass hier auf einem sehr hohen Niveau gekocht wird. Neben den Auszeichnungen »Jungwinzer des Jahres 2008« und »Winzer des Jahres 2018« sowie der »dritten Traube« des »Gault&Millau Wein Guides« stand Christian Stahl 2018 in New York in der Küche beim Eckart-Witzigmann-Preis. 2020 folgten 15 Punkte und damit zwei Hauben im »Gault&Millau Restaurant Guide«, diese wurden auch 2021 bestätigt.

Die Stahl-Weine sind nicht nur in Franken, sondern in der ganzen Welt bekannt. Und wenn Christian mit seinem Wein irgendwo in der Welt unterwegs ist, wird er von den Händlern häufig gebeten, für gute Kunden auch etwas zu kochen. »*Ich lerne jeden Tag dazu und in fremden Küchen lerne ich besonders viel. Vieles davon inspiriert mich so sehr, dass ich es auf die regionale Küche übertrage, so gibt es dann fränkische Ramen*«, nennt Christian mir nur ein Beispiel von vielen.

»Wine« und »Dine« ist das zentrale Thema für ihn und so lerne ich etwas über die Kollektion und die Fließgeschwindigkeit seiner Weine. Christian beschreibt es so: »*Unsere Basisweine sind wie ein Amuse-Bouche. Zu Beginn unserer Menüs servieren wir etwas Leichtes, Unkompli-*

ziertes – bewusst mit weniger Alkohol. Denn am Anfang ist eine gewisse Fließgeschwindigkeit gefragt.«

Kombination aus Situation, Essen und Wein

Die Fließgeschwindigkeit ist für ihn ein wesentliches Thema, wenn er seine Basisweine kreiert, und darum lasse ich mir den Gedanken dahinter näher erklären. Zum leichteren Verständnis versetzt er mich in folgende Situation: »*Stell dir vor, du bist zu einem Essen eingeladen. Dann wirst du höchstwahrscheinlich, bevor du da hingehst, längere Zeit nichts gegessen haben. Du kommst bei deinen Gastgebern an und wirst erst mal ein bisschen plaudern. Da brauchst du einen Wein, der unkompliziert ist und weniger Alkohol hat, denn die ersten Gläser sind ja meistens schnell geleert.*« Die Basisweine sollen einen schönen Start in den Abend bringen – natürlich immer vorausgesetzt, dass man gerne Wein trinkt.

Weinmachen und Kochen liegt für Christian Stahl ganz nah beieinander. Beim Wein ist für ihn, wie in der Küche, das Thema Balance ganz wichtig. Die richtige Balance aus Säure, Süße und Alkohol trägt seiner Ansicht nach zur Fließgeschwindigkeit bei. Und es ist immer eine Kombination aus Situation, Essen und Wein.

Als kleinen Selbsttest für die nächste Einladung bei Ihnen zu Hause, empfiehlt er augenzwinkernd, dass Sie einfach mal sechs verschiedene Flaschen Wein auf den Tisch stellen und die, die als erste leer ist, hat die beste Fließgeschwindigkeit.

Zurück zur Küche auf dem Winzerhof. Christian hat für sich ein System gefunden, mit dem er in seiner gewünschten hohen Qualität kochen kann, und er bekräftigt noch mal, dass er für seine Weine kocht.

Umgekehrt geht es allerdings auch. Wenn er unterwegs ist, probiert er Gerichte und überlegt dann, wie seine Weine dazu passen könnten. So war er einmal in New York in einem indischen Sternerestaurant und durfte folgende Erfahrung machen. »*Ich war von der Küche total begeistert und habe dem Sommelier eine Flasche Scheurebe in die Hand gedrückt und ihn gebeten, zu schauen, ob das von mir bestellte Essen mit der Scheurebe funktioniert. Es hat in der Tat überhaupt nicht funktio-*

niert.« Christian erklärt mir, dass Scheurebe in Kombination mit Schärfe bitter wird. *»Da braucht man eher einen Riesling mit einer Restsüße«*, fügt er hinzu. Diese Erfahrungen macht er, weil er es live ausprobiert.

Durch sein breites Rebsorten-Portfolio schafft er es, fast jeden Küchenstil mit seinen Weinen bedienen zu können.

Grundsätzlich findet Christian Stahl, dass die Arbeit im Weinberg und die Arbeit in der Küche sich sehr ähneln, und doch gibt es für ihn einen gravierenden Unterschied. *»Der Winzer muss immer ein bisschen spekulieren. Wir müssen uns eine Strategie erarbeiten, die auf Erfahrungen und auf Vermutungen basiert.«* Er erklärt mir, dass er immer ein Stück weit mathematisch an die Sache herangeht, und das verdeutlicht er mir an folgendem Beispiel. Es gibt eine bestimmte Menge an Regen, die normalerweise in Deutschland fällt. Die durchschnittliche Niederschlagsmenge im Jahr 2020 betrug in Deutschland 710 Liter pro Quadratmeter. Wenn es also in einem Jahr bis August bereits 500 Liter Niederschlag gab, dann sieht der Winzer die große Chance, dass die Zeit danach nicht komplett verregnet ist. Also wird er die Trauben nicht radikal freistellen. Ist die Vorhersage, dass es danach weiterhin sehr feucht wird, dann ist es wichtig, die Blätter zu entfernen, damit jeder kleine Windstoß die Trauben wieder trocknen kann. Wenn es dann aber beispielsweise im August doch trocken und heiß wird, und er hat die Trauben freigestellt, dann ist das schlecht für die Ernte. Die Trauben bekommen Sonnenbrandschäden. Das wiederum führt dazu, dass die Aromatik der Trauben zerstört wird oder dass sie schlimmstenfalls sogar vertrocknen und keinen Saft mehr geben.

Stress im Weinberg

Sonnenbrand ist für die Trauben genauso schädlich wie »Stress im Weinberg«. Das hört sich eher nach einem Buchtitel zum Thema Burnout an, aber es gibt ihn wirklich.

Gemeint ist damit der Stress für die Reben, der zum Beispiel durch die Begrünung der Weinberge entstehen kann. Ohne dieses Thema weiter auszuführen, bleibt festzuhalten, dass Stress im Weinberg dazu führt, dass in der Folge Weine erzeugt werden, die zwar gut schmecken können, aber nicht langlebig sind. Der Grund dafür ist, dass sie zu schnell gereift sind. Das gilt insbesondere für Weißweine. Bei Rotweinen ist ein moderater Stress sogar wünschenswert, weil die Bitterstoffe dann besser herausgearbeitet werden.

Wir haben bereits gehört, dass Christian ein großes Portfolio an Lagen und Reben hat, und so verfügt er über eine breite und stimmige Weinkollektion. Sie besteht aus den Basisweinen, das sind die, die weniger Alkohol haben und unkompliziert in einen schönen Abend führen. Dann folgen die Mittelstufenweine. Sie sind das Aushängeschild eines jeden Weinguts, weil diese Weine in größeren Mengen verkauft werden.

Auch für Christian sind die Mittelstufenweine das Wichtigste in seiner Kollektion. Das Besondere an diesen Weinen ist, dass sie sowohl solitär als auch als Essensbegleiter funktionieren. Doch die internationalen Weine sind es wiederum, mit denen ein Winzer sich gerne zeigen und vergleichen möchte. »*Die kleinen, feinen Spitzen, die nur in geringen Mengen erzeugt werden*«, so nennt Christian sie.

Bei ihm bilden die internationalen Rebsorten wie Chardonnay und Chenin blanc das Finale seiner Weinkollektion. Um das Finale zu erreichen, ist es wichtig, zu wissen, wo die Stärken liegen. Sowohl die persönlichen Stärken des Winzers als auch die Stärken der verschiedenen Lagen. Der Winzerhof Stahl konzentriert sich bei seinen Weinen auf trocken und weiß.

Genau wie für einen Koch beginnt auch für einen Winzer das gelungene Menü mit dem »Mis en place«, der Vorbereitung des Arbeitsplatzes. Im Falle des Winzers ist es die Arbeit im Weinberg, die die Grundlage für einen qualitativ hochwertigen Wein schafft. Das Menü eines mehrfach ausgezeichneten Winzers sieht wie folgt aus.

Das Menü von Christian Stahl

Amuse-Bouche: Aufbauend auf dem »Mis en place« gibt es vorab die Hygiene im Weinberg. Das Ziel ist immer, eine möglichst perfekte Traube in den Keller zu bringen. Vielleicht fragen Sie sich, warum nur möglichst perfekt? Weil die Natur nicht zu beeinflussen ist, aber sie spielt beim Wein nun mal eine große Rolle.

Horsd'œuvre: Um die Kollektion in einer gewissen Tiefe zu erzeugen, braucht Christian neben den autochthonen Rebsorten auch die internationalen Spezialitäten. Mit autochthonen Rebsorten sind die einheimischen Sorten gemeint, wie zum Beispiel Silvaner, Scheurebe und Müller-Thurgau.

Vorspeise: Die Entscheidung, welche Rebsorten auf welchen Boden gepflanzt werden, kommt als Vorspeise. Denn nur, wenn die richtigen Rebsorten auf den richtigen Böden stehen, können sie am Ende zu einem guten Wein gekeltert werden.

Zwischengericht: Das Zwischengericht beinhaltet bei Christian, möglichst Stress zu vermeiden. Das gilt nicht nur für den Weinberg, sondern auch für die Familie und das gesamte Team. Er meint damit nicht, dass wenig gearbeitet werden soll, sondern dass sich alle wohlfühlen. Er unterstreicht es mit dem Slogan »Happy wife, happy life«.

Hauptgang: Hier nennt Christian das Marketing. Für ihn ist es vor allem ein Mittel der Markenpflege oder, wie es so schön heißt, sein Branding. Dazu gehört, dass er sich bewusst gegen das Abfüllen in Bocksbeuteln entschieden hat, obwohl der Bocksbeutel die typische Flaschenform für Frankenweine ist. Es gibt verschiedene Gründe für diese Entscheidung. Einer davon hängt unmittelbar mit seiner Markenpflege zusammen. Er möchte bei Restaurants und Händlern keine unnötigen Hindernisse aufbauen. Unter dem Motto: »Kein Bedarf, Frankenweine haben wir schon«. Stattdessen sollen sie sich für oder gegen seine Stahl-Weine entscheiden.

Dessert: Zum Dessert serviert er uns sein gutes Zeitmanagement. Das hilft ihm dabei, den Spagat zwischen Koch und Winzer bravourös zu meistern.

Erfolgsformel und Übung

Jans persönliche Erfolgsformel: Frei sein im Denken und Tun

Damit meine ich in erster Linie die Freiheit in meinem Kopf. Das hilft mir dabei, meine Kreativität ausleben zu können und so ganz neue Geschmackserlebnisse zu erzeugen. Dadurch konnte ich meine eigene Handschrift entwickeln. Seien Sie mutig und entfernen Sie die (Gedanken-)Schranken in Ihrem Kopf! Das wird Ihnen ganz neue Perspektiven eröffnen.

Übung

Aber wie entferne ich denn die (Gedanken-)Schranken in meinem Kopf? Diese mentalen Schranken setzen wir uns selbst. Sicher haben Sie schon mal etwas von der Komfortzone gehört. Darin bewegen wir uns besonders gern, weil wir uns sicher fühlen und weil es für uns maximal bequem und behaglich ist. Innerhalb der Komfortzone kennen wir uns aus – da wissen wir, dass wir uns nicht blamieren. Gleichzeitig schränken wir uns in unserer Freiheit im Denken und Tun auch massiv ein, weil wir immer in unserem kleinen Kosmos bleiben und den Schritt nach außen nicht wagen.

Zahlreiche Seminare zur Persönlichkeitsbildung starten mit der Frage: »Was liegt innerhalb Ihrer Komfortzone?« Auf dem Flipchart ist dann ein großer Kreis aufgezeichnet und die Seminarteilnehmer sollen zunächst überlegen, was alles innerhalb ihrer Komfortzone liegt. Singen in der Öffentlichkeit, Marathon laufen, Vertriebsgespräche per Kaltakquise … Je nach Selbsteinschätzung werden Punkte in den Kreis gemalt. Wenn ich jetzt also gefragt werde, ob ein Vortrag vor 100 Zuhörern innerhalb oder außerhalb meiner Komfortzone liegt, würde ich den Punkt mitten in den Kreis setzen, weil ich mich bei diesem Vortrag noch durchaus wohlfühlen würde. Meine beste Freundin hingegen würde bei dieser Frage ihren Punkt an die äußerste Ecke des Flipchart-Blattes, also weit außerhalb des Kreises setzen, weil sie davon ausgeht, dass sie nicht einmal vor fünf Zuschauern sprechen könnte, ohne rot anzulaufen und ins Stammeln zu geraten. Vielleicht hat sie mal genau diese Erfahrung gemacht und ist schnell in die Komfortzone zurückgekehrt. Vielleicht hat sie es aber auch niemals ausprobiert, weil sie davon überzeugt ist, dass sie es sowieso nicht kann. Mal angenommen, sie würde den Schritt wagen und sie wird mit einer guten Erfahrung belohnt, dann hätte sie ihre Komfortzone um ein großes Stück erweitert. Ich habe übrigens keinen Zweifel daran, dass sie es großartig meistern würde, wenn sie bereit wäre, den Schritt aus ihrer persönlichen Komfortzone zu wagen.

Nur wenn wir offen dafür sind, die Sicherheit auch mal aufzugeben, können wir die von uns gesetzten Grenzen und Schranken überwinden. Wenn Jan in seiner Komfortzone geblieben wäre, wäre er niemals ein Drei-Sterne-Koch geworden.

Nehmen Sie sich ein Blatt Papier, malen Sie einen großen Kreis auf und überlegen Sie, was alles innerhalb Ihrer Komfortzone liegt und was außerhalb. Suchen Sie sich dann etwas davon aus, wagen Sie den Schritt heraus und wenn Sie gute Erfahrungen machen, erweitern Sie automatisch Ihre Komfortzone. Sollten Sie zunächst mit Ihrem Ergebnis nicht zufrieden sein, ist es wichtig, noch einmal rauszugehen und es erneut zu versuchen. Hinfallen – aufstehen – Krone richten – weitergehen!

11. Mehr als ein Blick in die Glaskugel – eine klare Sprache sprechen

Von Christian Stahl haben wir gerade gehört, dass er in fremden Küchen am meisten lernt und stets mit einem Koffer voller Inspirationen nach Hause zurückkehrt. Das eint ihn wieder mit unserem Drei-Sterne-Koch Jan. Jan sagt, dass sein größter Impulsgeber seine Reiseerlebnisse sind. Es muss für ihn gar nicht immer die Top-Gastronomie sein, die er besucht. Er sagt: *Für mich ist es am inspirierendsten, wenn ich die Märkte besuche. In Asien beispielsweise gehe ich auf jeden Markt, der sich mir bietet. Da gibt es den Night Market, wie der Name es schon sagt, findet der nachts statt. Oder auf den Wet Market, der auf dem Wasser stattfindet. Es gibt Fleisch- und Gemüsemärkte und das alles inspiriert mich ungemein. Dazu kommt dann das exotische, meist tropische Klima. Es ist eine faszinierende, völlig andere Welt.«*

Jan unternimmt nicht nur Urlaubsreisen in andere Kulturen, sondern er wird auch international gebucht, um in fernen Ländern zu kochen. Seine Auftraggeber sind Hotels, Restaurants beziehungsweise deren Chefköche. So hat er unter anderem bereits in San Francisco, Bangkok, Hongkong, Singapur und Portugal gekocht. Und jedes Land hat seinen besonderen Reiz für ihn. »*In San Francisco habe ich das beste Steak bekommen, in Portugal und Bangkok eine großartige Auswahl an Seafood-Produkten*«, schwärmt er mir vor.

Wenn er in diesen Ländern gebucht wird, überlegt er im Vorfeld sehr sorgfältig, welche Produkte er einsetzen möchte. Im nächsten Schritt muss er sich genau überlegen, wie er sie rechtzeitig und in bester Qualität dorthin bekommt. Jedes Land hat andere Bestimmungen, die penibel beachtet werden müssen. Es kann aber auch schon mal passieren, dass die Ware überhaupt nicht ankommt und er zu 100 Prozent improvisieren muss. So ging es ihm bei einer Veranstaltung in Amsterdam. Er kam dort an und musste feststellen, dass keines der Produkte geliefert worden war, das er im Vorfeld sorgsam ausgesucht und auf den Weg geschickt hatte. Das Besondere an dieser Veranstaltung war im Nachhinein, dass alle Köche gemeinsam geholfen haben. Seine großartigen Kollegen sind für ihn einkaufen gegangen, und so konnte er zumindest improvisieren. Als er nach dem Dinner auf der Bühne stand, »verkaufte« er dieses Ereignis mit Humor. Er bezeichnete es als Probelauf für seinen Einsatz bei »Kitchen Impossible«.

Aber selbst wenn alle Lieferungen ankommen, gibt es immer noch Produkte, die vor Ort gekauft werden. Die wiederum unterscheiden sich im Geschmack und in der Konsistenz von den uns bekannten Produkten. So schmeckt eine Butter oder Sahne in Thailand anders, als wir es hier gewohnt sind, erfahre ich von Jan. Allein das führt zu neuen Aromen- und Geschmackserlebnissen.

Jan ist es wichtig, an dieser Stelle zu sagen, dass seine Reisen ausschließlich dann stattfinden, wenn sein Restaurant geschlossen ist. Der Gast kann immer damit rechnen, dass Jan auch wirklich in der Küche steht, wenn geöffnet ist. Doch es gibt auch ganz wenige Ausnahmen, wie zum Beispiel die Michelin-Gala, bei der die neuen Sterne verliehen werden. In so einem Fall werden die Gäste im Vorfeld darüber informiert, dass Jan an diesem Abend nicht persönlich vor Ort ist. Da kommt es dann tatsächlich vor, dass Reservierungen wieder abgesagt oder verschoben werden.

Wenn der Bauch entscheidet

Von Christian Stahl haben wir im letzten Kapitel gehört, dass ein Winzer mit einer Strategie arbeiten muss, die auf Erfahrungen und auf Vermutungen basiert. Und auf Basis dieser Einschätzung wird letztendlich eine Entscheidung getroffen. Ob sie richtig war, wissen wir meist erst hinterher.

Ich frage Jan, ob es ihm leichtfällt, Entscheidungen zu treffen. Ob er eher ein Kopfmensch oder eher ein Bauchmensch ist. »*Es ist schon besser geworden, aber ich muss immer pro und kontra abwägen. Ich denke mich in die Idee oder Entscheidung erst mal rein. Häufig habe ich ein Bauchgefühl, und das stimmt auch meistens. Trotzdem prüfe ich es noch mal. Selbst wenn ich sage: ›Das finde ich mega‹, schlafe ich noch mal eine Nacht drüber, und wenn ich es dann immer noch mega finde, passt es.*« Auf meine Frage, ob es mal eine Entscheidung gab, von der er heute sagen würde: »Oh, da habe ich falsch entschieden«, antwortet er selbstbewusst: »*Nein, nicht dass ich mich daran erinnere.*«

Aus der Neurowissenschaft wissen wir, dass sowohl der Verstand als auch die Gefühle jeweils ihre Stärken und Schwächen haben. Aber wann sollte man sich auf seine Intuition und wann auf seine Ratio verlassen? Diese Frage wird in einem Artikel der Akademie für Neurowissenschaftliches Bildungsmanagement (AFNB)[35] nicht nur gestellt, sondern auch mit einem schönen Beispiel beantwortet: Wer bereits viel Erfahrung auf einem Gebiet hat, kann sich auf sein Bauchgefühl verlassen. Ist man dagegen ein Anfänger oder Laie, sollte man sich mit der Entscheidung mehr Zeit lassen und sich zunächst ausführlich und analytisch mit der Situation beschäftigen.

Zur Untermauerung wird eine Erkenntnis aus dem Golfsport herangezogen:

★ Profigolfer schlagen ihren Ball am besten, wenn man ihnen keine Zeit lässt, über den Ball nachzudenken.
★ Bei Anfängern verhält es sich genau umgekehrt.

Klar, der Profi hat schon 1000-mal einen Ball geschlagen. Jedes Zögern und Darüber-Nachdenken würde ihn eher in seinem Schwung behindern. Er schlägt den Ball am besten, wenn er ihn aus seinem »Gefühl« heraus schlägt.

Der Anfänger hingegen muss sich beim Aufschwung noch stark konzentrieren. Seine Bewegung ist noch nicht fließend. Alles ist zunächst neu und ungewohnt und in seinem Kopf werden noch bewusste Entscheidungen getroffen.

Mein nächster Gesprächspartner hat sich 2018 einen »Daten-Chip«, einen sogenannten »Cyborg«, unter die Haut implantieren lassen. Und er sagt dazu: »*Es war eine schnelle Entscheidung – ich habe nicht lange überlegt, ich war einfach neugierig.*«

Neugier im Sinne von Wissbegier gehört zu seinem Beruf. Ich frage ihn nach seiner Jobbeschreibung und erhalte folgende Antwort: »*Meine Aufgabe ist es, möglichst viel Wissen anzuhäufen, um sowohl bestehende als auch eigene Annahmen kritisch zu hinterfragen.*«

Haben Sie eine Idee, welchen Beruf mein nächster Gesprächspartner ausübt? Er ist einer der ersten akademischen Zukunftsforscher Deutschlands. Sein Name: Kai Gondlach.

★ ★

Expertengespräch mit Kai Gondlach

Kennengelernt habe ich Kai Gondlach bei der Verleihung des »Corporate Health Awards« im November 2019 in Frankfurt am Main. Bei dieser Veranstaltung werden jährlich die »gesündesten Unternehmen Deutschlands« ausgezeichnet. Die Anwesenden bei dieser Verleihung setzen sich aus zwei Gruppen zusammen: Arbeitsmediziner, also die Betriebsärzte der Unternehmen, und die Kolleginnen und Kollegen aus der Personalentwicklung.

Kai Gondlach hat an diesem Abend eine Keynote gehalten, mit dem provokanten Titel »Das Ende der Personalabteilungen. Warum sich HR selbst abschafft«. Dieser Titel vor ausgerechnet diesem Publikum hat mich aufhorchen lassen und mein Interesse für den Zukunftsforscher geweckt. Als ich dann noch erfuhr, dass auch er in der gehobenen Gastronomie groß geworden ist und leidenschaftlich gern kocht, wusste ich, dass er gut in dieses Buch passen wird. Im Gespräch mit ihm entdecke ich weitere Gemeinsamkeiten zwischen ihm und Jan.

Ich weiß nicht, wie es Ihnen geht. Ich wünsche mir manchmal, dass ich schon mal einen kurzen Blick in die Zukunft werfen könnte. Im gleichen Moment denke ich dann aber wieder: »Ach ne, lieber doch nicht, denn wer weiß, was mich da erwartet.«

Ein Zukunftsforscher schaut natürlich auch nicht in die Glaskugel, sondern er bedient sich der Methodik der Forschung – wie es bereits in seiner Berufsbezeichnung steht.

Zunächst möchte ich von ihm wissen, wie man denn Zukunftsforscher wird. Ich erfahre, dass er einer der wenigen seiner Zunft ist, die es studiert haben. Erst seit 2010 gibt es einen entsprechenden Masterstudiengang an der Freien Universität Berlin. Zu dem Zeitpunkt unseres Gesprächs gibt es in Deutschland etwa 120 Absolventen dieses Studienganges. Weltweit werden etwa 20 solcher Studiengänge angeboten.

Be prepared – sei bereit!

Kai Gondlach hat sich für dieses Studium entschieden, weil er immer schon den Drang hatte, nicht einfach hinnehmen zu wollen, dass Zukunft Schicksal ist. Er führt weiter aus: *»Dieses Denken ist in den Köpfen der Menschen häufig noch tief verankert. Ich habe immer schon gesagt, wenn du mit dem Status quo nicht zufrieden bist, dann ändere doch die Rahmenbedingungen, so weit es geht. Der Erste, der mich auf diesen Weg gebracht hat, war mein Klassenlehrer. Er ›betete‹ uns immer wieder das Motto der Pfadfinder vor: Be prepared, sei bereit!«*

Das bedeutet, wenn man auf alles vorbereitet ist, was passieren könnte, dann ist man eigentlich nie wirklich überrascht. Und genau darum geht es bei der Zukunftsforschung. Zukunftsforscher denken in Szenarien und in Zukünften.

Weil es gerade sehr aktuell ist, greifen wir das Thema Corona-Pandemie auf, und ich frage ihn, ob das vorhersehbar war? Zu meiner Überraschung höre ich, dass mein Gesprächspartner tatsächlich die Pandemie vorhergesagt hat. Um eine solche Prognose treffen zu können, braucht man die richtigen Tools, die entsprechende Methodik und Forschung. Gondlach erläutert, dass es grundsätzlich ja schon klar war, dass es eine Weiterentwicklung des SARS-Virus geben würde. Das ist per se auch nicht weiter ungewöhnlich, denn: *»Viren gibt es schon seit Millionen Jahren.«* Im Jahr 2019 hatte Kai Gondlach verschiedene Aufträge im Gesundheitswesen und das machte es ihm leicht, die Pandemie rechtzeitig anzukündigen.

Aber konnte er auch die Auswirkungen dieser Pandemie abschätzen und vorhersagen?

Ich erfahre von ihm, dass nicht einmal ein Zukunftsforscher etwas vorhersagen kann. Stattdessen erstellt er Szenarien. Damit ich es besser verstehe, beschreibt er folgendes Bild. »*Wenn wir mit einer Taschenlampe ins Dunkle leuchten, dann entsteht ein Lichtkegel. Je weiter wir in die Zukunft strahlen, desto breiter wird der Kegel und desto mehr Elemente / Szenarien müssen wir mitdenken.*« Er beschreibt noch ein zweites Bild, um zu verdeutlichen, was wir über die Zukunft wissen können. »*Alles, was wir über Zukunft wissen können, ist ein Tropfen, und alles, was wir nicht wissen, ist der Ozean. Aber wir haben die Werkzeuge zur Hand, um uns drei oder vier Szenarienbündel zu überlegen und entsprechende Fragestellungen anzustoßen.*« Und genau das macht für ihn die Stärke der Zukunftsforschung aus.

Wenn wir bei dem Thema COVID-19 und dem damit verbundenen Lockdown bleiben, dann sieht ein Zukunftsforscher nicht nur die offensichtlichen Folgen für die Wirtschaft und die Situation in den Krankenhäusern, sondern er wirft Fragestellungen auf, um verschiedene Szenarien zu entwickeln. Fragestellungen wie diese: Was macht es mit einem Menschen, der gewohnt ist, tagsüber aus dem Haus zu gehen, und jetzt plötzlich in Kurzarbeit ist oder im Homeoffice arbeiten muss?

Für Kai Gondlach war sehr schnell klar, dass die häusliche Gewalt zunehmen wird und deshalb auf den Familien ein besonderes Augenmerk liegen muss. Das sind die unmittelbaren Folgen der Pandemie, die mittlerweile jeder von uns hautnah mitbekommen hat.

Was aber, wenn man jetzt fünf, zehn oder gar zwanzig Jahre in die Zukunft schaut? Wir erinnern uns: Der oben beschriebene Lichtkegel der Taschenlampe wird immer breiter und dahinter verbergen sich immer vielfältigere Möglichkeiten für die Zukunft. Kai Gondlach gibt auch zu bedenken, dass in dem Lichtkegel zugleich mehr »Wild Cards« enthalten sind, wie zum Beispiel Pandemien, Katastrophen, ein Super-GAU oder Meteoriteneinschläge. In der Zukunftsforschung versteht man unter »Wild Card« ein unwahrscheinliches Ereignis mit großer Wirkung.

Andererseits sind auch mehr Gedankenspiele möglich, was alles in den Lichtkegel fallen könnte. Das wiederum führt dazu, dass die Zukunftsforscher ein »*Wollknäuel von Zukunftsbündeln aufdröseln*« müssen, um in alle Richtungen zu denken. Hierbei ist wichtig, zu erkennen, dass auch mehr Gestaltungsspielraum bleibt, um das erwünschte Zielbild zu erreichen.

Dazu passt das Zitat von Alan Kay. Der amerikanische Informatiker Alan Kay soll gesagt haben: »*Die Zukunft kann man am besten voraussagen, wenn man sie selbst gestaltet.*«

Zukunftsforschung, bezogen auf das Thema Gastronomie, bedeutet, dass Kai Gondlach sich nicht nur die Gastronomie isoliert anschaut, sondern er achtet auch auf die Märkte drum herum, die Zwänge, die von außen und innen kommen, und die vielleicht veränderten Wertesysteme der Kunden und Gäste. Er betrachtet den Arbeitsmarkt genauso wie Nachhaltigkeitsthemen. Dazu kommen regulatorische Themen, wie beispielsweise Künstliche Intelligenz (KI). »*Muss ich mir Gedanken machen, dass Lieferdienste in fünf Jahren autonome Drohnen hin und her schicken? Ist das eher eine Chance oder eher eine Bedrohung? Jede Fragestellung wird zunächst mal operationalisiert.*«

Das unterscheidet für meinen Gesprächspartner den akademischen Zukunftsforscher von dem Trendforscher. Er fügt hinzu: »*Viele, die als Trendforscher gehypt werden, gehen journalistisch vor. Das ist erst einmal nicht schlimm. Sie behaupten dann aber, sie wüssten, wie die Zukunft wird. Mein Job ist es, alles kritisch zu hinterfragen. Das bedeutet nicht, kritisch dagegen zu sein, sondern zunächst alles wertfrei zu beleuchten.*«

Weiter bemängelt er, dass einige seiner Kolleginnen und Kollegen ihre Prognosen einfach nur auf gut oder schlecht runterbrechen. »*Es gibt die Kollegen, die sagen, dass nach Corona alles super wird, und andere Zukunftsforscher behaupten, dass nach Corona alles den Bach runtergeht.*« Kai Gondlach möchte mit seinen Vorhersagen ein Gleichgewicht finden. Aus heutiger Sicht wissen wir, dass die Pandemie und die mehrfachen Lockdown-Zeiten große Schäden angerichtet haben, nicht nur wirtschaftlich. Auf der anderen Seite sehen wir aber auch, dass das COVID-19-Virus dem Klima gutgetan hat und es vielen Menschen dabei geholfen hat, zu entschleunigen. Außerdem sind neue Wertesysteme entstanden. Es ist also nicht alles nur gut oder schlecht.

»Erst kommt das Fressen, dann die Moral«

Corona hat auch unser Essverhalten verändert. 2020 wurde erstmals seit Beginn der Berechnung im Jahr 1989 weniger Fleisch konsumiert. Das geht aus einer Berichterstattung bei »ZDF heute«[36] hervor, die sich auf den Ernährungsreport des Bundesinformationszentrums Landwirtschaft beruft. Diese Zahlen sagen allerdings noch nichts über die Qualität aus, und das weiß auch Kai Gondlach. Er zitiert Bertolt Brecht: »Erst kommt das Fressen, dann kommt die Moral.«

Gondlach hat zunächst Soziologie studiert und so übersetzt er das Brecht-Zitat in die heutige Zeit: »Erst kommt der Preis, dann die Sozialisation.« Aus Umfragen wissen wir, dass 85 Prozent der befragten Deutschen angeben, dass ihnen das Tierwohl am Herzen liegt. Wenn sie dann im Supermarkt einkaufen gehen, greift der überwiegende Teil doch wieder zu Billigfleisch aus Mastbetrieben.

Ein Blick in die Zukunft führt uns zu dem Thema, dass Fleisch schon bald auch in größeren Mengen und zu einem akzeptablen Preis synthetisch hergestellt werden kann. Für unser Klima wäre das eine tolle Entwicklung, aber wird so etwas wirklich kommen?

Kai Gondlach sagt ganz klar: »*Ja!*« Seit dem Jahr 2017 prognostiziert er, dass innerhalb der nächsten fünf Jahre mindestens einer der großen Systemgastronomen anfangen wird, 3-D-Fleisch zu drucken und zu vertreiben. Er erzählt mir, dass Israel bei diesem Thema weit vorn ist und dass dort bereits bewiesen wurde, dass man sechs Kilo Fleisch pro Stunde drucken kann. Das Fleisch wird synthetisch aus pflanzlichen Produktstoffen und tierischen Zellen gezüchtet. Im Jahr 2009 gelang das wohl zum ersten Mal. Da kostete ein 150 Gramm schwerer Burger-Patty noch 160 000 Dollar. Fünf Jahre später fiel der Preis auf unter 100 Dollar. Das bestärkt Gondlach in seiner Annahme, dass die Systemgastronomie auf diesen Zug aufspringen wird.

Vielleicht fragen Sie sich, was Fleisch aus dem 3-D-Drucker noch mit Sternegastronomie und Genuss zu tun hat. Für einen Zukunftsforscher ist es ein Szenario, was unbedingt weiterbetrachtet werden muss. Für einen Sternekoch wie Jan ist es zum jetzigen Zeitpunkt nicht denkbar, mit synthetisch hergestelltem Fleisch zu kochen. Er weiß aber auch, dass es im Kontext mit der angestrebten Minimierung des CO_2-Fußabdrucks und dem steigenden Bewusstwerden für das Tierwohl eine echte Alternative sein kann, Fleisch synthetisch herzustellen. Seine ganz eigene Meinung hat er auch zu Produkten, die sich Fleisch nennen, aber keinerlei Fleisch enthalten. *»Ich verstehe auch nicht, warum ein Schnitzel aus Tofu Schnitzel heißen muss. Wenn ich das essen möchte, dann kann ich doch auch Tofu oder Seitan oder so bestellen und muss nicht Schnitzel sagen. Ich selbst habe in Asien schon hervorragende Tofu-Gerichte gegessen. Aber die hießen dann auch Tofu und nicht Schnitzel oder Frikadelle.«*

Und wenn wir über Fleisch aus dem 3-D-Drucker sprechen, dann kommen wir auch schnell zu dem Thema, dass Insekten die perfekten Eiweißlieferanten in unserer Ernährung sein könnten und es in Zukunft wohl auch werden. Ich weiß nicht, wie es Ihnen geht, aber ich kann mich noch nicht mit dem Gedanken anfreunden, Mehlwürmer und Heuschrecken zu essen. Auch wenn ich weiß, dass es reine »Kopfsache« ist, denn ich esse ja auch Krabben, Miesmuscheln und Austern. Ich frage Jan nach seiner Meinung und auch er kann sich nicht vorstellen, was an einem Käfer lecker sein soll.

Selbst unser Zukunftsforscher mahnt bei dem Thema Insekten zur Vorsicht. *»Es kann schon Kreise geben, in denen das akzeptiert wird. Es ist auch längst kein Hype mehr, sondern ein großer Trend, auch in Europa. Schließlich stehen die Mehlwürmer ja bereits in den Supermärkten.«*

Man stellt sich die Frage, ob es in der Haute Cuisine gut ankommen würde, wenn auf dem Dessert einfach noch ein Mehlwurm drapiert wird. Seiner Meinung nach kann das super funktionieren. *»Auch wenn jetzt viele sagen: ›Iiieh, wie eklig‹, und ein Shitstorm losgeht. Genau das kann aber wiederum auch die größte Publicity sein und einen Zustrom an neuen Gästen bringen. Wenn dann darüber berichtet wird, sagen vielleicht immer mehr Menschen: ›Oh, dafür wäre ich offen, das habe ich schon mal gelesen‹«*, so die Vermutung von Kai Gondlach.

Bleiben wir noch mal bei den Begriffen Hype und Trend. Ich möchte von ihm wissen, woran ich überhaupt einen Trend in der Gastronomie erkenne und woher ich dann weiß, dass ich diesen Trend aufgreifen muss?

Ich bekomme folgende Antwort: »*Ich würde noch weit vorher einsteigen, nämlich bei dem Signal. Vor dem Hype kommt zunächst das Signal. Wenn beispielsweise ein Restaurant etwas anbietet, was komplett gegen die Norm geht, ist das ein Signal. Wenn ein zweites Restaurant aufspringt, bleibt es immer noch ein Signal. Wenn aber plötzlich dasselbe in einer anderen Stadt passiert und sich über eine Saison hält, kann man schon von einem Hype sprechen. Das Signal hat die kürzeste Verweildauer. Von einem Hype spricht man, wenn er sich eine Saison hält, und ein Trend wird es, wenn sich der Hype deutlich länger als eine Saison hält. Das Größte, was wir haben, ist ein Megatrend.*« Die aktuellen Megatrends sind unter anderem die Digitalisierung und der Klimawandel. Ein Megatrend ist etwas, was sich über Jahrzehnte erstreckt und noch lange nicht fertig ist. Bei den beiden oben genannten Megatrends stecken wir mittendrin.

Kai Gondlach erzählt mir, dass er gerade an einem Buchprojekt arbeitet. Er hat etwas identifiziert, was noch viel größer und bedeutender ist als ein Megatrend. Mehr darf und will er aber an dieser Stelle noch nicht verraten.

Einen Hype erklärt er mir an dem Beispiel Bubble Tea. Das war ein Hype. Das konnte man beim Entstehen des Phänomens noch nicht abschätzen. Wenn man jetzt hätte wissen wollen, ob der Bubble Tea etwas ist, was sich mehrere Jahre oder mehrere Saisons trägt, dann hätte man sich das Umfeld ein bisschen genauer anschauen müssen. Welche Unternehmen bieten den Bubble Tea an? Ist es zum Beispiel ein Unternehmen in der Größenordnung von Starbucks, die es aussitzen können, wenn beispielsweise im Winter die Umsätze rückläufig sind? Werden aktuelle Konsumententrends mit diesem Getränk angesprochen? Wo findet man das Getränk? Die Bubble-Tea-Stores waren meistens an den Ausgängen von großen Shopping-Centern und Bahnhöfen zu finden. Das heißt, man kam immer vorbei und hat es immer gesehen. Das war schon mal gut. Influencer haben es getrunken und gepostet und daher kam die Dynamik. Aber es blieb ein Sommergetränk, und weil keine finanzstarken Unternehmen dahinterstanden, hatten die Bubble-Tea-Buden nicht das Geld, den Winter zu überstehen. Ansonsten hätte aus diesem Hype durchaus ein Trend werden können. Das ist nicht passiert.

So schnell, wie sie am Markt aufgetaucht sind, so schnell sind sie auch wieder verschwunden.

Ein aktueller Trend, der ganz sicher überleben wird, ist der Trend zur Ernährungsweise als Flexitarier, denn er passt zum aktuellen Zeitgeist. Flexitarier essen im Grunde genommen alles. Sie lassen Fleischkonsum zu, stellen es aber nicht in den Mittelpunkt. *»Wenn jetzt ein Hype kommt, zum Beispiel getrocknetes Fleisch, dann würde ich mir das sehr genau anschauen, weil es konträr zum Haupttrend (weniger Fleisch) steht«*, so Kai Gondlach.

Ein Hype hat also die Chance, zum Trend zu werden, wenn er entweder zum Zeitgeist oder zum Megatrend passt. Dann muss ein Influencer es mit einer nennenswerten Anzahl von Followern teilen. Kai Gondlach verschweigt aber auch nicht, dass man mit möglichst viel Geld reingehen muss, um aus dem Hype einen Trend entstehen zu lassen. Er schätzt, dass von 100 Start-ups vermutlich 95 nicht durchkommen. Fast das Gleiche gilt für Hypes. Von 100 Hypes überlebt einer das erste Jahr.

Gondlach führt weiter aus, dass es Trenddatenbänke gibt. Die zeigen ganz genau, welche Trends sich in den nächsten Jahren durchsetzen werden. Da gibt es den Selbstoptimierungstrend. Das ist ein wichtiger Trend, der ganz unterschiedlich ausgeprägt ist, aber sicher nicht zum Massentrend wird.

Der wichtigste vorhersehbare Trend in der Nahrungsmittelbranche sind für den Zukunftsforscher individualisierte Produkte. *»Also nicht nur auf dem Teller im Restaurant, sondern bis hin zu dem Punkt, dass man eine Kundendatei hat, wo drinsteht, dass Herr Gondlach einen niedrigeren Eisenspiegel hat als andere und deswegen seinem Essen künstlich Eisen zugeführt werden muss.«* Das ist ein Haupttrend, weil es mehreren großen Trends entspricht und große Unternehmen sich bereits in Stellung bringen, führt Gondlach weiter aus. In Deutschland gilt allerdings bisher noch, dass man dem Essen keine Vitamine zusetzen darf, und so wird es noch dauern, bis sich dieser Trend bei uns durchsetzen wird.

Grundsätzlich ist es mit einem Hype ein bisschen wie an der Börse. Wenn beim Bäcker darüber gesprochen wird, welche Aktie sich Erfolg versprechend entwickelt, sollte man sie spätestens schon wieder verkaufen. Wenn ich nun schaue, was ein Hype ist und was schon viel kopiert wird, dann kann ich davon ausgehen, dass es sich durchsetzt und ein Trend wird. Um damit das große Geld zu machen, bin ich aber leider schon zu spät.

Was mache ich, wenn ich wie Jan Hartwig eine Einzelperson bin und mit einem Trend nicht unbedingt das große Geld machen will, aber trotzdem wissen möchte, was meine Gäste morgen von mir erwarten?

Ich habe mein Gegenüber ein bisschen ins Grübeln gebracht. Dann kam diese Antwort: »*Eigentlich kann man da sämtliche Werkzeuge anwenden, die man aus dem modernen Innovationsmanagement kennt. Das funktioniert im Großen wie im Kleinen.*« Gondlach ist kein großer Fan davon, Kunden zu befragen, was sie morgen wollen. Er sagt: »*Das wissen die selbst am wenigsten. Die können dir genau sagen, was sie heute blöd finden, aber nur ganz wenige können sagen, was sie in Zukunft wollen. Marktforschung ist gut für alles, was zurückliegt, aber schlecht, um wirklich Neuartiges zu entwickeln. Und darum geht es ja einem innovativen Koch. Überraschende neuartige Ideen entwickelt man nur dann, wenn man sich mit verschiedenen Stakeholdern zusammensetzt und darüber unterhält. Das kann zum Beispiel ein Workshop-Format sein, muss aber nicht.*«

Von Jan weiß ich, dass es zahlreiche Kongresse und Symposien gibt, bei denen sich die Köche austauschen und gegenseitig inspirieren. In der ganzen Welt gibt es unterschiedliche und durchaus spannende Formate. Aber auch die Vernetzung und der Austausch über Instagram sorgen bei den Küchenchefs für neue Ideen. Jans größter Impulsgeber sind jedoch seine Reiseerlebnisse, über die wir bereits zu Beginn dieses Kapitels gehört haben.

Noch mal zurück zu Kai Gondlach. Ich frage ihn, ob er auch mal eigene Annahmen aufgestellt hat, bei denen er dann feststellen musste, dass er in die falsche Richtung galoppiert ist.

Er überlegt lange und antwortet dann: »*Ich habe vier Jahre bei einem größeren Trendforschungsunternehmen gearbeitet. Da waren wir stark wirtschaftlich und technologisch fokussiert, zumindest in der Außenkommunikation. Und damals waren unsere Vorhersagen in der*

Entwicklung von ›Smart Home‹ zu euphorisch. Da haben wir die Sozialisation, also die Menschen, nicht miteinbezogen. Das passiert mir nicht mehr. Jetzt öffne ich meinen Blick in alle Richtungen. Das ist einer der Gründe, warum ich mich selbstständig gemacht habe.«

Mit einem Zukunftsforscher wie Kai Gondlach kann man ganz wundervoll in viele Themengebiete eintauchen und wir mussten uns immer wieder auf unser eigentliches Thema besinnen. Das Menü, das er mir zum Schluss mitgibt, hätte auch locker 20 Gänge haben können, aber wir haben es geschafft, die sechs wichtigsten Gänge zu extrahieren.

Wenn Sie noch ein bisschen mehr über seinen »Chip« erfahren möchten, den er sich in die Hand implantieren lassen hat, dann schauen Sie gleich ins Postscriptum. Da erzählt er, was er damit (theoretisch) alles tun kann.

Das Zukunftsforscher-Menü von Kai Gondlach

Horsd'œuvre: Zum Einstieg in das Menü servieren wir Ethik. Das ist das Allerwichtigste für einen Zukunftsforscher.

Vorspeise: Es folgt sofort die Wissenschaft. Damit die Wissenschaft nicht zu trocken wird und die Fakten hängen bleiben, fügt Gondlach noch eine Prise Unterhaltung dazu. Er versteht sich als »Alle-Leute-Prof«. Das ist auch sein USP in seinen Keynotes.

1. Zwischengericht: Jetzt bietet und erwartet er Flexibilität. Ein Alltagsbeispiel dazu ist seine große Reisetätigkeit. Da kann es passieren, dass er kurzfristig bei Kunden oder Freunden anruft und verkündet: »Ich bin gerade in Stuttgart und habe zwei Stunden Zeit.« Von seinem Umfeld fordert er diese Flexibilität ein.

2. Zwischengericht: Ein zweiter Zwischengang ist die Emergenz. Emergenz wird häufig mit dem Satz »Das Ergebnis ist mehr als die Summe seiner Teile« übersetzt. Kulinarisch gesehen macht es einen gravierenden Unterschied, ob ich Champignons, Zwiebeln, Petersilie, Sahne und Pasta einzeln koche und auch einzeln esse oder ob ich es in einer raffinierten Rezeptur zusammenfasse und als großartiges Gericht serviere. Dann ist das Geschmackserlebnis viel größer, als es die einzelnen Zutaten für sich sein können.

> **3. Zwischengericht:** Innovation ist das nächste Zwischengericht. Und die geht nur mit Neugier.
>
> **Hauptgang:** Die Idee ist ein sehr großes Hauptgericht und es basiert wieder auf der Ethik. Gondlach: »Ich messe meine Erfolge nicht in Geld, sondern an der Anzahl der Menschen, die ich mit einer Idee erreichen kann.«
>
> **Dessert:** Und zum Dessert gibt es das: Unser Weltbild ist stark geprägt durch dichotomes Denken. Also: schwarz / weiß, gut / schlecht, alt / jung, Stadt / Land. Wenn man so denkt, dann werden keine Gemeinsamkeiten gesehen. Es wird keine Schnittmenge geben. Insbesondere in Zukunftsthemen denken Menschen häufig, es gibt nur entweder / oder. Es wird alles gut oder es wird alles schlecht. Wenn man aber mehrere Spektren erkennt, dann gibt es mehr als schwarz / weiß. Und genau das macht die Arbeit des Zukunftsforschers aus.

Erfolgsformel und Übung

Jans persönliche Erfolgsformel: Eine klare Sprache sprechen

Kennen Sie den Satz: »Nur sprechenden Menschen kann geholfen werden«? Sagen Sie ganz klar, was Sie meinen und möchten! Reden Sie nicht um den heißen Brei, sondern sprechen Sie eine klare Sprache! Mir hat das viele Türen geöffnet, und es hilft mir in der Zusammenarbeit mit meinem Team. Wir wissen, was wir voneinander erwarten.

Übung

> Apropos Zukunft. Wie viel Zukunft haben Sie denn voraussichtlich noch vor sich? Und wie wollen Sie die gestalten?
>
> Die durchschnittliche Lebenserwartung bei der Geburt in Deutschland belief sich 2020 für Männer auf 78,9 Jahre und für Frauen auf 83,6 Jahre. Nehmen Sie sich jetzt entweder ein Maßband oder ein großes Blatt

Papier. Wenn Sie sich für das Papier entscheiden, zeichnen Sie einen Zeitstrahl auf: von 0 bis entweder 79 oder 84, je nach Geschlecht. Machen Sie ein Kreuz bei Ihrem jetzigen Lebensalter. Wenn Sie ein Maßband zur Hand haben, schneiden Sie es bei der 79 bzw. 84 ab. Am eindrucksvollsten ist es, wenn Sie es jetzt auch noch an der Stelle abschneiden, wo sich Ihr derzeitiges Lebensalter befindet. Je nachdem, wie alt Sie sind, haben Sie jetzt noch sehr viel Zeit vor sich oder etwas weniger. Egal wie, überlegen Sie sich genau, was Sie mit dieser verbleibenden Zeit anfangen möchten.

In diesem Zusammenhang wird häufig die Bestsellerautorin Bronnie Ware zitiert. Ihr wohl bekanntestes Buch heißt »5 Dinge, die Sterbende am meisten bereuen«.[37] Die Autorin weiß, wovon sie spricht, denn sie hat viele Jahre als Palliativ-Krankenschwester gearbeitet und Sterbende in den Tod begleitet. Am häufigsten musste sie hören, dass die Sterbenden es bedauern, ihre eigenen Ansprüche und Wünsche häufig hintangestellt zu haben: »Ich wünschte, ich hätte nicht so viel gearbeitet«, »Ich wünschte, ich hätte den Kontakt zu meinen Freunden gehalten«, »Ich wünschte, ich hätte mir mehr Freude gegönnt«. Das sind nur drei von fünf Versäumnissen, die Sterbende beklagen.

Damit Ihnen das nicht passiert, schreiben Sie jetzt mindestens drei Dinge auf, die Sie wirklich glücklich machen und die in letzter Zeit zu kurz gekommen sind.

Um diese drei Sachen sollten Sie sich jetzt regelmäßig kümmern. Diese Liste kann selbstverständlich erweitert werden.

12. Stärken und Talente – immer 100 Prozent geben

In Kapitel 8 haben wir bereits gelesen, dass Jan den Jahrhundertkoch Eckart Witzigmann zu den ganz großen Reformatoren der gehobenen Küche zählt. Witzigmann hat die französische Nouvelle Cuisine nach Deutschland gebracht. Wegbereiter für diese Art des Kochens waren die Franzosen Auguste Escoffier und Paul Bocuse.

Escoffier, Bocuse und Witzigmann sind für Jan die drei großen Reformatoren, die das Fundament für die heute noch gültige Haute Cuisine gelegt haben.

Als Innovatoren innerhalb der Spitzengastronomie sieht unser Drei-Sterne-Koch seine Kollegen Ferran Adrià, der als Begründer der Molekularküche bekannt ist, und René Redzepi. Von Redzepi haben wir bereits gelesen. Er ist der Inhaber des NOMA und laut Jan ist der »Redzepi-Effekt« in ganz Kopenhagen zu sehen und zu spüren. So nennt er ihn auch den Begründer der Nordic Cuisine.

Alle fünf genannten Köche haben zunächst ihr Handwerk ordentlich erlernt. Wir wissen von Jan, dass eine gute Ausbildung für ihn die Grundlage bildet. Darauf kann sich dann Kreativität und Innovation aufbauen. Jan behauptet von sich, dass er zwar äußerst kreativ ist, aber nicht unbedingt innovativ. Ich gebe mich mit der Aussage nicht zufrieden und möchte von ihm wissen, was denn aus seiner Sicht heute eine Innovation in der Küche sein könnte?

Seine Antwort überrascht mich zunächst. Doch wenn ich darüber nachdenke, dann passt sie wiederum perfekt zu der Lebenseinstellung unseres Drei-Sterne-Kochs. Eine Innovation wäre für ihn ein Restaurant mit sieben Services. Der erste Service wäre Montagmittag und der letzte würde Donnerstagnacht enden. Seine Begründung: »*Ich hätte die besten und die glücklichsten Mitarbeiter. Sie könnten zu jedem Geburtstag, zu jedem Fußballspiel und zu jeder Hochzeit gehen ... Und ich will es ja nicht nur für meine Mitarbeiter, ich will es ja auch für meinen eigenen Spaß. Wenn alles gut geht, mache ich diesen Job noch 25 bis 30 Jahre, und dann möchte ich Spaß dabei haben.*«

Mit Spaß geht alles leichter und Spaß ist auch durchaus eine gute Voraussetzung, um mit dem was man tut, erfolgreich zu werden. Auf diesem Gebiet kennt sich mein nächster Gesprächspartner, Frank Rebmann, besonders gut aus.

★ ★

Expertengespräch mit Frank Rebmann

Frank Rebmann ist Philosoph, Buchautor[38] und Geschäftsführer des Trainingsinstituts Stärkentrainer GmbH in Stuttgart. Außerdem hat er Psychologie studiert. Auch wenn es bei ihm keinerlei gastronomischen Hintergrund gibt, passt er mit dem, was er tut und was er lehrt, perfekt zur Denkweise unseres Sternekochs Jan Hartwig.

Ich erfahre, dass die Stärkentrainer GmbH das einzige Trainingsinstitut in Deutschland ist, das ausschließlich stärkenorientierte Trainings anbietet. Wie kann das sein? Diese Frage stelle ich meinem Gesprächspartner, der vor zehn Jahren das Trainingsinstitut gegründet hat. Er führt das darauf zurück, dass wir insbesondere in Deutschland immer noch Mythen hinterlaufen, die wissenschaftlich längst widerlegt sind. Und dennoch werden sie pausenlos »hervorgekramt«.

Mythos Nummer 1 beschreibt Frank Rebmann so: »*Schwächen sind leichter weiterzuentwickeln als Stärken. Vielfach vermutet man, dass in unseren Schwächen die größte Leistungssteigerung liegt. Das ist aber schlichtweg falsch, wie man aus zahlreichen Studien der Stärkenforschung in der Zwischenzeit weiß.*«

In seinem Buch »Der Stärken-Code« beschreibt mein Gesprächspartner dazu ein Experiment zur Lesegeschwindigkeit bei Schülerinnen und Schülern, das vom Forschungsinstitut Gallup durchgeführt wurde.

Getestet wurde in zwei Prüfungen. Nach der ersten Prüfung zeigte sich, dass es Schüler gab, die eine eher durchschnittliche Lesegeschwindigkeit aufwiesen, und andere, die überdurchschnittlich schnell lesen konnten. Für Frank Rebmann ist bei der zweitgenannten Gruppe ein klares Talent erkennbar. Jetzt teilte man die Prüflinge genau in diese zwei Gruppen ein. Alle trainierten beharrlich über mehrere Wochen das Schnelllesen. Die zweite Prüfung ergab, dass die zu Beginn eher durchschnittlich begabten Schülerinnen und Schüler ihr Lesetempo nur moderat gesteigert hatten. Nämlich von zunächst 90 Wörtern in der Minute auf 150 Wörter pro Minute.

Doch die bereits zu Beginn besonders Begabten steigerten ihre Leistung um das Achtfache (!), nämlich von zunächst 350 Wörtern auf 2900 Wörter in der Minute. Das unterstreicht den Trainingsansatz von Frank Rebmann und seinem Team. Nämlich dass es viel effizienter ist, die Stärken weiter auszubauen, als an den Schwächen herumzudoktern.

Über den Mythos Nummer 2 »Nur wenn etwas anstrengend ist, bringt es etwas!« sagt Frank Rebmann: »*Genau das Gegenteil ist der Fall, wie schon das Beispiel mit dem Lesetest gezeigt hat. Die Schüler mit den 2900 Wörtern meinten, dass ihnen das schnelle Lesen leicht von der Hand gegangen sei, während die Schüler, die nur auf 150 Wörter kamen, es als sehr anstrengend empfunden haben.*«

Dieses Seminar hat mein Leben verändert

»*Leider verstehen viele Unternehmen immer noch nicht, was sie davon haben, wenn sie die Stärken ihrer Mitarbeiter weiterentwickeln. Und solange ein Unternehmen der Meinung ist, dass ein Stärkentraining für die Mitarbeiter nur ›nice to have‹ ist, werden auch nur wenig Stärkentrainings gebucht. Deshalb ziehen sich andere Trainingsinstitute aus dem Thema zurück.*« Für Frank Rebmann war und ist es jedoch eine Herzensangelegenheit, die Stärken der Menschen zu stärken. Er und sein Team bekommen sogar häufig die Rückmeldung: »Dieses Seminar hat mein Leben verändert.« Das geschieht vor allem dann, wenn Teilnehmer zum ersten Mal erkennen, dass sie Talente und Stärken haben, die sie vorher noch gar nicht kannten.

Aus diesem Grund wurde mein Gesprächspartner von einem seiner Kunden auch mal als Stärken-Scout bezeichnet. Er sagt über sich: *»Ich sehe oft Stärken in Menschen, die sie selbst nicht sehen.«*

Damit hat er auch ein Stück weit sein eigenes Talent gefunden. Aufgefallen ist ihm das, als er mit einem Trainerkollegen abends nach einem Training zusammensaß und sie sich über die Seminarteilnehmer unterhielten. Während der Kollege die einzelnen Teilnehmer nur sehr oberflächlich wahrgenommen hatte, konnte Frank Rebmann die Stimmung und die Stärken eines jeden Teilnehmers sehr detailliert beschreiben. Nachdem ihm dieses Talent bewusst war, hat er es immer weiter zu einer Stärke ausgebaut.

In seinen Trainings ist er mittlerweile dafür bekannt, dass er bereits in der Vorstellungsrunde Stärken seiner Teilnehmer erkennen und sie öffentlich benennen kann. Und damit es mehr als »Kaffeesatz lesen« ist, begründet er ganz genau, woran er die Stärke erkannt hat.

Seit Frühjahr 2020 finden anstelle der Präsenzseminare vermehrt Onlinetrainings statt. Und so hat unser Stärkentrainer sich getraut, auch bei diesem Format bereits in der Vorstellungsrunde die Stärken seiner Seminarteilnehmer zu benennen. Er gibt zu, dass am Anfang die Trefferquote noch nicht gleich bei 100 Prozent lag, sondern er es online auch erst trainieren musste. Ein Talent erkennen wir daran, dass uns etwas leicht von der Hand geht. Und wenn uns die Ausübung dieses Talents auch noch Freude macht, dann ist die Wahrscheinlichkeit hoch, dass wir auch eifrig üben und daraus eine Stärke entwickeln. So wie unser Sternekoch Jan Hartwig es stets getan hat und heute noch tut. Genauso haben wir es bei dem Rallyeweltmeister Sébastien Ogier gehört, und wir werden es in Kapitel 13 auch noch bei Hermes Gehnen erkennen.

Umgekehrt ist es eher schwierig. Wenn ein Talent nicht vorliegt, ist es unmöglich, daraus eine Stärke zu entwickeln.

Frank Rebmann berichtet, dass viele seiner Kollegen auch heute noch propagieren, dass man nur lange genug üben muss, um jede gewünschte Stärke entwickeln zu können. Hier wird auch gerne von der

10 000-Stunden-Regel Gebrauch gemacht. In Rebmanns Buch ist zu lesen, dass die 10 000-Stunden-Regel auf der Aussage des US-Psychologen Anders Ericsson beruht. Ericsson glaubte nicht an die Gene, sondern setzte auf den Fleiß. Das wird auch heute noch eifrig nachgeplappert, obwohl es schon längst wissenschaftlich widerlegt ist.

Ein Forscherteam um den Psychologie-Professor David Z. Hambrick wertete zahlreiche Talentstudien aus und kam zu dem Schluss, dass Üben zwar wichtig ist, aber lange nicht so wichtig wie bisher angenommen. Das belegt auch, dass mangelndes Talent nicht durch Fleiß kompensiert werden kann. Einfach ausgedrückt bedeutet das, wenn uns ein Talent fehlt, dann können wir trainieren, so viel wir wollen, wir werden dennoch keine Bestleistung erzielen. Die Wissenschaftler überprüften das in den Bereichen Spielen, Musik, Sport, Bildung und Beruf[39]. Im Kontext »Beruf« stellten sie fest, dass Üben nur einen minimalen Erfolg bringt, wenn das Talent fehlt. Man könnte fast glauben, dass die Forscher den Beruf des Sternekochs im Fokus hatten, denn hier spielt Talent tatsächlich eine überaus große Rolle.

Ich habe Jan explizit gefragt, wie er den Stellenwert von Talent für seinen Beruf einstuft. Seine Antwort überrascht sicher nicht. »*Es hört sich vielleicht absolut an. Aber ich bin davon überzeugt, dass ein gewisses Talent vorhanden sein muss, um ein guter Koch werden zu können. Vieles kann man trainieren. Sicher ist es möglich, dass jemand lernt, ein Geflügel perfekt zu zerlegen. Und das kann er dann üben und immer besser darin werden, doch um gut kochen zu können, ist Talent aus meiner Sicht unverzichtbar.*«

Jan zieht zum wiederholten Male den Vergleich zum Fußball. »*Ein Ronaldo ist doch auch nicht in jeder Position gut.*« Jan sieht sich hier in der Rolle des Trainers. Er muss die Stärken und Schwächen in seinem Team erkennen und die Positionen entsprechend klug besetzen. Er räumt aber ein, dass das meist unproblematisch ist, denn niemand muss dazu gezwungen werden, die Desserts zuzubereiten, wenn er darauf gar keine Lust hat. Denn er wird keine guten Desserts zaubern, wenn er nicht auch Spaß an dieser Aufgabe hat.

Frank Rebmann verstärkt das Gesagte und er fasst noch mal zusammen, was die Wissenschaftler herausgefunden haben: »*Aus einem Ta-*

lent wird nicht zwingend eine Stärke, aber eine überragende Stärke bedarf immer auch eines Talents. Bestenfalls entsteht die folgende Formel: Stärke = Talent + Freude + Wissen + Übung.«

Auch hier wird wieder deutlich, warum Jan immer betont, dass sein Erfolg »harte Arbeit« ist. Jan hat das Talent, Dinge zu erschmecken, sie in verschiedensten Kompositionen in vollendeter Schönheit auf den Teller zu bringen. Indem er dieses Talent erkannt und anerkannt hat, konnte er es zu (s)einer Stärke ausbauen. Dazu gehörte und gehört heute noch üben, üben, üben … Das Gute daran ist, dass Jan Spaß hat an dem, was er tut, und so übt er gerne. Trotzdem bleibt es harte Arbeit!

Jan steht für das Credo »Heute besser sein als gestern und morgen besser sein als heute«. Frank Rebmann sagt gerne den Satz: *»Wir werden alle als Original geboren, aber viele von uns sterben als Kopie.«* Beide wollen damit dasselbe aussagen: Vergleiche dich nicht mit anderen, sondern immer mit dir selbst!

In dem Vorsatz, jeden Tag besser zu werden, sieht der Stärkentrainer allerdings auch die Gefahr, dass uns äußere Umstände vielleicht auch mal davon abhalten könnten und wir am Ende des Tages dann enttäuscht und frustriert sind. Daher ist es für ihn wichtig, sich einzugestehen, dass es unterschiedliche Tagesformen gibt. Aber er wäre kein Stärkentrainer, wenn er nicht gleichzeitig auch eine Idee hätte, wie jeder von uns ein Stück weit die persönliche Tagesform positiv beeinflussen kann. Frank Rebmann hat dazu zwei Rituale.

Ritual 1 betreibt er regelmäßig jeden Tag: Morgens unter der Dusche fragt er sich, worauf er sich an diesem Tag ganz besonders freut. Das hat den Effekt, dass er sich bereits auf etwas Positives fokussiert, und im besten Fall werden sogleich sogenannte Glückshormone ausgeschüttet, die für gute Laune sorgen.

Ritual 2 verfolgt er nicht täglich, aber doch regelmäßig. Er stellt sich abends die Frage, was ihm im Laufe des Tages richtig gut gelungen ist. Um sich am Abend noch daran zu erinnern, hat er eine Methode entwickelt, die auch Sie ganz einfach nutzen können: die Karten-Methode.

Nehmen Sie sich sieben Karteikarten und notieren Sie darauf Ihre Stärken. Schreiben Sie auf jeweils eine Karte eine Ihrer Stärken, zum Beispiel Mut. Sie wissen, dass Sie vielfach schon mutig sind, aber da geht vielleicht auch noch ein bisschen mehr. Wenn Sie alle Karten mit Ihren Stärken beschriftet haben, ziehen Sie jeden Tag morgens eine andere Karte. Bleiben wir bei dem Beispiel Mut. Wenn Sie diese Karte morgens gezogen haben, sagen Sie sich: »Mal schauen, wo heute überall diese Stärke zum Vorschein kommt.« Am Abend resümieren Sie dann, wie oben bereits beschrieben, wo sich diese Stärke im Laufe des Tages gezeigt hat. Also, wo waren Sie heute ein bisschen mutiger als vielleicht gestern noch?

Frank Rebmann »verspricht«, dass Sie verblüfft sein werden, wie oft das der Fall sein wird. Er begründet es damit, dass unser Interesse unser Handeln steuert. »*Das, was mich interessiert, bekommt meine Aufmerksamkeit.*« Jeder von uns kennt das gängige Beispiel, das immer zur Erklärung herangezogen wird. »Wenn wir uns ein rotes Auto kaufen wollen, sehen wir plötzlich überall rote Autos.« Und so ist es auch mit dem Mut. Die Wahrnehmung des Mutes verstärkt dann wieder den Mut.

Sie können auch Ihren Partner, Freund oder Kollegen befragen, welche Stärken sie Ihnen zuordnen. Aus eigener Erfahrung, aber auch aus meiner Coachingerfahrung kann ich sagen, dass diese Frage häufig zu interessanten Gesprächen führt. Und am Ende ist es meist Balsam für die Seele.

Entscheidend dabei ist, dass Sie selbst die genannten Stärken auch annehmen können und wollen. Wenn Frank Rebmann bereits nach der Vorstellungsrunde die Stärken seiner Teilnehmer benennt, dann liefert er auch immer einen Beweis dafür. »*Sie, Frau Steinbeck, sind sehr humorvoll. Das ist mir schon aufgefallen, als Sie sich nicht nur vorgestellt haben, sondern gleich noch eine lustige Anekdote vom Frühstückstisch erzählt haben.*« Meist geht unser Stärkentrainer noch weiter und erklärt, wofür diese Stärke gut sein kann. »*Ihr Humor hilft Ihnen dabei, angespannte Situationen aufzulockern, ohne gleich der Klassenkasper zu sein.*«

Diese Beweise und Erklärungen helfen uns dabei, uns mit unseren Stärken zu identifizieren. Aber funktioniert das immer?

Als wir über dieses Beispiel mit dem Mut sprechen, fällt mir spontan meine jüngste Tochter ein, die sich immer dagegen wehrt, wenn ich ihr sage, dass sie mutig sei. Aus meiner Betrachtung ist sie das auch zweifellos. Ich erzähle es dem Experten Frank Rebmann und er nickt sofort verständnisvoll und erklärt mir, warum das so ist: »*Insbesondere Affirmationen wie ›Ich bin mutig‹, ›Ich bin stark‹ dürfen nicht zu weit von der selbst empfundenen Realität entfernt sein. Denn dann werden sie nicht mehr vom Unterbewusstsein unterstützt. Es kann sich dann eher ins Gegenteil kehren und schlimmstenfalls zu Depressionen führen.*«

Unter Affirmationen versteht man Beteuerungen sich selbst gegenüber. Häufig wird in dem Zusammenhang auch von Glaubenssätzen gesprochen.

Von Jan haben wir schon gehört, dass er sich niemals Glaubenssätze wie »Ich bin schön«, »Lass dir nichts einreden« vorgebetet hat. Stattdessen ist er sich seiner Stärken bewusst. Dazu passt die Aussage des französischen Philosophen Luc de Clapiers, Marquis de Vauvenargues: »Das Verstehen deiner Stärken macht sie größer.«

Und weil es ein so bedeutungsvoller Satz ist, wiederholt ihn Frank Rebmann mehrmals, betont langsam: »Das – Verstehen – deiner – Stärken – macht – sie – größer.«

Die eigenen Stärken zu entdecken und auch anzuerkennen, liegt für meinen Gesprächspartner ganz eindeutig in der Eigenverantwortung eines jeden Einzelnen. Er begründet es damit, dass wir immer noch nicht in einer Kultur leben, in der Wertschätzung im großen Rahmen gegeben wird und andere unsere Stärken automatisch erkennen. Elementar ist aber auch, dass wir selbst unsere Stärken anerkennen. Auch das liegt in unserer Eigenverantwortung. Es kann sein, dass meine Tochter tatsächlich sehr mutig ist, aber wenn sie diese Stärke nicht anerkennen möchte, wird sie sie auch nicht ausbauen.

»Net gschimpft isch globt gnug«

Als Coach und Karriereberaterin beschäftige ich mich sehr viel mit gelebten Unternehmenswerten. Mein Eindruck ist, dass die Wichtigkeit der Wertschätzung mittlerweile von den Verantwortlichen in den Unternehmen zunehmend erkannt und angewandt wird. Ich frage meinen Gesprächspartner, ob er diese Entwicklung in der Unternehmenskultur ebenfalls wahrnimmt. Seine spontane Antwort: »*Nein!*« Er fährt schnell fort und sagt, dass sich an den Ergebnissen der Gallup-Studien kaum etwas verändert hat.

Doch dann unterbricht er sich selbst und gibt zu, dass man es differenzierter sehen muss. *»Unternehmen, deren Mitarbeiter sehr jung sind, arbeiten viel wertschätzender, weil es die jungen Kollegen so einfordern.«* Er beruft sich auf eine Umfrage des deutschen Statistik-Portals Statista, das junge Mitarbeiter befragt hat, wie häufig sie sich Feedback wünschen. 84,5 Prozent gaben an: häufig oder so häufig wie möglich. Erst danach wurden sie gefragt, was sie unter Feedback verstehen. Die übereinstimmende Antwort: Lob. Also Anerkennung! Daraus resultierend verändert sich eine Unternehmenskultur in Richtung Wertschätzung. Das passiert sogar auch im Schwabenländle, wo ja eher die Weisheit gilt: »Net gschimpft isch globt gnug.« Für alle Nichtschwaben: Nicht geschimpft ist gelobt genug!

Mein Gesprächspartner hat Philosophie und Psychologie studiert. Nun könnte man vermuten, dass das Psychologiestudium für seine heutige Tätigkeit viel wichtiger war als das Studium der Philosophie. Doch genau das Gegenteil ist der Fall. Ich erfahre von ihm, dass in der Philosophie der Satz gilt*: »Das Staunen vor der Welt ist entscheidend. Das heißt, alles infrage zu stellen und nichts als gegeben hinzunehmen.«* Das erinnert an die Herangehensweise des Zukunftsforschers Kai Gondlach, der auch von sich sagt, dass er nichts einfach als gegeben hinnehmen wollte und deshalb Zukunftsforscher geworden ist.

Aber bleiben wir bei Frank Rebmann. Er führt weiter aus: *»In der Wissenschaft hangelt man sich von Wissen zu Wissen. In der Philosophie von Fragen zu immer neuen Fragen. Es hat mir bei dem Stärkenansatz geholfen, brutale Fragen zu stellen, ob der weitverbreitete Schwächenansatz denn wirklich der richtige ist, um stärker oder besser zu werden.«*

Der Stärkentrainer betont, dass es extrem wichtig ist, das eigene Tun und Handeln immer wieder infrage zu stellen und es auch auszuhalten, dass man nicht vorschnell eine Antwort bekommt. Er sagt: *»Aushalten ist besonders schwierig, denn wenn ich mich infrage stelle, möchte ich doch auch schnell wieder Sicherheit bekommen, zu wissen, was das Richtige ist.«*

Ich möchte von ihm wissen, ob ich denn immer eine Antwort auf meine Frage bekomme, was der richtige Weg für mich ist. Für die Zukunft. Für mein Leben.

Ich bekomme von ihm die philosophische Antwort: *»Ja – und wenn es nur eine neue Frage ist. Die Qualität und Tiefe deiner Frage bestimmt die Qualität deines Lebens. Dazu gehört auch, es auszuhalten, dass man nicht sofort und schnell die Antworten auf alles im Leben bekommt.«*

Er leitet über zu dem großen Philosophen Friedrich Nietzsche, dessen zentraler Gedanke »die ewige Wiederkunft des Gleichen« war. Demzufolge wiederholen sich alle Ereignisse unendlich oft. Für Nietzsche war dieses zyklische Zeitverständnis die Grundlage höchster Lebensbejahung. Vereinfacht ausgedrückt und in die heutige Welt übersetzt heißt das für Frank Rebmann: *»Wenn man sein Leben so führt, dass man es gerne wieder führen möchte, dann ist es ein gutes Leben. Das gilt auch für jeden einzelnen Tag.«*

Für Nietzsche war klar, dass es in unserer Hand liegt, den Tag so zu gestalten, dass wir abends zurückschauen und sagen können: »Ja, so möchte ich es wieder machen!« Nietzsches zentraler Gedanke beinhaltet die Aufforderung, dass wir uns bereits morgens schon sagen: »Ich möchte den Tag so leben, dass ich ihn gerne ein zweites Mal (er-)leben möchte.«

Das Menü von Frank Rebmann

Horsd'œuvre: Wenn Frank Rebmann auf der Bühne steht, startet er seine Keynotes häufig mit dem Satz: »*Mein Ziel heute ist eine Fokusverschiebung. Ich will Ihnen zeigen, wie Sie den Blick nicht so sehr auf Ihre Schwächen, sondern vor allem auf Ihre Stärken richten.*«

Vorspeise: Schon direkt zur Vorspeise spricht er uns Mut zu, den Weg der Stärken zu gehen und nicht den Weg der Schwächen. Er fordert uns auf: »*Hab den Mut, dich auf diesen Weg einzulassen.*«

1. Zwischengericht: Zwischen Vorspeise und Hauptgang wird eine kleine Einstellungsveränderung serviert. Vor allem dann, wenn Stärken erkannt, aber nicht anerkannt werden. Als Trainer kann Frank Rebmann Impulse geben, aber genau die müssen jetzt auch akzeptiert werden. Da geht der Verweis zurück zum Horsd'œuvre.

Hauptgang: Dieser Gang hilft dabei, die Stärken selbst zu entschlüsseln. Echte und verborgene Stärken zu entdecken, ist deshalb ein Hauptgang, weil es gut ist, immer wieder Zeit in dieses Thema zu investieren. Dazu können Sie zum Beispiel einen wissenschaftlich basierten Persönlichkeitstest[40] machen.

Dessert: Jetzt geht es darum, die Stärken zu trainieren, zu trainieren, zu trainieren! Sie permanent weiterzuentwickeln. Denken Sie daran: Es ist lohnenswerter, die Stärken zu entwickeln, als an den Schwächen zu arbeiten.

Digestif: Wenn wir an unseren Stärken arbeiten, dann sollten wir auch schauen, »wo ist es mir denn gelungen, meine Stärken einzusetzen?«. Hier noch mal der Verweis auf das Abendritual.

Bezahlvorgang: »An einem Abend in einem Sternerestaurant hast du viel bekommen, aber du gibst ja auch etwas zurück. Mit Freude bezahlst du nach so einem rundum gelungenen Menü.« Für ihn ist die Rechnung die Form der Wertschätzung für den Koch und für den gesamten Abend. Er wünscht sich, dass wir das, was wir bekommen haben, auch an andere weitergeben. Nämlich andere dazu zu inspirieren, auch mehr auf ihre Stärken zu schauen.

Erfolgsformel und Übung

Jans persönliche Erfolgsformel: Immer 100 Prozent geben

Wenn ich etwas mache, dann mache ich es richtig. Wenn ich nicht bereit bin, alles zu geben, dann ist es mir langfristig auch nicht wirklich wichtig. Überlegen Sie doch mal, bei was Sie 100 Prozent geben! Das kann ein gutes Indiz für Ihre Talente sein.

Übung

Probieren Sie die Karten-Methode von Frank Rebmann doch gleich einmal aus! Notieren Sie am besten jetzt gleich mindestens eine erste Stärke von sich. Oder gerne auch gleich sieben Stärken – für jeden Tag eine! Falls es Ihnen schwerfällt, auf Anhieb Ihre Stärken zu benennen, finden Sie im »Hauptgang« des oben stehenden Menüs eine erste Hilfestellung.

13. Ich bin es wert, an die Spitze zu kommen – an sich selbst glauben

Wenn Jan Kinder hätte, würde er ihnen mit auf den Weg geben, dass es im Leben wichtig ist, zu wissen, was man kann, aber auch was man nicht kann.

Hoch dotierte Sterneköche kommen meist aus bekannten, guten Küchen. Das sind dann zum Beispiel die »Witzigmann- oder Wissler-Schüler«. Viele von ihnen haben zusätzlich noch Erfahrungen im Ausland gesammelt. Jan war weder im Ausland noch hatte er einen so berühmten Ausbilder wie beispielsweise Eckart Witzigmann. So wurde er durchaus von dem einen oder anderen Kollegen ein wenig belächelt. Dennoch hat Jan nie an sich gezweifelt. Er wusste immer, was er kann und was er nicht kann.

✶ ✶

Expertengespräch mit Hermes Gehnen

Mein Bruder behauptet, dass ich schon als Kind dosenweise Kaviar gelöffelt hätte. Ich bestreite das vehement! Zum einen, weil ich mich nicht daran erinnern kann, und zum anderen, weil Kaviar bis heute nicht zu meinen präferierten Genussmitteln zählt. Wobei es dabei korrekterweise »bis gestern« heißen müsste. Denn seitdem ich das Interview mit Hermes Gehnen, dem CEO der N25 Caviar Trade GmbH, geführt habe, habe ich unbändige Lust, einfach mal löffelweise Kaviar zu genießen. Ich bin gespannt, ob es Ihnen am Ende dieses Kapitels ähnlich geht.

Hermes Gehnen, zum Zeitpunkt unseres Gespräches 24 Jahre jung, ist in Peking geboren und dort aufgewachsen. Zum Studium kam er nach München. Das war etwa zu der Zeit, als auch Jan in die bayerische Hauptstadt kam und Küchenchef im ATELIER wurde. Und so nahm eine Erfolgsgeschichte ihren Lauf.

Mein Gesprächspartner wird mir von Jan als bescheiden, zielstrebig, ehrgeizig und absolut erfolgreich beschrieben. Wieder so ein im positiven Sinne »Verrückter«. Das kann ich alles bestätigen und noch hinzufügen, dass Hermes Gehnen äußerst sympathisch und nahbar ist.

Starten wir in Peking. Hermes' Mutter ist Chinesin, sein Vater Deutscher. Als er sieben Jahre alt war, begleitete er seinen Vater bei einem Golfturnier. An diesem Tag entdeckte Hermes seinen Spaß am Golfsport. Sein Vater kaufte ihm noch auf der Golfanlage einen kompletten Satz Schläger. Und sofort ging es los – der Siebenjährige spielte und trainierte jeden Tag. Vor der Schule und nach der Schule. Schnell war ihm klar, dass er Golf-Profi werden möchte, und so setzte er sein Training über Jahre hinweg fort, sein Ziel fest im Blick. Schnell war er in Peking einer der besten Golfspieler mit Handicap null. Er spielte für China zweimal in der »USA Junior World of Championship« und hatte echte Chancen auf eine Profi-Karriere. Er erzählt mir: *»Es hat mich nichts anderes mehr interessiert. Ich war ausschließlich auf den Golfsport fokussiert.«*

Im Alter von 16 Jahren wurde sein Traum vom Profigolfer jäh beendet. Er zog sich eine Handgelenkverletzung zu und das bedeutete das Ende seiner geplanten Golf-Karriere. Denn genau in diesem Jahr hätte er ununterbrochen trainieren mussen, um im Jahr darauf an den »Turniertouren« teilzunehmen, bei denen die Spieler von den Coaches gesichtet werden.

Hermes hatte mir vorher schon erzählt, dass neben dem Golfen für kaum etwas anderes Zeit blieb. *»Ich konnte nicht Computer spielen und golfen, aber ich konnte golfen und Essen gehen. Essen geht immer!«*, versichert mir mein Gegenüber.

Hermes' Vater hegte eine große Leidenschaft für gute Produkte und gutes Essen. Wobei Hermes betont, dass es nicht teuer sein muss, aber die Qualität muss stimmen. Seine Eltern gingen häufig mit ihm »erstklassig« essen und so entwickelte er, neben der Leidenschaft für das Golfspiel, eine Passion für hochwertige Restaurants. Auf diesem Weg lernte er Jan kennen.

Hermes besuchte auch in Paris die Drei-Sterne-Restaurants und stellte fest, dass dort überall chinesischer Kaviar serviert wurde. Obwohl er selbst aus China kommt, wusste er zu diesem Zeitpunkt noch nicht, dass Kaviar auch hierherkommt. So reiste er in seine Heimat und kontaktierte alle Kaviarproduzenten, um den jeweiligen Kaviar zu probieren und etwas darüber zu lernen. Er hat sich dann über Jahre Wissen über die Zucht von Stören und die Herstellung von Kaviar angeeignet. *»Ich bin ein Produktfanatiker«*, sagt er über sich selbst.

Die Produzenten und Händler fragten ihn bald, ob er nicht Lust hätte, selbst Kaviar zu verkaufen. Da er sich aber noch im Studium befand, lehnte er das Angebot ab. Jedoch brachte er Proben mit nach Deutschland und gab sie Jan zum Verkosten.

Jan bestätigte ihm, dass dieser Kaviar wirklich etwas ganz Besonderes sei, und so begann Hermes darüber nachzudenken, selbst in das Geschäft mit dem Rogen einzusteigen. Schon bald gründete er in München sein eigenes Unternehmen, um seine persönliche Marke entwickeln zu können.

Das, was wir bisher über ihn gehört haben, lässt uns erahnen, dass er auch in dieses Business wieder mit einem hohen Qualitätsanspruch an sich selbst und das Produkt eingestiegen ist.

Er erzählt mir, dass er »bis Corona« jeden Monat nach China geflogen ist, um stets das beste Produkt herstellen zu können. Sobald das wieder möglich ist, wird er es auch wieder tun. Man muss wissen, dass sein Verhältnis zu den chinesischen Produzenten außerordentlich gut ist. Das liegt unter anderem auch daran, dass es kaum europäische oder chinesische Händler gibt. Die meisten kommen aus Russland oder dem Iran.

Durch diese besondere Partnerschaft mit den chinesischen Züchtern kann er sich jeden Stör selbst aussuchen. Hermes hat die Erfahrung gemacht, dass von zehn Stören nur ein bis zwei wirklich gut sind. *»Der Rest entspricht nicht meinen Ansprüchen«*, erklärt er mir.

Ich verfüge zugegebenermaßen über keine große Kaviarexpertise und so lasse ich mir von dem jungen Unternehmer die Produktionsschritte noch einmal erklären. Es beginnt tatsächlich bei der Auswahl der richtigen Fische. Mindestens genauso wichtig ist dann der richtige »Erntezeitpunkt«.

Ich erfahre, dass ein Stör viele Jahre braucht, um das erste Mal Kaviar zu produzieren. Bei Beluga-Stören kann das bis zu 20 Jahren dauern. Weil die Zucht so lange dauert, ist das Endprodukt auch so teuer. Ein Gramm Kaviar kostet zwischen zwei und zehn Euro, je nach Qualität.

Den Stören geht es während der Aufzucht so gut wie kaum einem anderen Nutztier. Die Fische leben in frischem Quellwasser, welches immer wieder gefiltert wird. Sie haben ausreichend Platz und es wird sehr auf ihre Gesundheit geachtet, denn jede Gabe von Antibiotika könnte sich negativ auf die Qualität des späteren Kaviars auswirken.

Kleine Störe produzieren etwa 600 bis 700 Gramm Rogen. Große Störe hingegen gleich zwischen 35 und 40 Kilogramm. Es gibt unterschiedliche Methoden, um den Kaviar zu »ernten«. Man kann ihn zum Beispiel rausmassieren oder auch rausoperieren. Die häufigste Methode ist jedoch, dass der Stör geschlachtet wird. Während der Rogen zu Kaviar verarbeitet wird, wird alles andere von diesem Fisch gegessen bzw. verwertet. Störfleisch ist sehr hochwertig, vor allem wenn ein Stör Kaviar produziert hat, erfahre ich.

Unser Kaviarexperte Hermes Gehnen selektiert bereits die noch lebenden Störe. Denn er kann durch seine große Erfahrung erkennen, wann der richtige Reifepunkt erreicht ist, um den Kaviar zu entnehmen. Das wiederum entscheidet am Ende des Tages über die Qualität des Endproduktes – dem Kaviar in der Dose. Die Störe werden für ihn in China geschlachtet. Dort wird auch der Kaviar entnommen. Wenn sich die Körner von der Membrane gelöst haben, werden sie mit Wasser gewaschen, dann gesalzen und in einer großen Dose verpackt. Diese Dosen werden dann gekühlt nach München geschickt.

Hermes erklärt mir, dass der erste Qualitätsunterschied tatsächlich beim Bestimmen des Reifegrads entsteht. Beim Salzen zeigt sich dann die individuelle Handschrift jedes einzelnen Produzenten. Das entscheidet über den späteren Geschmack.

Wenn die Dosen bei ihm in München angekommen sind, reifen sie mehrere Monate in einem Kaviarkühllager bei -2 bis -3 Grad. Die Dosen werden immer wieder gewendet, damit sich Flüssigkeit und Salz gut verteilen. Es erinnert ein bisschen an Champagnerflaschen, die auch jeden Tag um etwa 30 Grad gedreht werden.

Neben dem Kaviarkühllager gibt es einen sogenannten Weißraum. »*Der ist wie ein Labor, nur noch strenger kontrolliert*«, erklärt mir Hermes. Hier wird der Kaviar in kleine Dosen umgefüllt. In dem Raum ist alles aus Edelstahl, alles steril, damit sich keine Keime oder Sporen in den Kaviar setzen können. Die Luft in dem Verpackungsraum wird sterilisiert. Und selbst leere Dosen werden in einem separaten Schrank steril gemacht. Bevor ein Mitarbeiter den Raum betritt, zieht er sich selbstverständlich adäquat an, Haarnetz, Kittel, Stiefel, Mundschutz, und durchläuft zusätzlich dann noch eine Desinfektionsschleuse. Hermes sagt, dass er damit den höchsten Hygienestandard am Kaviarmarkt erfüllt. Hygiene und Qualität haben für ihn höchste Priorität.

Das war jetzt alles sehr technisch, kommen wir doch mal zum Geschmack. Wenn Sie, so wie ich, kein großer Kaviarexperte sind, denken Sie vielleicht, dass diese schwarzen Kügelchen fischig, salzig und schleimig sind. Aber Kaviar ist heute anders, behauptet mein Gesprächspartner.

Und jetzt kommt der Moment, von dem an ich mir wünsche, den Kaviar einfach mal so löffelweise zu genießen. Hermes beschreibt den Geschmack von Kaviar als floral und nussig. Am Anfang schmeckt er »*wie Sahne und frische Mandeln. Null Fisch, null Salzgehalt. Florale Noten und geröstete Aromen wie Haselnuss oder spanischer Jamon. Die Cremigkeit bleibt bei einem guten Kaviar. Man kann davon große Mengen pur löffeln*«, schwärmt mir Hermes vor. So beschreibt er es auch auf seiner Website: »Der einzigartige Reifeprozess des N25-Kaviars verleiht Ihrem Gaumen nussig-florale Aromen mit der richtigen Balance aus Salinität, Cremigkeit und Meeresgeschmack – ein Umami-Erlebnis mit jedem Löffel.«

Na, verspüren Sie jetzt auch die Lust, genau das auszuprobieren?

Diese Aromen entstehen durch die Reifung und das ist immer ganz individuell, lasse ich mir sagen. Wenn man ihn zu lange reifen lässt, dann wird er schlecht im Geschmack. Es macht einen Unterschied, ob er 60 Sekunden oder zwei Minuten gebeizt wird. Das hat einen Einfluss auf die Textur.

Das Unternehmen von Hermes Gehnen macht jeden Produktionsschritt selbst. Es ist vom Ernten bis zum Endkunden am Produkt. Das ist eher selten, aber genau das macht die hohe Qualität aus.

Jans 4. Erfolgsformel der Fokussierung trifft auch auf Hermes und sein Team zu. Sie möchten den Kaviarmarkt verändern. Er soll moderner werden und vor allem auch das jüngere Publikum ansprechen. Bereits mit der Gestaltung seiner Kaviardose hebt er sich deutlich von den Mitbewerbern ab. Alle handelsüblichen Kaviardosen bilden einen Stör ab. Hermes hat sich bewusst dagegen entschieden. Seine N25-Dosen sind eher schlicht und sie werden lediglich mit einem eleganten Label beklebt.

Um die junge Generation zu erreichen, ist für ihn die Zusammenarbeit mit den Köchen so wichtig. Denn in den Restaurants wird Kaviar entdeckt. Und wenn er dort anders wahrgenommen wird, dann entsteht Nachfrage, so seine logische Schlussfolgerung. Ganz Ähnliches haben wir bereits vom Gutshof Polting gehört.

Hermes produziert seinen Kaviar ausschließlich, weil es seine Leidenschaft ist. Er gibt aber auch zu: *»Wenn ich heute zurückblicke und jetzt weiß, wie der Markt ist, würde ich es nicht noch einmal machen. Das ist ein sehr komplizierter Markt. Es gibt ein paar große Player. Die jungen werden rausgedrängt. Als ich jung war, hatte ich das zwar gehört, aber ich habe mir keine Sorgen gemacht. Ich wollte es probieren und wusste, dass ich nichts zu verlieren habe.«*

Er hat sich damals gefragt, was für ihn der »worst case« wäre, und seine Antwort war: *»Dass ich wieder aufhöre, wäre für mich das Schlimmste gewesen. Wenn ich etwas anfange, mache ich es auch bis zum Ende.«* Es ist für ihn nicht schlimm, etwas falsch zu machen, aber er ist der Meinung, dass man das, was man anfängt, auch durchziehen muss. Vor allem muss man es auf ein Niveau bringen, mit dem man selbst zufrieden ist.

Auch hier zeigt sich wieder, dass er hohe Erwartungen an sich selbst hat und dass es durchaus auch wieder Parallelen zu unserem Sternekoch Jan Hartwig gibt.

Hermes wiederholt noch einmal, dass er seinen Kaviar aus Leidenschaft produziert und nicht, weil es ein gutes Geschäft ist. *»Bevor ich einschlafe, denke ich jederzeit an Kaviar. Was kann ich neu machen? Das macht man doch nur, wenn man Leidenschaft hat und voll dahintersteht«*, resümiert er für mich. Außerdem sieht er in seiner Arbeit noch ein großes Potenzial und er sieht, dass er und sein Team noch viel verbessern können. Er fügt hinzu: *»Solange ich das Potenzial sehe, wird es mir Spaß machen. Wenn ich das Potenzial irgendwann nicht mehr sehe, wird es mir wohl eher langweilig.«*

Kommt Ihnen das bekannt vor? Sowohl Jan als auch Thomas Mack haben davon gesprochen, dass ihnen schnell langweilig wird, wenn sie ein Produkt entwickelt und fertiggestellt haben. Dann wird es wieder Zeit für etwas Neues.

Bei Hermes Gehnen findet übrigens die Formel, die wir bei Frank Rebmann gelesen haben, sofort Anwendung: Stärke = Talent + Freude + Wissen + Übung.

Mal ehrlich, wenn ich Ihnen zu Beginn dieses Kapitels nicht sofort verraten hätte, dass mein Gesprächspartner gerade einmal 24 Jahre jung ist, hätten Sie das doch nie gedacht nach dem, was wir hier über ihn erfahren haben. Oder?

Ganz sicher hat das auch mit seinem eigenen Selbstbild zu tun, was mich wiederum stark an Jan erinnert.

Hermes sagt in unserem Gespräch: *»Ich habe nie daran gezweifelt, dass ich es wert bin, der Beste zu sein. Das war schon immer so. Ich habe aber auch nie wirklich auf andere gehört. Wenn Lehrer beispielsweise gesagt haben, ich solle kein Golf spielen, dann habe ich immer an mich selbst geglaubt. Ich wusste, was ich kann, wo ich stehe und wo mein Potenzial ist. Keiner weiß besser als ich selbst, was ich kann.«*

Seiner Meinung nach bildet Golf den Charakter. *»Auf dem Golfplatz lernt man, sich selbst zu vertrauen. Wenn ich an mir zweifle, kann ich nicht gut sein. Egal, was ich tue – ich muss immer mit Selbstbewusstsein rangehen.«*

Golfplatz ist ein schönes Stichwort, denn nun verrät Hermes mir, dass er längst wieder Golf spielt. Aber natürlich nicht einfach so zum Vergnügen, sondern wieder mit einem hohen Anspruch an sich selbst.

»Entweder gebe ich Gas oder ich lasse es ganz.« Auch diesen Satz haben wir schon sehr ähnlich von Jan gehört.

Das Menü von Hermes Gehnen

Horsd'œuvre: Zu Beginn wird Vertrauen serviert. Und zwar Vertrauen in das Team. Am Anfang dachte Hermes, er müsse den Kontakt zu den Köchen selber haben. Mittlerweile sieht er das anders. Wenn ein Kollege sich gut auskennt und seine Leidenschaft und Vision teilt, dann soll er auch den Kontakt zu den Köchen haben. Denn das motiviert ja auch wieder und gibt ein Erfolgsgefühl. Sein Mitarbeiter Christian betreut beispielsweise den Drei-Sterne-Koch Amador in Wien. Er stellt für ihn die Selection zusammen. Dann soll er auch die Anerkennung bekommen.

Vorspeise: Die Vorspeise beinhaltet das Image. Es muss international sein und deshalb ist »Social Media« ein »Must-have« für ihn. Vor allem Instagram. Ohne Insta, sagt er, wäre er niemals so schnell gewachsen. Werbung über diesen Kanal war für Kaviar nicht so üblich. Hermes war häufig in Japan essen. Und so hielt sein Kaviar schon recht schnell Einzug in die Spitzenküchen Japans. Das wiederum postete er auf Instagram. Dadurch kamen dann Anfragen aus Hongkong, Singapur, Thailand, Katar, Australien und so weiter …

Zwischengericht: Jetzt kommt die Leidenschaft. Bei Hermes ist es die für den Stör. Hermes hatte schon als Kind Leguane zu Hause. Als er zum ersten Mal einen Stör gesehen hat, war er sofort fasziniert. Säugetiere interessieren ihn hingegen gar nicht.

Hauptgang: Der Hauptgang besteht aus Produktqualität und Hygiene. Darüber haben wir bereits ausführlich gelesen.

Dessert: Hier serviert der junge Kaviarexperte den Glauben an sich selbst: »Wenn ich nicht an mich glaube, wer soll es denn sonst tun?«

Erfolgsformel und Übung

Jans persönliche Erfolgsformel: An sich selbst glauben

Glauben Sie an sich selbst! Wenn Sie es nicht tun, wer soll es dann tun? Ich habe immer gewusst, dass ich es wert bin, an die Spitze zu kommen. Auf dem Weg nach oben ist es wichtig, gleichzeitig auch ein wenig Demut zu behalten.

Übung

Die Krux ist, dass sich unser Selbstbewusstsein zu großen Teilen daraus nährt, was andere über uns sagen. Wenn wir häufig Zuspruch und Bestätigung bekommen für das, was wir tun, können wir davon ausgehen, dass wir unsere Sache ganz gut machen und wir bestimmte Stärken haben. Doch davon sollten wir uns nicht abhängig machen. Zumal häufig immer noch die Devise gilt: »Net gschimpft isch globt gnug.«

Besser ist es, wenn Sie sich Ihre Erfolge »selbst bewusst« machen und notieren. Dazu eignet sich wieder ein schönes Notizbuch oder eine Zettelkiste. Schreiben Sie die vielen kleinen Erfolge auf, die Sie im Laufe des Tages sammeln: Sie haben einen Termin mit einem schwierigen Kunden vereinbart. Sie haben in der Kantine nicht die Currywurst, sondern den vegetarischen Gang gewählt. Sie haben pünktlich Feierabend gemacht. Und so weiter. Das sind alles kleine Erfolge, die häufig im Alltag nicht mehr wahrgenommen werden oder gar nicht als solche (an-)erkannt werden. Aber sie sind so wichtig, weil sie ständig auf unser Selbstbewusstsein »einzahlen«. Nur Sie bestimmen, was für Sie ein Erfolg ist!

14. Der Weg ist das Ziel – Spaß haben

Bevor wir gleich zu unserem letzten Expertengespräch kommen, schauen wir mit Jan gemeinsam in seine persönliche Glaskugel. Was sieht er, wenn er heute in seine Zukunft schaut, wo möchte er hin?

Der Unternehmer Bodo Janssen, geprägt von der Regel des heiligen Benedikt, möchte immer wieder »Geschichten vom gelingenden Leben« schreiben. Und je länger ich darüber nachdenke, desto bewusster wird mir, dass unser Drei-Sterne-Koch am Ende des Tages auch nichts anderes möchte. Seine große Überschrift heißt nämlich: Ich möchte gerne ein schönes Leben leben!

Seine Definition von einem schönen Leben ist: *»Unter einem schönen Leben verstehe ich, dass ich Zeit verbringe und mich mit den Menschen umgebe, die mir wichtig sind. Dass ich mich an schöne Orte begebe, dass ich reise und gut essen gehe. Dieser Beruf wird mich immer begeistern und ich werde es immer mit Freude verfolgen. Aber ich werde in 30 Jahren nicht mehr bei 37 Grad in der Küche stehen.«*

Eckart Witzigmann ist für Jan ein gutes Beispiel. Witzigmann ist charismatisch und er brennt noch heute für seinen Beruf. Der Grandseigneur der Spitzengastronomie kocht heute zwar nicht mehr, doch Jan weiß, dass der Jahrhundertkoch absolut interessiert ist an neuen Ideen und Konzepten. Neuen Kochstilen begegnet er völlig unvoreingenommen. *»Und ich glaube, so bin ich später auch mal. Vielleicht ein Patron für ein Restaurant. Ich sehe es auch nicht, dass ich mit 68 nicht mehr arbeite. Aber vielleicht schreibe ich ein Buch oder schreibe Konzepte, halte Vorträge, berate Unternehmen oder bin ein Food-Scout. Hauptsache,* *es hat etwas mit meinem Beruf zu tun, für den ich so viel Leidenschaft habe«*, sprudelt es aus ihm heraus, während er perspektivisch an seine Zukunft denkt.

Wenn Jan heute eine Collage seiner Zukunft erstellen sollte, würde er vielleicht ein Foto der »Taverne zum Schäfli« ausschneiden und aufkleben. Die Taverne steht in Wigoltingen in der Schweiz und sie gehört seinem Freund und Kollegen Christian Kuchler. Christian übernahm 2014 dieses Restaurant von seinen Eltern. Der Zwei-Sterne-Koch kann auf die große Erfahrung seines Vaters zurückgreifen und wenn er mag, dessen Rezepte modern interpretieren. Jan schaut nun aber nicht etwa auf seinen Kollegen Christian, sondern eher auf dessen Vater, Wolfgang Kuchler. Kuchler senior ist vor Ort, wenn er gebraucht wird, und sein »Lebenswerk« lebt weiter in der Taverne zum Schäfli. Das meint Jan, wenn er davon spricht, dass er später gerne mal ein Patronat übernehmen würde. Ich weise ihn scherzend darauf hin, dass er sich dann bald mal an die Familienplanung machen müsse.

Expertengespräch mit Michél Günther

Auf meinen nächsten Gesprächspartner wurde ich bei einer Veranstaltung des Marketingnetzwerks Fulda aufmerksam. Michél Günther stand beim Marketingtag im November 2019 auf der Bühne und stellte sein Unternehmen »Die Eisheiligen« vor. Was bei mir insbesondere hängen geblieben ist, war seine Aussage, dass das Thema Mitarbeiterrekrutierung für ihn kein Thema sei. Seine Begründung: »*Weil ihm die Mitarbeiter von allein ›die Bude einrennen‹.*« Wie gesagt, so plakativ ist es bei mir angekommen und hängen geblieben. Es ging mir nicht mehr aus dem Kopf und so bat ich ihn fast ein Jahr später um ein Gespräch, weil ich mehr darüber erfahren wollte.

Wie gut die »Eisheiligen« auch in dieses Buch passen, wurde mir erst in der Vorbereitung auf das Gespräch mit dem Geschäftsinhaber Michél Günther bewusst. Denn auch bei ihm geht es um Kulinarik in der Premiumklasse. Er und sein Team produzieren »Eis ohne Quatsch«, wie es überall zu lesen ist. Gemeint ist ein Eis ohne Farbstoffe, ohne Konservierungsstoffe oder sonstige Zusätze, die ein gutes Eis nicht braucht. Die Leser des Genussmagazins falstaff wählten ihn im Jahr 2020 zur beliebtesten Eisdiele Hessens. Und das, obwohl er relativ versteckt in einem kleinen Dorf in der Rhön ansässig ist. In Hettenhausen, einem Ortsteil von Gersfeld, nahe der Wasserkuppe.

Als ich bei ihm bin, falle ich direkt mit der Tür ins Haus und frage ihn, warum die Menschen ihm die »Bude einrennen«, um bei ihm zu arbeiten. An dieser Stelle muss ich anmerken, dass Michél Günther ein eher bescheidener Mensch ist. Seine Antwort ist in keiner Weise überheblich, sondern sehr reflektiert. »*Die Generation der heute 20-, 30-Jährigen ist anders, als wir es in dem Alter waren. Wir wollten einfach Kohle verdienen und einen möglichst sicheren Job haben.*« Heute hingegen beobachtet er, dass sich die Mitarbeiter mit dem Produkt identifizieren wollen. »*Es muss zu ihrem Lifestyle, zu ihrer Weltanschauung passen*«, so seine Erfahrung.

Seiner Meinung nach haben sich die Werte verändert und er hat auch eine Erklärung dafür, warum das so ist. »*Es brodelt an vielen Stellen. Es gibt Finanzkrisen, es gibt Klimakrisen, es gibt Mitarbeiterbeschaffungskrisen. Es gibt unzählige Probleme, die so massiv sind, so bedrohlich und so vielfältig. Doch wenn man sie sich genauer anschaut, dann merkt man, dass sie doch alle wieder miteinander zu tun haben.*« Seine logische Schlussfolgerung daraus ist, wenn sie alle miteinander zu tun haben, dann ist es ein Problem im derzeitigen System.

Michél holt jetzt ganz weit aus und geht in die Entstehungsgeschichte der Menschheit zurück, bis er an dem Zeitpunkt der industriellen Revolution vor etwa 250 Jahren angelangt ist. Und da setzt für ihn das Gedankengut ein, dass bis heute noch Gültigkeit hat. Er drückt es ganz vereinfacht aus: »*Ich nehme mir Rohstoffe, stelle daraus möglichst effizient Güter her, die Güter werden konsumiert und dann weggeworfen.*« Aber er weiß auch, dass das heute nicht mehr so einfach funktioniert. »*Früher sind wir davon ausgegangen, dass die Ressourcen unendlich verfügbar sind. Doch in den letzten 50 Jahren hat sich die Weltbevölkerung verdoppelt. Das System ist am Ende. Es ist nicht mehr tragbar. Wir brauchen ein neues System.*«

In der Vergangenheit dachte man, dass immer mehr Konsum immer glücklicher macht. Doch das ist heute längst widerlegt und viele Menschen spüren, dass sich etwas ändern muss.

»Ich habe einen Bullshitjob in einer Bullshitbranche«

Eine wirkungsvolle Maßnahme, um wieder glücklich sein zu können, ist es, mehr Wert auf Sinnhaftigkeit im Beruf zu legen. Die Bezahlung ist dabei zunächst zweitrangig.

Zu dem, was Michél sagt, passt der Artikel mit der Headline »Ich habe einen Bullshitjob in einer Bullshitbranche«, den ich im August 2020 in dem Online-Magazin ZEIT / Arbeit[41] entdeckte. Drei Menschen erzählen in diesem Artikel, warum sie in ihrem gut bezahlten Job unglücklich sind. Es handelt sich dabei um eine Managerin im Immobilieninvestment und einen Ingenieur im Baugewerbe – beide Mitte 30. Die dritte im Bunde ist eine junge Frau, gerade einmal Ende 20, die als Personalerin in der Automobilbranche tätig ist.

Allen dreien ist gemeinsam, dass sie den Sinn in ihrer Arbeit vermissen und dadurch unzufrieden sind. Die junge Managerin resümiert in dem Artikel darüber, wie sinnlos ihr sehr gut bezahlter Job ist. Sie nennt es wörtlich »einen Bullshitjob in einer Bullshitbranche«. Das wird ihr insbesondere während der Pandemie bewusst.

Der Ingenieur hingegen leidet besonders darunter, dass er nach dem Studium nicht den Mut hatte, das zu tun, was er eigentlich gerne getan hätte. Er wollte Musiker werden und hat auch durchaus das Talent dazu. In seiner derzeitigen Tätigkeit hat er das Gefühl, dass seine Arbeit völlig belanglos ist und dass er austauschbar ist: »[...] Ich bin so wenig individuell wie Hunderte anderer Kollegen.« Und es geht so weit, dass er für sich das Fazit zieht, dass er jeden Tag acht Stunden seiner Lebenszeit verliert. Wie traurig ist das denn?! Erinnern Sie sich an die Aufforderung von Friedrich Nietzsche? Er sagt uns, dass wir jeden Tag so leben sollen, dass wir ihn jederzeit gerne wiederholen würden. Der Ingenieur sehnt sich offensichtlich nicht danach, seine Arbeitstage zu wiederholen.

Die junge Personalentwicklerin stellt fest, dass sie ihren idealistischen Anspruch, nämlich Menschen in ihrer Arbeit weiterzuentwickeln, in keiner Weise ausleben kann. Auch sie kommt zu dem Schluss: »Es ist ein absoluter Bullshitjob, der genauso gut von einer Software erledigt werden könnte.«

Diese drei Geschichten stehen exemplarisch für viele Menschen, die keinen Sinn in ihrer Arbeit sehen, aber auch nicht den Mut haben, etwas zu verändern. Noch nicht!

Ich frage Michél, was er seinen Mitarbeitern bietet, dass sie sich initiativ bei ihm bewerben. »*Ein besonders hoher Stundenlohn ist es schon mal nicht*«, antwortet er schnell und schiebt auch sogleich eine Erklärung dafür hinterher. »*Ich kann nicht immer nur Gewinn machen und einen sehr hohen Stundenlohn zahlen. Das wird sich bei uns auch erst mal nicht verändern. Und selbst wenn wir mal Gewinne fahren, werden wir die sicher anders verwenden, als sie in die Gehälter der Mitarbeiter zu investieren. Ein Mitarbeiter braucht einen gewissen Lohn, aber es soll nicht die Hauptquelle seiner Motivation sein. Stattdessen gibt es die Philosophie, die wir hier leben. Die kommt dem Gedankengut des Mitarbeiters sehr entgegen. Dazu gehört eine flache Hierarchie, aber auch unser soziales Engagement*«, führt mein Gegenüber aus.

Soziale Verantwortung steht bei den Eisheiligen ganz weit oben. So ist es für Michél extrem wichtig, immer auch eine Art Transferleistung zu erbringen. Nur ein Beispiel dafür ist die Bourbon-Vanille, die er für sein Eis verwendet. Er bezieht sie aus Madagaskar. Michél möchte den Arbeitern, die auf der Insel im Indischen Ozean die Vanille ernten, gerne etwas zurückgeben. Und so gingen in der Vergangenheit Erlöse aus dem Eisverkauf in der Rhön an die Organisation »Ärzte für Madagaskar«. Das ist aber, wie gesagt, nur ein Beispiel dafür, wie die Eisheiligen soziale Verantwortung zeigen. Sie unterstützen zahlreiche regionale Projekte und leisten vor allem auch Beiträge zum Klimaschutz. Nachzulesen ist das auf der Website unter der Rubrik »Schlecken für den Klimaschutz«[42].

Und exakt das ist der Unterschied zu einem Bullshitjob. Die Mitarbeiter, die in der Eismanufaktur in der Rhön arbeiten, haben nicht nur Spaß am Produkt, sondern sie erkennen auch den Sinn ihres Tuns. Genau wie schon der Unternehmer Bodo Janssen, über den wir am Anfang dieses Buches lesen konnten, weist Michél mich darauf hin, dass das nicht bedeutet, dass die Mitarbeiter nicht auch viel zu tun hätten. »*Eis ist nun mal ein Saisongeschäft und da gibt es Zeiten, in denen auch mal 50 Stunden in der Woche gearbeitet werden muss. Vor allem wenn neben dem ›normalen‹ Geschäft auch noch Events stattfinden. Zudem ist Eismachen ein Handwerk, und das bedeutet auch körperliche Anstrengung*«, ergänzt seine Mitarbeiterin Anja Lang, die jetzt am Gespräch teilnimmt, um aus ihrer Perspektive zu berichten.

Ich frage sie als Erstes, ob sie glücklich ist mit dem, was sie tut. Ohne nachzudenken, antwortet sie mit einem überzeugten »*Ja*«. Sie begründet es auch direkt: »*Das gesamte Umfeld passt für mich. Hier ist jeder über alles informiert und jeder entscheidet auch mit. Ich fühle mich mit dem Konzept wohl und mir gefällt das Thema Eis. Vor allem weil es wirklich ›Eis ohne Quatsch‹ ist – also ohne Zusatzstoffe. Es gibt sicher auch viele andere Arbeitsplätze, aber da würde ich mich nicht so wohlfühlen. Hier ist jeder Tag anders. Ich mag die Abwechslung. Wir sind sehr dynamisch und jeder von uns kann mitgestalten.*« Anja betont aber auch noch einmal, dass das nicht heißt, dass sie nicht arbeiten muss. Man denke nur daran, wenn es draußen 35 Grad heiß ist und die Menschenschlangen vor der Tür immer länger werden, dann ist das auch für das Team hinter der Theke harte Arbeit.

Die längere Arbeitszeit wird selbstverständlich in ruhigeren Zeiten wieder ausgeglichen. Und wenn es ruhiger ist, können Anja und ihre Kolleginnen und Kollegen auch entscheiden, ob sie zu Veranstaltungen mitgehen möchten. So zum Beispiel der schon erwähnte Marketingtag. Das trägt nicht nur zur Identifikation mit dem Unternehmen bei, sondern es bietet auch die Möglichkeit, neue Perspektiven einzunehmen und für sich ganz persönlich etwas dazuzulernen.

Bei Anja spüre ich deutlich, dass sie die Unternehmensphilosophie mitträgt und durch ihre eigene Arbeit täglich unterstützt. Bei ihr bin ich mir sicher, dass sie niemals sagen wird: »Ich habe einen Bullshitjob in einer Bullshitbranche.«

Nicht nur die Mitarbeiter der Eisheiligen, sondern auch der Unternehmensgründer und -inhaber Michél Günther hat hier in der Rhön seinen »Sinn« gefunden. Alles begann im Jahr 2016, als Michél aus einem Hobby heraus an einem zweitägigen Eismacherseminar teilnahm.

Michél hat immer schon gerne gekocht, und er behauptet von sich, dass er über eine gute Sensorik verfügt.

»Abends habe ich lange mit dem Eismachmeister zusammengesessen und darüber philosophiert, wie die Industrie Eis herstellt. Ich habe in dem Seminar gemerkt, wie gut Eis schmecken kann, wenn man es wirklich ordentlich macht«, erinnert sich Michél.

Um es zu verbildlichen, wählt er das Bild des Backens. Er sagt: *»Eismachen und Backen liegen nah beieinander. Man braucht gute Zutaten, ein gutes Rezept. Mischt es in der richtigen Reihenfolge zusammen, und statt in den Backofen tut man alles in die Eismaschine.«* Doch er ergänzt, dass 80 Prozent der Eismacher in Deutschland eher »Fertigkuchen« herstellen. Sie nutzen Fertigeismischungen: Tüte auf, Milch oder Wasser dazu – fertig! Die Qualität ist dann natürlich gleichbleibend, aber aus seiner Sicht eher gleichbleibend schlecht.

So ist auf diesem Seminar die Idee gewachsen, ein eigenes gutes Eis herzustellen, und das nicht nur hobbymäßig. Michél kaufte sich eine Profi-Eismaschine und experimentierte erst mal herum. Er sagt: *»Zunächst ging es ausschließlich darum, ein gutes Eis zu machen. Eines, was meinem eigenen Geschmack und meinen eigenen Qualitätsansprüchen entspricht. Dann hat sich das Bild sukzessive erweitert. Ich habe mir Gedanken darüber gemacht, wo ich als Unternehmen hinwill, wie ich wahrgenommen werden möchte und vieles mehr.«*

Am 1. April 2017 war es so weit. Michél Günther eröffnete eine Eisdiele in der Rhön. Er erinnert sich, dass viele dachten, es sei ein Aprilscherz. *»›Eine Eisdiele in Hettenhausen, das kann doch gar nicht funktionieren‹, musste ich mir anhören.«* Doch ihm und seinen engsten Mitarbeitern war damals schon klar, dass es nicht das Ziel ist, eine Eisdiele zu eröffnen, sondern eine Eismarke mit einer modernen Philosophie zu entwickeln.

»Unser Anspruch wurde beim ›Gehen‹ immer höher. Auch der Anspruch an uns selbst. Vielleicht liegt es an unserem Namen. Wenn man durch die Gegend rennt und sich ›heilig‹ nennt, impliziert das auch eine Verpflichtung gegenüber der Gesellschaft«, beschreibt Michél scherzend die Situation.

Für mich verbirgt sich hinter dem immer höher werdenden Anspruch an sich selbst auch wieder das Credo von Jan: »Heute besser sein als gestern und morgen besser sein als heute.«

So hat sich aus der Eisdiele in Hettenhausen mittlerweile eine Eismanufaktur entwickelt, die sowohl in der Gastronomie als auch im Lebensmitteleinzelhandel einen festen Platz im Premium-Eissegment eingenommen hat.

Wenn es um den Geschmack eines Produkts geht, unterstreicht der Eismacher aus der Rhön die Maxime unseres Sternekochs Jan Hartwig zu 100 Prozent: »*Beste Zutaten und der Geschmack haben bei mir immer Vorrang!*« Michél Günther gibt, genau wie Jan es tut, einem regionalen Produkt auch immer dann den Vorzug, wenn es in der Qualität mithalten kann. Aber auch nur dann. Denn er ist davon überzeugt, dass »*Eis ein Produkt ist, welches die Menschen glücklich macht, und so sehen wir auch unsere Aufgabe: schöne Momente zu geben, und das mit einem guten Gefühl*«.

Das gute Gefühl kommt von der Philosophie, die dahintersteht. Gemeint ist das soziale Engagement, wie wir es schon gehört haben, und der Bezug zur Regionalität und zur Nachhaltigkeit. Doch darf diese Philosophie seiner Meinung nach auf keinen Fall das Produkt überdecken. »*Was hilft es mir, wenn ich ein Eis produziere, was einfach nicht schmeckt. Da kann ich mir die nachhaltigste Philosophie der Welt ausdenken, wenn es nicht schmeckt, dann funktioniert es nicht*«, weiß der Chef der Eisheiligen.

Zutaten wie Milch, Wasser, Heu für das Heu-Eis, Erdbeeren, Himbeeren und Johannisbeeren werden selbstverständlich aus der Nachbarschaft bezogen. Aber Michél Günther weiß auch, dass er beispielsweise für ein richtig geiles Haselnusseis die richtigen Haselnüsse braucht. Die bezieht er dann eben nicht aus der Region, sondern aus Italien. Von einem Familienbetrieb aus der Alta Langa – das ist eine Region im Piemont. Die Familie baut schon seit mehr als 100 Jahren Haselnüsse an. Michél war dort vor Ort und seitdem pflegt er den Kontakt zu diesem Produzenten.

Um ein wirklich gut schmeckendes Premium-Eis herzustellen, benötigt man gute Zutaten und die richtige Rezeptur – das haben wir bereits am Anfang dieses Kapitels gelesen. Eine richtig gute Rezeptur sagt natürlich auch etwas über die Mengenverhältnisse aus. Die deutsche Speiseeisverordnung besagt, dass ein Fruchteis mindestens 20 Prozent Fruchtanteil enthalten muss. Das Erdbeereis der Eisheiligen enthält den doppelten Anteil, nämlich 40 Prozent echte Erdbeeren. Ein industriell hergestelltes Erdbeereis enthält meist nur die vorgeschriebene Menge an Früchten und der (gleichbleibende) Erdbeergeschmack wird eher durch zugesetzte Aromen erzeugt.

Ist Ihnen mal aufgefallen, dass bei einem Eis die Angabe von Litern und Gramm bei Weitem nicht übereinstimmt? Ich habe mir erklären lassen, dass die Zutaten, die in die Eismaschine kommen, in Gramm beziffert werden. Das Ergebnis, was dann aus der Eismaschine kommt, wird wiederum in Litern ausgewiesen. Das liegt daran, dass dem Eis Luft zugesetzt wird, und spätestens hieran können wir wieder die Qualitätsunterschiede erkennen. Ein industriell hergestelltes Eis hat einen viel höheren Luftanteil als ein Eis von einer guten Eismanufaktur. Sie erkennen es auf den ersten Blick, wenn die Angaben von Gramm und Milliliter stark voneinander abweichen. Häufig bekommen Sie bei einer Eisverpackung, die 1000 Milliliter Inhalt hat, nur noch 600 Gramm Eis. Wohingegen es bei den Eisheiligen bei gleicher Packungsgröße 800 Gramm Eis sind.

Die beliebtesten Eissorten bei uns in Deutschland sind immer noch Schokolade und Vanille, gefolgt von Haselnuss, Stracciatella und Erdbeere. Interessanterweise stimmen drei Viertel dieser Sorten mit dem Geschmack von unserem Sternekoch überein. Zufall? Ich habe ihn nach seinen Lieblingseissorten gefragt und für ihn steht Vanilleeis an erster Stelle. Allerdings nur, wenn es wirklich, wirklich gut ist. Da muss für ihn so viel Vanille drin sein, dass das Eis schon fast dunkel ist. Da das in einer normalen Eisdiele aus Kostengründen selten der Fall ist, bestellt Jan immer Haselnuss- und Stracciatellaeis.

In der Rhöner Eismanufaktur gibt es auch ausgefallene Sorten, wie beispielsweise das Rhöner Heu-Eis, bei dem die Milch zunächst mit Heu aufgekocht wird.

Welche Farbe hat Waldmeistersirup?

Mein absoluter Favorit ist das weiße Waldmeistereis. Michél hat jedoch die Erfahrung gemacht, dass insbesondere dieses Eis nicht bei jedem so gut ankommt. Er hat tatsächlich erlebt, dass ein Kunde das Waldmeistereis abgelehnt hat, weil es nicht grün ist. Waldmeister ist nun mal in den Köpfen der Menschen mit der Farbe Grün verknüpft. Das trifft für die Pflanze auch zu, doch wenn man Waldmeistersirup herstellt, ist er nicht mehr grün, sondern weiß. Ansonsten wurde ihm Farbstoff zugesetzt. So wie bei Wackelpudding oder Berliner Weiße – beides fällt mir spontan ein, wenn ich an Waldmeister denke. Wieder ein schönes Beispiel, dass unsere Annahmen bestimmen, was wir vermeintlich mögen oder nicht mögen.

Sehen Sie, Eisessen bildet, und Bildung ist ein gutes Stichwort, denn die Eisheiligen sind auch Praxispartner der Hochschule Fulda für den Bereich »Regionales Innovationszentrum Gesundheit und Lebensqualität« (RIGL). Die Fragestellung dieser wissenschaftlichen Einrichtung lautet: Wie sieht Ernährung 2030 in der Region aus? Zu den behandelten Themen gehören auch die Zuckerreduktion bzw. Substitution von Kristallzucker in Lebensmitteln respektive in Speiseeis, aber auch Themen, die es erlauben, eine Firmenpolitik neu zu denken.

Michél begleitet gerade Bachelorabsolventen, die einen veganen Brotaufstrich konzeptionieren. Dabei geht es nicht nur um die Inhaltsstoffe des Brotaufstrichs, sondern vielmehr auch darum, wie die Marken- und Firmenpolitik aufgebaut sein muss, wenn nicht als oberste Priorität die Gewinnmaximierung steht. Er stellt sich gemeinsam mit den Studierenden die Frage, wie so eine Firma und das Produkt aussehen müssen, damit es funktioniert. Er sagt: »*Es ist noch keine Lösung da. Aber wir können zumindest mal die Ausbeutung minimieren. Die Ausbeutung von Mitarbeitern und die Ausbeutung der Natur.*« Es geht also nicht darum, einfach nur den zigsten veganen Brotaufstrich zu produzieren, sondern tatsächlich ganz neu zu denken.

Mein Gesprächspartner ist jemand, der anders denkt. Querdenker im allerpositivsten Sinn. Dabei ist seine Philosophie, die er versucht zu beherzigen, schon ganz alt, wie er selbst sagt: Der Weg ist das Ziel.

Seine Botschaft an uns lautet: »*Egal, was wir tun, wir sollten immer darauf achten, dass bereits der Weg sinnstiftend ist und Freude bereitet und nicht erst die Zielerreichung. Denn was bringt es uns, wenn wir unser Ziel erreichen, der Weg dorthin aber schon zu viel gekostet hat – zu viel Lebensfreude und Lebenszeit.*«

Rückblickend hat Michél immer schon das getan, was ihm Spaß gemacht hat. Das passt zu 100 Prozent zu der Lebenseinstellung von Jan.

Das Eismacher-Menü

Horsd'œuvre: Über allem steht beim Eismachen die Hygiene. Ganz bewusst haben sich die Eisheiligen hier für eine extra strenge Zertifizierung entschieden. Weit verbreitet ist eine reine Produktzertifizierung, die ihnen jedoch zu wenig war. Wohingegen die gewählte Zertifizierung die komplette Firma abbildet – inklusive Managementsystem. Eingebettet sind unterschiedliche Auditformen. Mitarbeiter werden nicht einfach nur zu Schulungen geschickt, sondern sie besuchen auch Lieferanten und Kunden.

Vorspeise: Alle im Team wissen genau, dass sie nicht einfach nur Eis verkaufen. Sie verkaufen Emotionen, Leidenschaft und Lebensfreude.

Zwischengericht: Der Region mit all seiner Schönheit und den vielen tollen Menschen fühlen sich die Eisheiligen extrem verbunden. Diese Verbundenheit packen sie in jede Eistüte, in jeden Pressetext und jeden Social-Media-Post. Außerhalb der Region repräsentieren sie Produkte der Rhön. Sie verstehen sich als Rhönbotschafter. Dies macht ihnen sehr viel Freude. Es bringt aber auch eine große Verpflichtung mit sich.

Hauptgang: Qualität und guter Geschmack – immer den Grundsätzen folgend: »Arbeiten nach handwerklicher Tradition und frei von künstlichen Zusatzstoffen oder anderem Quatsch und immer auf der Suche nach den besten Zutaten«.

Dessert: Sie möchten, dass ihre Kunden ein Teil von ihnen sind. Dass sie die Werte und Ziele teilen und gemeinsam verbreiten. Die Eisheiligen wollen Teil einer Bewegung sein. Einer Bewegung, die einen anderen Umgang mit der Natur, den Menschen und den Tieren lebt

Erfolgsformel und Übung

Jans persönliche Erfolgsformel: Spaß haben

Spaß und harte Arbeit können eine wundervolle Verbindung miteinander eingehen. Mir und den Menschen in meinem Umfeld ist es ganz wichtig, dass wir Spaß haben bei dem, was wir tun. Und auch Sie werden Spaß haben, wenn Sie erst mal wissen, wofür Sie brennen.

Übung

Wenn wir das Buch Revue passieren lassen, wird uns bewusst, dass nicht nur Jan, sondern jeder der 14 Experten Spaß an dem hat, was er beruflich tut. Allen gemeinsam ist, dass sie in ihrem Job ihre Stärken und ihre Werte leben können.

Möchten Sie das auch? Dann seien Sie in den nächsten Wochen besonders aufmerksam und beobachten Sie, bei welchen (beruflichen) Tätigkeiten Sie Ihre Stärken einbringen können!

Dasselbe gilt für die Werte. Arbeiten Sie in einer Umgebung, die Ihren Werten entspricht?

Ziehen Sie am Ende Bilanz und überprüfen Sie für sich, ob Sie den richtigen Job haben und ob Sie in der richtigen Umgebung arbeiten. Das können nur Sie entscheiden.

Zu guter Letzt …

Postscriptum

Gute Frage

Ich habe lange überlegt, ob ich diese Frage und deren Antwort an den Anfang des Buches stellen soll oder ganz ans Ende: Ich habe Jan schon sehr früh gefragt, welchen Beruf er ergriffen hätte, wenn er nicht Koch geworden wäre. Seine Antwort: KOCH! Und er verstärkt diese Antwort sogar noch, indem er sagt: *»Und selbst wenn ich morgen nicht mehr kochen könnte, weil ich beispielsweise eine Allergie bekäme, dann würde ich mich trotzdem mit Themen innerhalb dieses Berufes beschäftigen.«*

Vielleicht gehören Sie zu den Menschen, die immer erst die letzte Seite eines Buches lesen, bevor sie mit der Lektüre starten. Dann behalten Sie diese Antwort jetzt einfach mal im Hinterkopf. Alle anderen Leser werden jetzt von Jans Antwort nicht überrascht sein. So haben wir doch im gesamten Buch spüren können, mit welcher Freude, Leidenschaft, aber auch Ernsthaftigkeit unser Drei Sterne-Koch seinen Beruf ausübt. Ihm ist absolut bewusst, dass es ein großes Privileg ist, wenn man sich, wie er, fast täglich in seinem Traumberuf »austoben« kann.

Herausfordernde Zeiten

Doch auch Jan wurde durch die Pandemie und die damit verbundenen Lockdowns ausgebremst. Wie viele von uns konnte auch er seinen Beruf über einen langen Zeitraum nicht ausüben.

Wir haben von ihm gehört, dass er durchaus die Fähigkeit besitzt, ein Gericht am Reißbrett zu entwerfen und das hat ihm auch insbesondere während des ersten Lockdowns geholfen. Dennoch war diese Zeit anders, als er es eigentlich gewohnt ist. Jan schildert mir: »*Normalerweise bestelle ich Produkte, dann koche ich mein Gericht, so wie ich es mir ausgedacht habe. Mit meinem Sommelier probiere ich den korrespondierenden Wein. Wenn alles passt, wird es ausrezeptiert und kalkuliert. So ist der bürokratische Weg in einem großen Hotel. Und während der Lockdowns habe ich mich mit einem weißen Blatt Papier hingesetzt und gesagt: ›Das kochen wir jetzt‹, ohne dass ich es vorher probiert habe. Das ist etwas ganz anderes.*«

Jan schildert mir ein Erlebnis, das er ziemlich zu Beginn des ersten Lockdowns im Supermarkt hatte. Da stand eine ältere Dame vor ihm an der Kasse und sagte zu der Kassiererin: »Corona ist wie der 3. Weltkrieg, nur ohne Bomben.« Jan hat dieser Satz sehr nachdenklich gemacht und seitdem ist ihm bewusst, dass nichts in unserem Leben selbstverständlich ist.

Für uns alle hat sich das Leben während der Pandemie stark verändert. Ganz privat hat vermutlich jeder seine eigene Geschichte zu erzählen.

Im Job gab es eindeutig Gewinner und Verlierer. Branchen, die pandemiebedingt plötzlich boomten, und andere, denen von jetzt auf gleich die Existenz genommen wurde. Doch auch die vermeintlichen Verlierer haben sich in zwei Lager geteilt. Die einen haben den Kopf in den Sand gesteckt oder zumindest erst einmal abgewartet, während die anderen bereits die Ärmel hochgekrempelt und nach Lösungen gesucht haben.

Wir haben in diesem Buch 14 Unternehmerinnen bzw. Unternehmer und Unternehmen kennengelernt, die ebenfalls beruflich von den Einschränkungen der beiden bisherigen Lockdowns betroffen waren. Die einen vielleicht etwas weniger, dafür aber die anderen umso heftiger.

Denken wir an den Europa-Park, der in normalen Zeiten täglich 35 000 Besucher hat und im März 2020 nicht wie geplant aus der Winterpause kommen konnte. Thomas Mack erzählt mir, wie traurig es Ostern 2020 war – denn alles war für die Gäste vorbereitet: Die Blumen blühten in voller Pracht, es war herrliches Wetter und außer der Familie Mack durfte niemand in den Park. Geöffnet wurde erst zwei Monate später und dann auch nur mit weniger als der Hälfte an täglichen Gästen.

Für die Hotelkette Upstalsboom bedeutete der erste Lockdown im März 2020, dass Bodo Janssen seine 89 Hotels von jetzt auf gleich schließen musste.

Die Familie Riederer von Paar hatte sich darauf eingestellt, dass die Gastronomiekunden zu Ostern den klassischen Lammrücken einkaufen würden, so wie sie es immer getan haben. Doch auch daraus wurde nichts.

Wenn sich der Biogärtner Johannes Schwarz an den ersten Lockdown erinnert, dann sieht das so aus: »Die Natur hatte alles produziert und es musste weg. Das hat mir sehr wehgetan. Da blutet das Herz und ich dachte, dass mein Lebenswerk zerbricht.«

Doch jetzt weiß er, dass er sich um seine Zukunft keine Sorgen machen muss, erzählte er mir im Januar 2021 während des zweiten Lockdowns. Johannes sieht den Lockdown im Nachhinein als eine Art Zwangspause an. Er hat die Zeit genutzt, um sich einen Online-Shop aufzubauen, denn er hat festgestellt, dass die regionalen Produkte bei den Konsumenten immer stärker im Kommen sind. Genau das wird ihm seine Zukunft sichern, so seine feste Überzeugung.

Auch Leonhard Riederer von Paar hat seine Energie in den Ausbau eines Online-Shops gesteckt und so kann er heute wenigstens einen Teil seines Umsatzes mit Privatkunden erzielen.

Die Unternehmer Bodo Janssen und Thomas Mack steckten ebenfalls nicht die Köpfe in den Sand, sondern genau das Gegenteil war der Fall. Bei beiden stand insbesondere der enge Kontakt zu den Mitarbeitern im Fokus. Familie Mack hat sich immer wieder mit persönlichen Videobotschaften an die Mitarbeiter gewandt, um ihnen Zuversicht zu schenken und eine Aussicht darauf, wie es weitergeht. Es gibt im Europa-Park eine digitale Plattform, die es den Mitarbeitern niederschwellig ermöglicht, sich mit den Kollegen und der Familie Mack auszutauschen. So gab es von den Mitarbeitern zahlreiche Reaktionen, die auch der Familie Mack Trost gespendet haben.

Von Bodo Janssen haben wir in Kapitel 2 gehört, dass er sich kurz vor der Pandemie für die Logotherapie als Führungsinstrument entschieden hatte. Die Logotherapie wiederum hat seine Mitarbeiter dazu befähigt, dass sie während der Pandemie selbst die Initiative ergreifen konnten und in der Lage waren, zu priorisieren. Er selbst hat die Zeit genutzt, um genau über diese Erfahrungen ein Buch zu schreiben. »Eine Frage der Haltung« lautet der Titel. Das Buch beschreibt, wie er und vor allem seine Mitarbeiter mit der Krise umgegangen sind. Sein Fazit lautet: »Wir sind in der Krise beweglicher und selbstbewusster geworden und gestärkt daraus hervorgegangen.«

So unterschiedlich die Mitwirkenden in diesem Buch auch sind, so ähnlich sind sie sich in ihrem Denken und Handeln. Allen gemeinsam ist die Leidenschaft und die Begeisterung für das, was sie tagtäglich tun.

Jetzt kennen Sie die Erfolgsformeln, die Jan für sich definiert hat, um an die Spitze der Sternegastronomie zu kommen. Sicher haben Sie erkannt, dass ihn nicht nur eine Formel ans Ziel gebracht hat. Vielmehr ist es ein Zusammenspiel von allen. Erfolgreich zu sein bedeutet, den brennenden Wunsch zu haben, ein Ziel zu erreichen, mutig zu starten und trotz aller Schwierigkeiten dranzubleiben. Der Weg zum Ziel muss unbedingt Spaß machen!

Nutzen auch Sie die Erfolgsformeln, um an die Spitze zu kommen, die Ihnen persönlich wichtig sind!

Der belgische Kardinal und Erzbischof Léon-Joseph Suenens soll gesagt haben: »Glücklich sind die, die Träume haben und bereit sind, den Preis zu zahlen, damit sie wahr werden.«

Geben Sie uns gerne Feedback, wobei Ihnen das Buch Unterstützung gegeben hat: s.steinbeck@sabine-steinbeck.de.

Kennen und Kennenlernen

Jan Hartwig

Ich kenne Jan Hartwig seit seiner Geburt, denn Jan ist mein Neffe. Kennengelernt habe ich ihn jedoch ganz besonders in den letzten Monaten, in denen dieses Buch entstanden ist. Danke Jan, dass du dich darauf eingelassen hast. Mir hat es extrem viel Spaß gemacht!

Nathalie Leblond
Die langjährige Sous-Chefin von Jan, Nathalie Leblond, verließ im März 2021 das Team, weil ihr eine Küchenchefstelle im »Les Deux« angeboten wurde. Dieses Restaurant ist mit zwei Michelin-Sternen ausgezeichnet und hier arbeitet auch der Ehemann von Nathalie.

Das Familienunternehmen Boehringer Ingelheim und der Milchbauer
Ich hatte Ihnen in Kapitel 3 versprochen, dass Sie erfahren, wie das forschende Pharmaunternehmen Boehringer Ingelheim am Standort Ingelheim jährlich den Müll von fast einer Viertelmillion Milchtüten einspart. Nun muss man sagen, dass ich dieses Buch im ersten Lockdown 2020 begonnen habe zu schreiben. Niemand konnte zu dieser Zeit abschätzen, dass uns COVID-19 so lange in Schach halten wird. Für zahlreiche Unternehmen, so auch für Boehringer Ingelheim, bedeutete das, dass die Mehrzahl der Mitarbeiter während der Lockdowns im Homeoffice arbeitete. Dadurch bedingt musste dann auch das eine oder andere Projekt noch mal ausgesetzt werden. Mein Ansprechpartner, Valentin Koch, ist Leiter der Wirtschaftsbetriebe Deutschland bei Boehringer Ingelheim. Er versichert mir mit Nachdruck, dass niemand mehr diese Müllberge möchte und der Weg der Müllvermeidung und Nachhaltigkeit konsequent vorangetrieben wird.

Was Sie hier lesen, wurde im Frühjahr 2019 erstmals umgesetzt. Als dem Unternehmen bewusst wurde, welcher Müll allein durch die Milchtüten entsteht, mit denen die Kaffeeautomaten bestückt werden, wurde nach einer Lösung gesucht. »Wenn man heute in den Bergen unterwegs ist, sieht man hier und da noch Milchkannen am Wegesrand stehen«, leitete Valentin Koch das Gespräch mit mir ein. Und das war letztlich auch die Idee für das »Milchtüten-Projekt«. Das Familienunternehmen nahm Kontakt zu einem Milchbauern aus der Region auf und ließ sich einen Milchtank aufstellen. Dieser wird bereits befüllt vom Bauern geliefert. So wird die Milch in den Kaffeeautomaten nicht mehr mithilfe von Plastikverpackungen, sondern mit sogenannten Gastronormbehältern aufgefüllt. Das sind Edelstahlbehälter mit Deckel, die es in verschiedenen Größen gibt und die einfach und gut zu reinigen sind. Das Ergebnis: Einsparung von 240 000 Milchtüten pro Jahr.

Und das ist nur ein Beispiel, wie in diesem Unternehmen das Thema Nachhaltigkeit mit Nachdruck verfolgt wird. Ich erlebte Valentin Koch als überaus engagiert und sehr emotional, wenn er über dieses Thema sprach.

Durch die Zusammenarbeit mit zahlreichen regionalen Partnern bestimmt mittlerweile das jeweilige Angebot den Speisenplan in den Betriebsrestaurants. »So, wie uns auch der Garten vorgibt, was gerade Saison hat«, erwähnte mein Gesprächspartner eher beiläufig.

Diejenigen unter uns, die in einer Kantine verpflegt werden, wissen, dass die Speisepläne immer schon Wochen vorher feststehen. In Ingelheim werden sie jetzt immer nur für drei Tage im Voraus erstellt, denn Valentin Koch und sein Team richten sich danach, was die Bauern aus der Region gerade liefern können. Ich hatte viel Spaß an dem Gespräch mit Valentin Koch und vermutlich könnte ich ein ganzes Buch nur mit seinen Praxisbeispielen füllen. Als kleines »Add-on« liefere ich Ihnen noch ein letztes Beispiel aus diesem Familienunternehmen. Es ist wieder eines, was jeder von uns im Kleinen umsetzen kann.

In den Betriebsrestaurants auf dem Firmengelände von Boehringer Ingelheim wird nicht nur lecker gekocht, sondern es werden täglich auch etwa 1000 Äpfel angeboten. Ingelheim ist eine Apfelregion und so kamen die Äpfel immer schon von einem Apfelbauern aus der unmittelbaren Nähe. Dieser Apfelbauer lagert seine Äpfel in 280-Kilo-Boxen und füllt sie daraus in Holzkisten ab. Diese Holzkisten hat er dann ins Unternehmen geliefert. Hier wurden die Äpfel ausgepackt, gewaschen und zum Verzehr angeboten. Die Holzkisten wurden entsorgt, das heißt, sie kamen in den Müll. Bis sich auch darüber jemand Gedanken gemacht hat. Heute werden die Äpfel direkt in den 280-Kilo-Boxen bei Boehringer Ingelheim angeliefert. So einfach kann es sein!

Ein Chip, der alle Türen öffnet

Im Juni 2018 fand in Wolfsburg ein großer Zukunftskongress statt. Unser Zukunftsforscher Kai Gondlach hatte im Vorfeld den Auftrag, für dieses Event völlig »abgefahrene« Speaker zu rekrutieren. Einer davon war Dr. Patrick Kramer. Kramer zählt sich selbst zu den weltweit einflussreichsten Vordenkern, wenn es um die nächste Stufe der Digitalisierung geht: die des Menschen selbst![43]

Bei dem oben genannten Zukunftskongress hielt er nicht nur einen inspirierenden Vortrag, sondern er bot den schnell Entschlossenen und Neugierigen im Publikum an, sich einen Micro-Chip direkt vor Ort in die Hand implantieren zu lassen. Einer von ihnen war Kai Gondlach. Weltweit gibt es bisher etwa 200 000 Menschen, die einen solchen Chip implantiert haben. Der Chip ist nicht größer als ein Reiskorn. Bei Kai sitzt er zwischen Daumen und Zeigefinger und ist kaum zu erkennen.

Theoretisch könnte unser Zukunftsforscher jetzt seinen Hausschlüssel und seine Bankkarten zu Hause lassen und sein Chip würde ihm die Türen öffnen und als Zahlungsmittel dienen. Theoretisch! Denn Kai wohnt zur Miete und kann natürlich keine Schließanlagen ausbauen, um seine eigenen Schlösser einzubauen. Auch als Zahlungsmittel ist es für ihn noch nicht einsetzbar, weil die Banken und Sparkassen diesen Service bei uns noch nicht anbieten. So nutzt Kai seinen Chip zunächst als digitale Visitenkarte und zählt zu den Pionieren dieser neuen Technik, die noch viele Möglichkeiten offenhält.

Ich lasse es jetzt mal bewusst unkommentiert, weil ich weiß, wie konträr diese Entwicklung betrachtet wird. Doch es wird deutlich, dass es längst nicht mehr nur Science-Fiction ist.

Fragen, die Jan über Instagram gestellt wurden

Im April 2021 haben wir bei Instagram zum ersten Mal über dieses Buch berichtet. Wir wollten wissen, welche Fragen es an einen Drei-Sterne-Koch gibt, die dann an dieser Stelle im Buch beantwortet werden.

Monika aus Wien möchte wissen, wie Jan es schafft, sich immer wieder zu erden und resilient zu bleiben.

Bei dieser Frage muss Jan nicht lange überlegen, denn er ist davon überzeugt, dass es ihm überhaupt nicht schwerfällt, sich zu erden, und er weiß auch, warum das so ist. Ihm ist bewusst, dass es wichtig ist, mit sich selbst im Einklang zu sein. Einen großen Teil seiner Zeit beschäftigt er sich mit seinem Job. Nun wissen wir mittlerweile, dass seine Arbeit auch gleichzeitig seine Passion ist. Und dennoch braucht auch Jan dringend den Ausgleich. »*Es gibt auch noch etwas anderes außer kochen*«, ist Jan überzeugt. »*Ich gehe gerne essen; treffe mich mit lieben Menschen und unterhalte mich mit Personen, die ich spannend finde und die mich inspirieren. Das erdet mich!*«

Leon stellt folgende Frage an Jan: Drei Sterne bedeutet nicht nur den Michelin-Kritiker, sondern alle Gäste dauerhaft auf einem Niveau zufriedenzustellen und zu begeistern, welches keinen Platz für Fehler lässt. Rückschläge und Fehler sind in einer solchen Umgebung meist folgenreich. Wie können Sie als Anführer einer sowohl kreativen als auch hart arbeitenden Gruppe Fehlerkultur lehren und praktizieren?

Jan bleibt zunächst bei dem Wort »folgenreich« hängen. »*Was heißt folgenreich. Zu denken, dass in einer Küche, in der nur Profis arbeiten, keine Fehler passieren, ist Quatsch. Es ist ausgeschlossen, dass es auch nur einen Tag gibt, der fehlerfrei verläuft. Das betrifft mich genauso wie jeden in meinem Team. Wichtig ist, dass die Fehler rechtzeitig erkannt und ausgebessert werden, bevor es der Gast bemerken könnte.*« Jan sieht es klar als seinen Job, die Fehler rechtzeitig zu korrigieren, bevor es der Gast merkt. Folgenreich wird es dann, wenn er nicht hundertprozentig bei der Sache ist, wenn es ihm nicht wichtig ist oder wenn er die Fehler ignoriert. Jan kann Fehler tolerieren, weil er weiß, dass alle »nur« Menschen sind. Und da bezieht er den Gast ein. »*Stell dir vor, der Teller ist fertig angerichtet und der Gast geht in diesem Moment zur Toilette und kommt die nächsten 10 Minuten nicht zurück. Das bringt alles durcheinander, aber das passiert und damit müssen wir umgehen.*«

Wir konnten schon lesen, dass Jan die Fehler vor und mit seinem gesamten Team bespricht, damit jeder daraus lernen kann. Er ermuntert sein Team auch, dass sie sich gegenseitig unterstützen und Kritik üben. Vier Augen sehen mehr als zwei und acht Augen sehen mehr als vier.

Die letzte Frage, die über Instagram gestellt wurde, bezieht sich auf den fehlenden Nachwuchs in dieser Branche: Als Koch hat man nahezu unbegrenzte Möglichkeiten, im Ausland zu arbeiten, exzellente Produkte kennenzulernen und der Beruf bietet eine kreative Umgebung. Es gelingt der Branche jedoch nur schwer, diese Vorzüge an Jugendliche zu vermitteln, um somit geeignete zukünftige Fachkräfte zu rekrutieren. Wie lässt sich dieses Problem lösen, in einer Zeit, in der Akademisierung zunimmt und Universitätsabschlüsse scheinbar immer wichtiger und populärer werden? Diese Frage stammt ebenfalls von Leon.

Auch hier kommt Jans Antwort wie aus der Pistole geschossen: »*Die Branche braucht mehr Work-Life-Balance, eine angemessene Bezahlung und ein besseres Arbeitsklima! Ganz besonders in diesem Buch habe ich so viel und so ausführlich beschrieben, wie sehr ich diesen Beruf liebe. Aber die Branche muss sich verändern. Sie muss attraktiver werden, denn sie kann mit der restlichen Wirtschaft nicht mithalten.*«

Für Jan ist es immer noch der schönste Beruf und er würde ihn jederzeit wieder ergreifen. Er weiß, dass er viel gibt, doch er spürt auch, dass er ganz viel zurückbekommt. Jan betont hier vor allem die großartigen Produkte, mit denen er arbeitet, die tollen Reisen, die er schon durch seinen Beruf unternommen hat, und die vielen interessanten Menschen, die er auf seinem Weg kennenlernen durfte. Aber er weiß auch, dass die Branche in Bezug auf Bezahlung und Freizeit absolut gestrig ist. »*Es wird nie ein Job sein, der mit einer 39-Stunden-Woche abgebildet werden kann. Aber das muss es auch nicht, wenn die Rahmenbedingungen angenehmer werden*«, so Jan.

Um bereits den Jugendlichen die Freude an diesem Beruf zu vermitteln, empfiehlt er, das Fach Ernährung schon früh in den Lehrplan der Schulen einzuführen.

Leben ist Veränderung

Kurz vor Druckfreigabe dieses Buches wurde bekannt, dass Jan Hartwig das ATELIER und den Bayerischen Hof verlässt. Folgende Pressemitteilung erhielten alle relevanten Medien: »[...] Im Herbst verlässt Jan Hartwig dankbar das hoch angesehene Haus nach über sieben äußerst erfolgreichen Jahren und erfüllt sich den langgehegten Wunsch nach beruflicher Selbstständigkeit. Zunächst einmal will er eine kurze kreative Pause einlegen. ›Es ist mir wichtig, mich mit freiem Kopf ganz auf meine neue berufliche Zukunft vorzubereiten und eine geeignete Location zu finden. Meiner Philosophie und Küchenlinie sowie meiner Wahlheimat München werde ich auf jeden Fall treu bleiben‹, freut sich Jan Hartwig auf den neuen Lebensabschnitt.«

Jans 14 persönliche Erfolgsformeln aus der Sterneküche

1. Das Handwerk erlernen
Egal, was Sie tun, wenn Sie darin erfolgreich sein wollen, sollten Sie über ein solides Fundament aus Fachwissen verfügen. Das kann wie bei mir auf einer klassischen Ausbildung aufbauen. Sie können aber auch noch viel später als Quereinsteiger Ihr Genre wechseln. Entscheidend ist, dass Sie alles über Ihr Business wissen.

2. Heute besser sein als gestern und morgen besser sein als heute
Schauen Sie nicht darauf, was andere tun! Das verführt uns leicht dazu, jemanden »nur« zu kopieren oder neidisch zu sein. Beides bringt uns nicht den gewünschten Erfolg. Arbeiten Sie stattdessen täglich an Ihrer eigenen Performance! Das bringt Sie an die Spitze.

3. Zielstrebigkeit leben
Ich finde es wichtig, Ziele zu haben. Denn nur wenn ich weiß, wo ich hinwill, kann ich den richtigen Weg einschlagen. Und wie das Wort es schon sagt: Ich strebe zu meinen Zielen. Das nimmt mir auch manche Entscheidung ab.

4. Fokussierung erreichen
Fokussierung hat für mich unterschiedliche Facetten und alle helfen mir dabei, erfolgreich zu sein. Ich kann mich auf mich selbst fokussieren und gerate dadurch nicht in Gefahr, einfach nur zu kopieren. Ich kann mich auf einzelne Aufgaben fokussieren und lasse mich durch

nichts ablenken. Ich kann mich auf mein Ziel fokussieren und weiß dadurch, welches meine nächsten Schritte sind. Ich habe gelernt, bei meinen Tellern noch mehr zu fokussieren, und erziele dadurch noch bessere Ergebnisse.

5. Leidenschaft finden
Wissen Sie, wofür Sie brennen? Finden Sie es heraus! In diesem Buch werden Sie wertvolle Impulse finden, die Ihnen dabei helfen. Es lohnt sich. Denn Leidenschaft »beflügelt« und hilft Ihnen dabei, die größten Hindernisse zu überwinden.

6. Für Ordnung und Struktur sorgen
Für mich ist es fundamental wichtig, dass meine Umgebung strukturiert, sauber und ordentlich ist – essenziell für (m)eine Küche, aber auch für alle meine Lebensbereiche. Es macht meinen Kopf frei, spart Energie und erleichtert mir so die Arbeit.

7. Selbstreflexion anwenden
Es ist wichtig, an sich selbst zu glauben, und genauso wichtig ist es, sich regelmäßig selbst zu hinterfragen. Warum habe ich das so gemacht und nicht anders? Warum habe ich so reagiert? War das angemessen? War das zielführend? Selbstreflexion ist für mich lösungsorientiert, und sie hilft mir dabei, nicht denselben Fehler noch einmal zu machen, sondern immer besser zu werden. Selbstreflexion ist nicht Selbstzerfleischung.

8. Disziplin üben
Das Wort Disziplin klingt zunächst einmal anstrengend. Doch genau das Gegenteil ist der Fall. Wenn ich mir einmal Disziplin bei bestimmten Tätigkeiten angeeignet habe, wird sie zu einem Teil meines Verhaltens. Viele Aufgaben fallen mir leichter. Ich muss nicht immer wieder darüber nachdenken, ob ich joggen gehe oder nicht, ob ich meine Belege für die Steuererklärung ordentlich abhefte oder nicht. Die gute Nachricht ist: Disziplin wird nicht vererbt. Das heißt, jeder von uns kann sie sich aneignen.

9. Ungemütlich sein und dranbleiben

Wenn ich ein Ziel erreichen will, muss ich ständig dranbleiben. Bei mir selbst, aber auch bei meinem Team. Wenn ich beispielsweise eine Grundfitness aufbauen möchte, muss ich regelmäßig etwas dafür tun. Wenn ich mein Team weiterentwickeln möchte, dann muss ich auch da dranbleiben. Das ist für beide Seiten anstrengend und auch mal ungemütlich, aber es lohnt sich.

10. Frei sein im Denken und Tun

Damit meine ich in erster Linie die Freiheit in meinem Kopf. Das hilft mir dabei, meine Kreativität ausleben zu können und so ganz neue Geschmackserlebnisse zu erzeugen. Dadurch konnte ich meine eigene Handschrift entwickeln. Seien Sie mutig und entfernen Sie die (Gedanken-)Schranken in Ihrem Kopf! Das wird Ihnen ganz neue Perspektiven eröffnen.

11. Eine klare Sprache sprechen

Kennen Sie den Satz: »Nur sprechenden Menschen kann geholfen werden«? Sagen Sie ganz klar, was Sie meinen und möchten! Reden Sie nicht um den heißen Brei, sondern sprechen Sie eine klare Sprache! Mir hat das viele Türen geöffnet, und es hilft mir in der Zusammenarbeit mit meinem Team. Wir wissen, was wir voneinander erwarten.

12. Immer 100 Prozent geben

Wenn ich etwas mache, dann mache ich es richtig. Wenn ich nicht bereit bin, alles zu geben, dann ist es mir langfristig auch nicht wirklich wichtig. Überlegen Sie doch mal, bei was Sie 100 Prozent geben! Das kann ein gutes Indiz für Ihre Talente sein.

13. An sich selbst glauben

Glauben Sie an sich selbst! Wenn Sie es nicht tun, wer soll es dann tun? Ich habe immer gewusst, dass ich es wert bin, an die Spitze zu kommen. Auf dem Weg nach oben ist es wichtig, gleichzeitig auch ein wenig Demut zu behalten.

14. Spaß haben

Spaß und harte Arbeit können eine wundervolle Verbindung miteinander eingehen. Mir und den Menschen in meinem Umfeld ist es ganz wichtig, dass wir Spaß haben bei dem, was wir tun. Und auch Sie werden Spaß haben, wenn Sie erst mal wissen, wofür Sie brennen.

Quellenverzeichnis

1 Karrierebibel, https://karrierebibel.de/neid/
2 brand eins, 2019, Heft 11, Thema Innovation, S. 7 ff.
3 tz.de, https://www.tz.de/muenchen/stadt/schwabing-freimann-ort43408/muenchen-tantris-hans-haas-lockdown-corona-abschied-koch-schwabing-nachfolger-zr-90153795.html
4 Augsburger Allgemeine.de, 15.11.17, »Aufstieg in den Koch-Olymp«
5 FAZ, 15.11.2017, »Auf zu den Sternen – Schnell hoch drei«, Jakob Strobel y Serra
6 FAZ, 17.11.2018, »Baumeister Jan spielt nicht mehr mit Lego«, Jakob Strobel y Serra
7 Ebenda
8 Ebenda
9 Ebenda
10 Frankfurter Allgemeine Sonntagszeitung, 01.11.2020, »Ein Restaurant wie ein Wohnzimmer«
11 Dale Carnegie, Besser miteinander reden, Scherz Verlag, 1996
12 Peter Holzer, Mut braucht eine Stimme, GABAL Verlag, 2017, S. 53
13 Maximiliane Wilkesmann, Uwe Wilkesmann, »Nicht nur eine Frage des guten Geschmacks«, Springer Verlag, 2020
14 AFNB GmbH (Akademie für Neurowissenschaftliches Bildungsmanagement), Mediathek, »Ziele erreichen«, S. 83 ff.
15 Zitiert in: Bodo Janssen, Kraftquelle Tradition, Vier-Türme GmbH Verlag, Münsterschwarzach, 2019
16 Bodo Janssen, Kraftquelle Tradition, Vier-Türme GmbH Verlag, Münsterschwarzach, 2019, S. 12
17 Ebenda
18 Ebenda
19 diepresse.com, https://www.diepresse.com/5384243/noma-in-kopenhagen-die-neuerfindung-des-beruhmtesten-restaurants-der-welt?from=rss
20 https://www.eataly.net/de_de/uber-uns/manifesto/
21 www.food-and-health.org

22 https://www.effilee.de/tohru-nakamura-the-garden-table/
23 BR.de, https://www.br.de/mediathek/video/freizeit-reportage-schmidt-max-und-die-tomate-av:5f214d2170463d001b017515
24 www.pro-medienmagazin.de/ritz-carlton-gruender-ultra-luxus-und-jesus-christus/
25 Carol Dweck, Selbstbild. Wie unser Denken Erfolge oder Niederlagen bewirkt, Piper Verlag, 4. Auflage, 2020
26 Ebenda, S. 21 ff.
27 Ebenda, S. 21 ff.
28 Ebenda, S. 119
29 Ebenda, S. 120
30 Ebenda, S. 121
31 Benno Stieber, Roland Mack – Mein Leben für den Europa Park, Verlag Herder, 2019
32 meininger.de, https://www.meininger.de/service/presse/fizzz-awards-2020-die-besten-gastronomie-konzepte-deutschlands-sind-gekuert
33 Ebenda
34 refinery29.com, https://www.refinery29.com/de-de/21-tage-regel-bis-etwas-zur-gewohnheit-wird-ist-falsch
35 AFNB GmbH (Akademie für Neurowissenschaftliches Bildungsmanagement) Mediathek, S. 34
36 ZDF heute, 29.05.2020, Ernährungsreport 2020
37 Bronnie Ware, 5 Dinge, die Sterbende am meisten bereuen, Goldmann Verlag, 18. Auflage, 2015
38 Frank Rebmann, Der Stärken-Code, Campus-Verlag, 2017
39 Ebenda, S. 60
40 staerkentrainer.de, https://s2survey.net/staerkentest-pur/
41 zeit.de, https://www.zeit.de/arbeit/2020-07/unzufriedenheit-job-corona-krise-motivation-arbeitsfrust
42 https://eisheiligen.de
43 www.patrick-kramer.de

Danksagungen

Jan Hartwig sagt herzlichen Dank
... besonders meiner Mitautorin Sabine Steinbeck. Ohne dich wäre dieses Buchprojekt nicht verwirklicht worden.

...an meine Familie, meine Partnerin und meine Freunde für die Unterstützung und die Geduld.

... an den GABAL Verlag für das Vertrauen und den Glauben an unser Buch.

... an alle Mitwirkenden und Interviewpartner, ohne die das Buch nicht »das Buch« geworden wäre.

... an mein Team im Restaurant ATELIER und an die Eigentümerin des Hotels Bayerischer Hof, Innegrit Volkhardt, für das Vertrauen und die Unterstützung und dafür, dass ich meine Passion in ihrem großartigen Haus ausleben durfte.

Sabine Steinbeck sagt herzlichen Dank
... meinem Ehemann Alexander, der mit mir gemeinsam am Konzept gefeilt hat, der immer wieder seine Ideen eingebracht hat, der jede Seite mindestens einmal gelesen hat, der mir in der Endphase das Buch sogar vorgelesen hat und auch noch die letzten Fehler gefunden hat und der mir immer sagt, wie stolz er auf mich ist.

... Bettina Groetzki, Sabrina Fröhlich und Katharina Ferrari, die das Exposé gelesen und mit Anmerkungen versehen haben. Erst dadurch konnten wir es an den Verlag senden.

... Lars Hartwig, der das Exposé in ein schönes Format gebracht hat. So hat es vom ersten Moment an einen professionellen Eindruck gemacht.

… Verena Hahnelt, Fotografin aus Bad Hersfeld. Sie hat mich zu Interviewterminen begleitet und ausdrucksstarke Fotos geschossen.

… Claus Brune hat mich »angefixt«, ein Buch zu schreiben. So Claus, jetzt bist du dran!

… Martin Wehrle aus mehreren Gründen. Er hat uns in der Ausbildung ermutigt, ein Buch zu schreiben. »Keine Zeit« sei kein Argument. Jeden Tag eine DIN-A4-Seite ergibt am Ende des Jahres ausreichend Stoff für zwei Bücher, so sein Statement. Außerdem bedanke ich mich bei ihm für das unterhaltsame und vor allem wertschätzende Vorwort.

… Jan hat bereits dem Team vom GABAL Verlag gedankt. Dem schließe ich mich an und möchte drei Personen besonders hervorheben:

… Frau Dr. Sandra Krebs, Programmleitung, die mir das Gefühl gegeben hat, dass sie immer für mich da ist und die jede Frage mit viel Geduld beantwortet hat.

… Andschana Gad, unter anderem Autorenbetreuung, die uns mit ihrer Marketingerfahrung kompetent unterstützt und immer unser Feedback eingeholt hat.

… Marc Rösch, Vertrieb, der uns vom ersten Moment an vermittelt hat, dass er Spaß an diesem Buch hat. Das hat mich sehr gepusht.

… Christiane Martin, unserer Lektorin. Sie finden Sie unter www.wortfuchs.de. Und sie macht ihrem Namen alle Ehre, denn sie hat sich akribisch durch das Manuskript »gefuchst«. Die Zusammenarbeit mit Frau Martin hat mir zu jeder Zeit viel Spaß gemacht.

Die Autoren

Jan Hartwig ist einer von nur zehn Drei-Sterne-Köchen in Deutschland. Nach seiner Ausbildung in Braunschweig kochte er während seiner Grundausbildung bei der Bundeswehr 2003 im Offizierskasino Achum und ab 2004 bei »Pomp Duck and Circumstance«. 2005 wechselte er zum Zwei-Sterne-Restaurant Kastell bei Christian Jürgens in Wernberg-Köblitz. Es folgten zwei Stationen in späteren Drei-Sterne-Restaurants: ab 2006 im GästeHaus Erfort bei Klaus Erfort in Saarbrücken, ab 2007 im Restaurant Aqua bei Sven Elverfeld in Wolfsburg, wo er ab 2009 Sous-Chef war. Im Mai 2014 wurde er Küchenchef im Restaurant ATELIER im Hotel Bayerischer Hof in München. Das Restaurant ATELIER wurde 2015 mit zwei und seit 2017 mit drei Michelin-Sternen ausgezeichnet. 2016 wurde Jan Hartwig als erster Koch überhaupt vom Feinschmecker sowohl zum Koch des Monats als auch zum Koch des Jahres gewählt. 2020 kürte der Schlemmer-Atlas ihn zum Spitzenkoch des Jahres und 2021 ernannte ihn »Der große Restaurant- & Hotel-Guide« zum Koch des Jahres. Jan Hartwig hält Vorträge in Unternehmen und war Gast in erfolgreichen TV-Shows wie etwa »The Taste« und »Kitchen Impossible«. Seit Herbst 2021 ist Jan Hartwig selbstständig.

Sabine Steinbeck hat Diplom-Pädagogik mit dem Schwerpunkt Erwachsenenbildung studiert. Nach dem Studium arbeitete sie für unterschiedliche Trainingsinstitute und half unzähligen Menschen dabei, ihre Stärken zu erkennen und richtig einzusetzen. Anfang der 1990er-Jahre zog es die Gastronomen-Tochter dann in die Gastronomie. Sie übernahm ein Bistro mit fast 20 Mitarbeitern. Nach knapp 15 Jahren ging sie zurück in ihren Beruf und bildete für ein internationales Gesundheitsunternehmen mehr als
1000 Coaches aus. Im weiteren Verlauf übernahm sie in diesem Unternehmen eine verantwortungsvolle Stelle im B2B-Bereich mit der Aufgabenstellung, namhafte Unternehmen bei der Gesundheitsprävention für die Mitarbeiter zu unterstützen. Heute profitieren ihre Kunden von ihren fundierten Ausbildungen, ihrer Lebens- und Arbeitserfahrung und ihren guten Netzwerken. Ihr Herz schlägt für die Themen Werte, Sinnhaftigkeit und Nachhaltigkeit, insbesondere in der Gastronomie. Sabine Steinbeck ist geschäftsführende Gesellschafterin bei »foodies mit Haltung«, einer Gesellschaft, die es sich zur Aufgabe gemacht hat, die Region Fulda zu einem Silicon Valley für nachhaltige Lebensmittelwirtschaft zu entwickeln.

www.jan-hartwig.com
www.sabine-steinbeck.de
www.foodiesmithaltung.de

Vorhang auf für das GABAL Magazin

Wissen teilen, Menschen vernetzen

Auf unserem Online-Portal bieten wir hochwertige Inhalte, praxisrelevantes Wissen und umsetzbare Impulse.
Wir erweitern unsere Community und verleihen unseren Inhalten und AutorInnen noch mehr Sichtbarkeit.

Erprobte Lösungen für Ihre persönlichen, beruflichen und wirtschaftlichen Herausforderungen

Das GABAL MAGAZIN bietet aktuellen Content und fundiertes Know-how zu den Themen

- Management, Führung
- Marketing, Kommunikation, Vertrieb
- Wirtschaft, Gesellschaft
- Persönliche Entwicklung, Karriere, Finanzen
- Training, Coaching, Beratung

Zu jeder Kategorie bieten wir individuelle Newsletter

 Wählen Sie nach Ihren persönlichen Interessen aus!

Vielfältige Medien-Formate – serviceorientiert aufbereitet, jederzeit und überall verfügbar

- Fachartikel
- Interviews
- Selbsttests
- Podcasts
- Videos
- Wissensnuggets

Neugierig?
Dann gleich QR-Code scannen!
Wir lesen uns auf
www.gabal-magazin.de.

Dein Erfolg

Erprobte Strategien, die Ihnen auf dem Weg zum Erfolg hilfreiche Abkürzungen bieten.

Tobias Beck
Unbox your Life!

ISBN
978-3-86936-869-6
€ 19,90 (D)
€ 20,50 (A)

Monika Matschn
Körpersprache.
Macht. Erfolg.

ISBN
978-3-86936-906-8
€ 25,00 (D)
€ 25,80 (A)

Aaron Brückner
Sei der CEO deines Lebens!
ISBN 978-3-86936-907-5
€ 22,00 (D) / € 22,70 (A)

Cordula Nussbaum
LMAA
ISBN 978-3-86936-872-6
€ 17,00 (D) / € 17,50 (A)

Stephen R. Covey
Die 7 Wege zur Effektivität
ISBN 978-3-86936-894-8
€ 24,90 (D) / € 25,60 (A)

Max Finzel
Der Traum in dir
ISBN 978-3-86936-871-9
€ 19,90 (D) / € 20,50 (A)

Ilja Grzeskowitz
Radikal menschlich
ISBN 978-3-86936-870-2
€ 22,90 (D) / € 23,60 (A)

Friedbert Gay, Debora Karsch
Das persolog®
Persönlichkeits-Profil
ISBN 978-3-86936-929-7
€ 34,90 (D) / € 35,90 (A)

 Alle Titel auch als E-Book erhältlich

gabal-verlag.de

Dein Business

Aktuelle Trends und innovative Antworten auf brennende Fragen in den Bereichen Business und Karriere.

Anne M. Schüller,
Alex T. Steffen
Die Orbit-Organisation
ISBN 978-3-86936-899-3
€ 34,90 (D)
€ 35,90 (A)

Martin Limbeck
Limbeck. Verkaufen.
ISBN 978-3-86936-863-4
€ 59,00 (D)
€ 60,70 (A)

Stephanie Borgert
Die kranke Organisation
ISBN 978-3-86936-900-6
€ 25,00 (D) / € 25,80 (A)

Anke van Beekhuis
Wettbewerbsvorteil Gender Balance
ISBN 978-3-86936-901-3
€ 24,90 (D) / € 25,00 (A)

Andreas Buhr, Florian Feltes
Revolution? Ja, bitte!
ISBN 978-3-86936-862-7
€ 32,90 (D) / € 33,90 (A)

Ulrike Knauer
Wahres Interesse verkauft
ISBN 978-3-86936-902-0
€ 24,90 (D) / € 25,60 (A)

Günter Schmitz
Unternehmertum ist nichts für Feiglinge
ISBN 978-3-86936-865-8
€ 29,90 (D) / € 30,80 (A)

Susanne Klein
Kein Mensch braucht Führung
ISBN 978-3-86936-903-7
€ 29,90 (D) / € 30,80 (A)

 Alle Titel auch als E-Book erhältlich

gabal-verlag.de

Whitebooks

Kompetentes Basiswissen für Ihren beruflichen und persönlichen Erfolg

Connie Voigt
Innovativ mit interkulturellen Teams
ISBN 978-3-86936-910-5
€ 22,90 (D)
€ 23,60 (A)

Jürgen Kurz, Marcel Miller
So geht Büro heute!
ISBN 978-3-86936-911-2
€ 24,90 (D)
€ 25,60 (A)

Johannes Stärk
Assessment-Center erfolgreich bestehen
ISBN 978-3-86936-184-0
€ 29,90 (D) / € 30,80 (A)

Monika A. Pohl
Selbstfürsorge 4.0
ISBN 978-3-86936-876-4
€ 19,90 (D) / € 20,50 (A)

Tomas Bohinc
Grundlagen des Projektmanagements
ISBN 978-3-86936-912-9
€ 19,90 (D) / € 20,50 (A)

Barbara Kramer, Frauke Ion
Konflikte klären ist Chefsache
ISBN 978-3-86936-879-5
€ 24,90 (D) / € 25,60 (A)

Christiana Thiede, Ulrich Dietze
Reklamationen lösungsorientiert bearbeiten
ISBN 978-3-86936-877-1
€ 22,90 (D) / € 23,60 (A)

Anke Nienkerke-Springer
Personal Branding durch Fokussierung
ISBN 978-3-86936-878-8
€ 22,90 (D) / € 23,60 (A)

 Alle Titel auch als E-Book erhältlich

gabal-verlag.de

In 30 Minuten wissen Sie mehr!

Kompetentes Wissen praxisorientiert und übersichtlich auf den Punkt gebracht.

Jedes Buch 96 Seiten, € 8,90 (D) / € 9,20 (A)

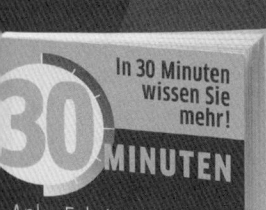

Anke Fehring
30 Minuten
Persönliches
Wachstum

ISBN
978-3-86936-914-3

Dörthe Huth
30 Minuten
Wertschätzung

ISBN
978-3-86936-913-6

Georg Dauth
30 Minuten Bessere Beziehungen
mit dem DISG®-Modell
ISBN 978-3-86936-916-7

Christiane Wittig
30 Minuten Effektiv arbeiten
im Homeoffice
ISBN 978-3-86936-880-1

Günter A. Menne
30 Minuten Gutes Coaching

ISBN 978-3-86936-918-1

Jutta Heller
30 Minuten Resilienz für
Unternehmen
ISBN 978-3-86936-884-9

Patrick Herrmann
30 Minuten Mut
ISBN 978-3-86936-915-0

Daniel Fitzke
30 Minuten
Schreibblockaden lösen
ISBN 978-3-86936-881-8

 Alle Titel auch als E-Book erhältlich

gabal-verlag.de

GABAL.
Wissen vernetzen

Bei uns treffen Sie Entscheider, Macher ... Persönlichkeiten, die nach vorn wollen

Seit 1976 bildet GABAL e.V. ein Netzwerk für Menschen, die sich und ihr Business weiterentwickeln möchten.

„Austausch, Praxisnähe, Inspiration und Professionalität – dafür ist GABAL e.V. mit seinen Angeboten ein Garant."
(Anna Nguyen, Unternehmerin)

GABAL e.V.
www.gabal.de

Neugierig geworden? Besuchen Sie uns auf www.gabal.de/mitglied-werden/leistungspakete